УКРАЇНОЗНАВЧІ ДОСЛІДЖЕННЯ

乌克兰研究

第2辑

DRUGE VIDANNJA

主　编 ⊙ 李姬花　　副主编 ⊙ 柳德米拉·斯吉尔达

中国社会科学出版社

图书在版编目(CIP)数据

乌克兰研究.第2辑/李姬花主编.—北京：中国社会科学出版社，2016.4
ISBN 978-7-5161-6702-1

Ⅰ.①乌… Ⅱ.①李… Ⅲ.①中外关系—研究—乌克兰 Ⅳ.①D822.351.13

中国版本图书馆CIP数据核字(2015)第166979号

出 版 人	赵剑英
责任编辑	赵　丽
责任校对	王　影
责任印制	王　超

出　　版	中国社会科学出版社
社　　址	北京鼓楼西大街甲158号
邮　　编	100720
网　　址	http://www.csspw.cn
发 行 部	010-84083685
门 市 部	010-84029450
经　　销	新华书店及其他书店
印　　刷	北京君升印刷有限公司
装　　订	廊坊市广阳区广增装订厂
版　　次	2016年4月第1版
印　　次	2016年4月第1次印刷
开　　本	710×1000　1/16
印　　张	14.25
插　　页	2
字　　数	213千字
定　　价	55.00元

凡购买中国社会科学出版社图书，如有质量问题请与本社营销中心联系调换
电话：010-84083683
版权所有　侵权必究

《乌克兰研究》

学术顾问（按西文字母顺序）

陈昊苏　李向阳　潘占林　吴恩远　徐　辉
尤里·科斯坚科　张树华　张　霄　张　震
周晓沛

编委会主任　陈德喜　蒋国俊

编委会成员（按西文字母顺序）

奥利加·苏霍姆林斯卡娅　常　玢　高　莽
高晓慧　顾建新　郭连成　何　卫　眭依凡
肖　甦　谢尔盖·布尔吉利亚克

主　　编　李姬花（浙江师范大学乌克兰研究中心主任）

副 主 编　柳德米拉·斯吉尔达

序

  乌克兰地处亚欧核心地带，位于西欧、斯拉夫和伊斯兰教三个文明的交界线上，享有得天独厚的地理优势。她既是欧洲的年轻大国，又拥有悠久的历史，丰富的资源、灿烂的文化、发达的教育与科技，奠定了她在国际舞台上的重要地位。

  中乌两国自1992年正式建交以来，友好合作关系发展迅速，人民传统友谊不断加深。今年，适逢中乌建交20周年，中乌关系正处于从广泛的互利协作向战略合作伙伴迈进的新阶段。因此，《乌克兰研究》第二辑的出版，无疑具有十分重要的历史意义和现实意义。

  《乌克兰研究》由我校乌克兰研究中心编纂。2010年5月，以乌克兰卢甘斯克孔子学院为依托，我校成立了国内高校首家乌克兰研究中心，旨在以国际化视野打造集学术研究、人才培养、政策咨询、经济文化交流为一体的综合性研究机构。中心成立以后，坚持以学术研究为基础，以人才培养与教育文化交流为桥梁，全面促进中乌双方的政治经济及其他领域的合作。

  《乌克兰研究》主要反映中乌学者、外交官员对乌克兰以及中乌关系诸多问题的认知与研究成果，为深入了解当前乌克兰的政治、经济、文化、教育状况等提供指导与借鉴，有利于充实中乌双边关系的战略内涵，加强政治对话，扩大交流合作，推动两国关系的深入发展。同时，《乌克兰研究》也为中乌两国学者开展学术交流与合作提供了重要平台，有利于凝聚研究力量、拓展研究视野、提高研究水平，巩固深化中乌传统友谊。

　　本书的编纂出版得到了乌克兰驻华大使馆的大力支持。中乌两国作者为本书提供了珍贵文章，乌克兰研究中心工作人员为本书付出了辛勤努力，谨此一并表示衷心的感谢！希望《乌克兰研究》能够得到广大读者的喜爱！

浙江师范大学党委书记　陈德喜
浙江师范大学校长　蒋国俊

目　录

政治外交

1 // 中国与乌克兰在各领域的合作　/ 龚恰鲁克·安德烈
4 // 国际安全领域的合作　/ 利特维年科·亚历山大
6 // 中美关系：它能为乌克兰带来什么？　/ 塔兰·马卡尔
14 // 乌克兰之殇：西化梦想与民主陷阱　/ 张树华
22 // 百年烟云一纸契
　　　——《佩列亚斯拉夫协议》　/ 陈虞文

科教文化

28 // 我们的伙伴
　　　——航天成就的保障　/ 阿列克谢耶夫·尤里
31 // 文化集群组织：乌克兰及其他欧洲城市的
　　　经验　/ 伟利奇科·瓦连京
37 // 中国科学重建的模式：李约瑟在方法论上的
　　　突破　/ 基克坚科·维克多
63 // 中乌学者在生物科技领域的合作　/ 科米萨林克·谢尔盖

66 // 乌克兰与中国的合作和相互理解
　　　　——纪念乌中建立外交关系20周年 / 马特维耶娃·列霞
69 // 乌克兰国家科学院与中国相关机构在科学和
　　　　技术领域合作的现状与展望 / 纳乌莫维茨·安东
74 // 乌中文化关系（1949—1959） / 乌鲁索夫·弗拉基米尔
85 // 乌克兰高等教育体制分析纲要 / 亚斯特列布良斯卡·玛丽
92 // 积极实施国际化战略　努力推进中乌教育交流合作 / 吴锋民
96 // 伊丽娜的梦想 / 李姬花
100 // 苏霍姆林斯基教育思想对我国素质教育推行的启示
　　　　——以江苏省江阴市华士实验学校为例 / 魏李飞

文学欣赏

111 // 戈宝权与莱霞·乌克兰英卡：文学创作上的
　　　　递接 / 奥格涅娃·叶莲娜
123 // 海上明月
　　　　——写于乌克兰雅尔塔海滩月夜 / 眭依凡
125 // 无题 / 叶建军
127 // 淘来的"金沙"
　　　　——读卡达耶夫的《梦》 / 彭龄　章谊
134 // 乌克兰文学史上的主要流派及代表作家简介 / 许丽莎
141 // 从颜色看民族性格
　　　　——乌克兰和中国人喜爱颜色之对比 / 翁馨
146 // 荣耀与沉思
　　　　——卢甘斯克游学散记 / 张力跃

汉学研究

161 // 乌克兰的中国现代研究 / 戈罗德尼雅·娜塔莉娅

175 // 乌克兰的汉学研究（历史和语文学方面）
　　　　　　　　　　　　　　　　／ 伊萨耶娃·娜塔莉娅

195 // 上海文庙的历史和现状 / 卡普拉诺夫·谢尔盖

205 // 论中国文化中的"空、虚、无" / 舍克拉·雅罗斯拉娃

Зміст

Політика та міжнародні відносини

1 // Українсько-китайське співробітництво / Гончарук А. З.

4 // Співробітництво у сфері міжнародної безпеки / Литвиненко О. В

6 // Відносини між США та КНР: чим вони можуть бути цікаві Україні? / Таран М. А.

14 // Український біль: європейська мрія та демократична пастка / Чжан Шухуа

22 // «Переяславська рада»-значення та наслідки / Чхен Увен

Освіта та культура

28 // Наша співпраця – гарант успіху у космосі / Алексеєв Ю. С.

31 // Формування культурних зібрань: досвід українських та європейських міст / Величко В. В.

37 // Моделі реконструкції китайської науки: подолання методології Джозефа Нідема / Кіктенко В. О.

63 // Про співробітництво українських та китайських
    вчених у біологічних науках / Комісаренко С. В.
66 // Україна та Китай на шляху до співробітництва
    та взаєморозуміння (до 20 – ліття встановлення
    дипломатичних стосунків) / Матвеєва Л. В.
69 // Науково – технічна співпраця між Національною
    Академією наук України та організаціями КНР :
    стан та перспектива. / Наумовец А. Г.
74 // Українсько – китайські відносини у сфері
    культури (1949 – 1959) / Урусов В. Б.
85 // Система вищої освіти в Україні / Ястреблянська М. В.
92 // Активне впровадження стратегій інтерналізації : плідне
    сприяння розвитку українсько – китайських відносин
    у сфері освіти. / У Фенмінь
96 // Мрія Ірини Клименко / Лі Цзіхуа
100 // Розповсюдження та вплив педагогічних ідей
    В. О. Сухомлинського на всесторонній
    розвиток у Китаї / Вей Ліфей

Література

111 // Ге Баоцюань та Леся Українка : творчий
    контакт / Огнєва О. Д.
123 // 《Місяць над морем》 / Суй Іфань
125 // Без заголовку / Є Цзіньцзунь
127 // 《Сон》 Катаєва В. П : значення повісті. / Пен Лін

134 // Осносні напрямки і течії в історії української літератури / Сю Ліша

141 // Порівняння улюблених кольорів України та Китаю / Вен Сінь

146 // Щоденник《Навчання у Луганську》/ Чжан Ліюе

Синологія

161 // Сучасні дослідження про Китай в Україні / Городня Н. Д.

175 // Дослідження про Китай в Україні (історично-філологічне направлення) / Ісаєва Н. С.

195 // Храм Конфуція в Шанхаї: історія та сучасний стан / Капранов С. В.

205 // Питання про концепцію пустоти в китайській культурі / Шекера Я. В.

中国与乌克兰在各领域的合作

龚恰鲁克·安德烈
乌克兰总统国家战略研究学院对外政策部主任

尊敬的与会者、各位同行：

中乌两国建交20周年，这是中乌友谊和两国合作历史上具有重大意义的日子！这些年，我们两个国家都经过了不平凡的历程。乌克兰获得了国家独立，成了享有充分主权的世界共同体成员。目前，正逐步地向加入欧盟迈进。

同时，这些年里，中国取得了世界上独有的成就！今天，中国不容置疑地占据了世界第二经济强国的地位，成为最大的出口国，拥有巨大投资潜力。中国在科学、技术、和平开发太空、发展各领域高新技术等方面都取得了丰硕成果。

早在20世纪90年代就开始的中乌两国战略伙伴关系，通过2012年夏天签署的国家战略伙伴关系宣言而得到进一步加强。2011—2012年，两国领导人进行了国事互访。此时，适逢中乌合作20周年，这为顺利实施高层次的重大政治协商增添了希望。

中乌经济互为补充。乌克兰拥有独一无二的土地潜力，将来能够成为中国及世界上许多国家的粮食基地。现在，我国的土地改革已近结束，农业用地已经能进入资金周转链条[①]，从而吸引银行对农业生产进

[①] 2001年乌克兰议会审议通过了《乌克兰土地法》，依据该法，乌克兰将从2005年1月1日起开始出售农用土地。——译者注

行投资。

　　独特的地理位置为在乌克兰国内建立中乌生产设施、将生产品出售到欧洲起着推动作用。多年前，乌克兰便已成为世界贸易组织成员，目前已完成与欧盟签署建立自由贸易区协议的准备工作。要重点强调的是，加入欧盟的计划得到了乌克兰国内所有政治力量包括反对派的支持。

　　2012年，欧洲冠军联赛在乌克兰举办。为迎接这项盛事，国内做了许多准备工作：建设或重修体育场、飞机场、道路。但乌克兰需要实施大规模的基础设施建设计划，其覆盖面涵盖整个国家，所有建设需符合21世纪的标准。因此，与中国的合作是最有发展前景的。

　　中乌科学技术合作的成功经验让我们相信：双方在创新领域的相互协作、积极的科学交流会不断加强，共同开发的新项目会不断增多。

　　当然，两国间的关系中也有"瓶颈"。首先，这与乌克兰的投资环境有关。尽管乌克兰在完善立法、反贪污方面做了巨大努力，但我们的投资环境仍落后于商业发展需求。通过两国国家权力机关在商业领域的共同努力，是能够为此寻找到出路的。

　　乌克兰与中国财政部可以共同授权来研究中国在乌克兰投资保障的现代方法和新机制。在完成欧盟拨款的计划和项目方面，我们拥有成功的经验，这也推动着乌克兰大幅度地向欧洲靠拢。通过这样的方式，中国可以更积极地推动为在乌克兰顺利进行商贸活动而需要的相同条件的研究工作。

　　发展中乌合作潜力的另一个重要成分是建立两国企业间直接交流的平台。目前可以肯定的是：乌克兰的商业对中国现实情况适应得并不好，面对中国大量的信息，乌克兰有些茫然不知所措。因此，必须在两国工商业厅、中乌国际商贸促进协会、中乌事务委员会及其他团体协会的沟通下，推动两国商业共同体的自我组织。今天，两国关系中最重要的任务是：在经贸合作中建设生机勃勃的现代化基础设施。

请允许我用下列词句结束发言:

我坚信:在传统友谊和两国人民互相尊重的基础上,未来,中乌必将顺利实现两国的战略伙伴关系。

国际安全领域的合作

利特维年科·亚历山大 教授
乌克兰国家安全与国防委员会副主席

尊敬的同事们：

在中华人民共和国的首都——北京能参加这样的圆桌代表会议，对于我来说，是莫大的荣幸！利用此次机会，我想与大家分享对国际安全问题的思考。如今，世界正飞速地变化着，决定了近二十年来全球性日程表的全球化进程和信息化革命，为世界金融危机的发生提供了可能。第二次金融危机浪潮也许在近期便会成为现实。

这种深度的危机经常发生，加速了全球变革进程。起码，这次会是这样的：在全世界，中国角色的快速提升，政治分量的稳固，它对各种指数、相应的经济和技术成就、人口潜能所产生影响的加深，都已经成为今天全球变革之中显而易见的结果。

今天的中国，作为世界第二经济大国，应该发展新的、有效的、与自身所担负的人类命运责任相适应的全球性战略。在许多方面，现在中国专家智囊团争辩的内容及特点都由这一任务决定。近十年中，中国一贯执行的和平外交政策表明，中国在全球中作用的提升不仅没有削弱其自身的稳定水平，而且可能还缩小了国际安全威胁的规模。

目前欧洲在安全领域内的状况是：传统意义上的战争威胁有了实质性的减少。在欧洲军事行动中，大规模的战争冲突时刻存在着，其后果不仅对牺牲方来说是无法估计的，对侵略方来说同样如此。例如，现在，仅在乌克兰就有16个核反应堆、250多个极度危险的化学目标，它们的失事将导致数十万人的死亡；所击中的地区将辐射乌克兰国外的大幅领土面积。前车之鉴，任何情况都有可能发生。

同时，新威胁，如恐怖主义、网络犯罪、刑事犯罪、贪污受贿等所带来的损失总和与战争冲突带来的不相上下，有时甚至超过了武力冲突造成的损失规模。

从西方看，乌克兰处于北约和欧盟之间；从东方看，乌克兰与俄罗斯接壤。乌克兰尽可能大规模地降低对国际安全的威胁，宣布了不结盟政策。

在这种情况下，各种安全保障举措的作用变得尤为关键，包括核大国向乌克兰提供保障。因为1994年12月，乌克兰作为放弃核武器国家而加入了《不扩散核武器条约》①。

乌克兰对于20多年来中国坚决维护乌克兰的国家主权和领土完整这一一贯基本立场予以高度评价。同时，2011年6月，中乌两国签署了战略伙伴宣言，这成为两国积极发展进程中的重要一步。宣言明确了双方一系列新的极为重要的义务，包括不允许第三国利用其国家领土损害战略伙伴的利益。

共同理解是构建战略伙伴关系的基本要素。我们认为，各专家间在国际安全领域的合作发展，包括交换安全事务状况和发展方向的评价、讨论新威胁和需求，将成为中乌两国合作的前景之一。我相信，今天的圆桌会议将成为迈上该道路的重要一步。

最后，我再一次祝贺中乌两国友好关系二十周年的到来！

谢谢！

---

① 乌克兰于1994年签署协议，同意销毁其境内从苏联核武库中继承的全部核武器，并随后加入了《不扩散核武器条约》。

中美关系:它能为乌克兰带来什么?

塔兰·马卡尔
历史科学副博士,当代史研究室副教授
基辅塔拉斯·舍甫琴科国立大学历史系外国现代、当代史研究室副教授

在最近二十年里,努力实施多边、多样化的对外政策已成为各国处理国家间关系的明显趋势。与外部世界的相互协作力度不断增加,是全球化的结果之一,另外也与必须寻找新的经济和政治伙伴有着密切联系。同时,我们正在研究那些能够决定当今世界秩序的双边关系的新情况。

1991年之后,乌克兰政治和科学领域对美国学和中国学的研究兴趣不断增加。这是因为,必须对国际关系新体系形成过程中两国在新条件下的发展特征和对外政策特点有更深层次的认识。对这些研究的政治诉求在于,使乌克兰与诸如美国和中国的战略伙伴关系得以深化,这样的国家对于使乌克兰的利益得以在西方和亚洲进一步扩展具有至关重要的作用。

在这样的背景下,我想就注重中美间逐渐多样化的且影响力不断加强的双边关系的必要性,与大家分享几点想法。虽然,中美关系对乌克兰的内外政策方针没有直接影响,但也涉及它的战略利益。同时,华盛顿与北京之间独特的战略对话中有很多观点不仅为更深层次理解当代国际关系提供了必需的材料,在很大程度上也呈现了中国和美国文明的特征、各自的政治利益和价值。如同当年的美苏关系一样,中美关系是全

世界政治、经济、社会文化及其他领域发展趋势的指示标。在许多方面，世界政治、经济氛围取决于两国的特征，而不考虑这些政治、经济氛围，一个国家便不能建立自己的对外政策。

无论是美国，还是中国的当代政治、军事、经济和其他潜能都是世界政治、经济体系以及军事战略稳定性的系统构成部分，这一点即便对非专业人士都是非常浅显的。实际上，所有专家都将中美关系作为具有全球重要意义的问题来对待。与最初对抗竞赛的美苏关系不同的是，中美关系在深度和层次上的相互协作已经转化为了独特的、相互依赖的、与地区和全球连接得更广泛的体系。美国著名研究者大卫·M. 兰普顿（David M. Lampton）① 在自己的书中，借助中文"同床异梦"对这样相互依赖的综合体进行了精准的描述。

需特别指出的是，在历史上，华盛顿与北京间的战略相互吸引，与经济考量没有联系。当建立在发展贸易和投资活动基础上的双边关系更需具有建设性和妥协性的时候，意识形态的差异已不是主要力量。1972年尼克松的访华和毛泽东主席的关注点，是由双方的政治家要建立新的地缘战略计划决定的，该计划的目的是遏制和"平衡"苏联。

中国政治领导人的更替和以邓小平为首的第二代领导人的国家发展新战略进一步增强了中美关系的全球重要性。改革开放政策为建立经济和社会文化关系带来了推动力。似乎是对尼克松政治勇气的回应，在两国建立正式外交关系不久，邓小平的第一次出访就选择了美国。

可以说，两国关系发展中的更全面的双方关注点从那时就已确定了。没有与美国关系的正常化，中国就不能在与西方国家的经济联系中建立积极的政治背景。正是美国的投资、技术与援助，成为大多数国家开始为中国市场而奋斗的特有信号。对美国自身来讲，在很大程度上，中国经济为其提供了适应全球竞争新环境的补充机会。

---

① 大卫·M. 兰普顿（David M. Lampton），美国尼克松中心中国问题研究部主任，霍普金斯高等国际研究院中国研究教授。曾任纽约中美关系全国委员会主席。著有《论中国力量之三面：军事、金钱和头脑》（*The Three Faces of Chinese Power：Might、Money and Minds*）等。

大部分专家一致认同的观点是：鉴于中国和美国是两个最大的世界经济强国，世界经济的复苏没有中美的伙伴合作是不可能实现的。在宏观经济层面上，对两个国家来讲都存在调整自身经济的必要性①。在很多时候，中国市场不仅是美国经济稳定的依靠，今天的中国还是美国主要的债权国。人民币在不远的将来有足够理由成为世界主要储备货币之一。

就中国而言，发展与美国的关系为其继续融入国际建立了有利的基础。该趋势符合双方战略利益。中国改革的实践和经验为乌克兰提供了很好的模式，其中，经济改革离不开投资和技术。不参与多方政治和经济机制，经济改革也不可能成功。加入世界贸易组织②、在联合国③深思熟虑的表态、在20国集团框架下积极参与全球重要问题的讨论、参加关于朝鲜核武器问题的六方会谈，中国的这些工作不仅增强了自身的威信和政治影响，也为定位于出口的中国经济拓展了外部平台。克林顿执政时期，美国国内形成了对华关系的这样的思想认识：在国际事务中扩展中国的参与，吸引中国加入世界经济，使中国变为"负责任的股份拥有者"。美国的战略方向是：用世界体系及其责任框架来约束中国的对外政治行为，使其不以"反美国主义"为基础。按照美国思想家的观点，政治和经济自由主义是美国应对经济孤立政策、霸权制度和反美国主义的安全器之一。

拓展中美关系的经济基础、管控分歧是中国实用主义立场的鲜明例子。两国关系中的实用主义是追求双方可接受的具体成果。在已超过三十年的正式外交关系中，在互相冲突的最尖锐问题上，北京和华盛顿磨合出了互相可接受的方式，虽然是暂时的，但至少是折中的。

---

① Ken Lieberthal，肯尼思·科伯索尔，即李侃如。曾任歇根大学教授，亚瑟·瑟诺政治学教授，威廉·戴维森研究所中国事务部杰出研究员兼主任，布鲁金斯学会约翰·桑顿中国研究中心副主任，外交政策项目和全球经济与发展项目资深研究员。其大部分专著、文章都与中国有关，包括《中国的能源探索及对美国政策的意义》（2006）、《治理中国：从革命到改革》（2004）等书。

② Всемирная Торговая Организация

③ Организация Объединенных Наций

相互渗透和合作的状态在很大程度上冲淡了武力外交和军事对抗成分。但在这里，我想强调的是：军事战略对抗对于不同层次的彼此接近并不是障碍。与美苏间军政争霸的"冷战"不同，现代环境中，虽然华盛顿、北京对地区内和世界范围内国际关系的看法不同，但没有影响到全球经济空间的发展和政治上的妥协。

"台湾问题"的凸显与该岛对美国和中国大陆的特殊意义相关。21世纪，美国在该区域的军事战略行为变得些许灵活，借助美国著名专家罗伯特·斯卡拉皮诺①的表述："将平衡各方力量的战略与协调各国的战术相结合。"美国继续自身军事力量的现代化，加强与中国邻国的伙伴关系。同时，我们还注意到了两国军事主管部门间的合作。针对两国军事体系间的联系，暂时很难说清楚，很可能这仅是最初的接触，但这些接触却周期性地因"对台出售武器"这一问题而中断。两国实施了共同搜索救援行动，高层军方官员进行了互访。美国，尤其是"中国威胁论"的拥护支持者突出强调中国军事预算的不透明与军事力量的增长，这两项会从根本上破坏美国已经建立的现状。但即使在军事领域存在严重的不信任和军事竞赛，我们仍注意到（两国间的）对话还在进行。这是中美关系区别于美苏关系的特征之一。

埃兹拉·沃格尔②等少数作者认为，解决"台湾问题"的关键就是中美关系的进一步改善。它们将来在政治和经济领域内越互惠互利、互相信任，中国便越相信统一台湾是可行的，且华盛顿不会再实施支持台湾独立的政策。

---

① 罗伯特·斯卡拉皮诺（Robert A. Scalapino, 1919—2011），中文名字施乐伯，与费正清同被尊为当今美国学界中国问题研究的"教父"级人物。在加州大学伯克利分校创立了东亚研究所（IEAS），并在退休前一直担任所长；美中关系全国委员会的创立者和首任主席。他一生著述颇丰，共发表过有关亚洲政治和美国亚洲政策的文章553篇、书籍和专著39部。代表作包括《战前日本的民主和政党运动》（1952年）、《共产主义在朝鲜》（1972年，两卷本，与人合著）、《现代中国及其革命进程》（1985年）、《发展的政治：关于20世纪亚洲的观点》（1989年）及1992年出版的《最后的列宁主义者：亚洲共产主义国家的不确定性未来》等。被称为"亚洲研究、美亚关系研究的一位巨人"。——译者注

② 埃兹拉·沃格尔（Ezra F. Vogel），美国哈佛大学社会学教授。著有《日本第一》《日本的成功与美国的复兴》等。

对于地区和全球军事稳定来说，军事信任极其重要。作为走军事外交之路的大国政策的延续，中等国家也推进军事潜能的增长，而这种军事外交会定期演变为局部战争。军事潜能的增长将"小国"和"中等"国家向增加军事预算推进了一步，但首先，在应对财政投入不足的危机中，社会经济稳定是更重要的。作为政策的延续，探索加强国家安全的方式，许多国家需要为自己寻找军事政治上的掩护；或者将自己置于多方安全机制中，如北约；或者在对强国的态度上实施"调整平衡与从属关系"的政策。

从上述形势中可以得出这样的论点：军事战略竞赛不应该排除必要的接触、合作和常规性对话。接触、合作和对话是实行独立自主的军事政策所必需的补充。如今，军事潜能水平的高低已经不能作为支撑领土安全、保护疆域和国家主权的特有手段。没有能显著减少摩擦、促进双方适应特有形势的可靠的政治机制，仅依靠军事技术优势，只会带来破坏性的结果。

无论在台湾局势中，还是面对经济贸易问题，当存在不一致时，甚至在国际危机（伊拉克、阿富汗、伊朗、利比亚等）尖锐化期间，中国外交都很明显地避免发表尖锐性、冲突性的声明。如果在伊拉克、阿富汗和其他问题上，中国反驳了美国，那么国际关系将是另一个样子，会变得更具紧张性和冲突性。北京所具有的深思熟虑的务实态度，在很大程度上使得在出现这种形势之前便避免了某种地缘政治的破裂。北京坚持强调必须遵循领土完整、互不干涉内政和国际法优先等原则。因此，中国不会采取单方面行动而与自身立场相违背。例如，像以往一样，在"利比亚事件"中，中国试图突出强调国际准则、联合国准则的不完善，其中包括不能允许政治冲突演变为战争。这不但推动了中国威信的提升，且从结果上看，首先是与世界上那些不欢迎任何武力干涉的国家和地区的关系变得更加紧密。

历史、文化发展因素的差异，形成了不同的政治价值。可以在这些政治价值相互协作的框架下对中美关系进行研究。诸如个人与国家的相互关系、人权、普世价值的存在等话题经常出现在议事日程上。

与美国不同，在中国，社会和国家是建立在管理、服从、集体优先于个人等原则基础上，并以此为根基相互协调。对于普通中国人来说，强有力的中央集权国家保障了其日常生活和稳定。历史上，国内频繁战争、生活水平的降低和民族受辱成了软弱的、非中央集权的中国历史特征。所以围绕"人权"上的分歧，西方国家积极地将其提升，并经常将其当作政治工具。这种分歧在很大程度上是不同政治价值、经验体系间的斗争。正如人们从官方声明中看到的，对中国政府来说，人权在该国是为每一个个人提供教育、生活和发展机会，并得到了具体的实施。换句话说，中国历史上形成的国家至上观点，从本质上区别于欧美的治国理念，后者如同社会进程中的柔性调节器首先保护和维护抽象意义上的"自由"。在围绕"人权"概念展开的政治和外交斗争中，中国政府对此问题持足够强硬的态度，我们认为在此种态度中，有保护其自身历史文明的考虑。

  当然，这里所讲的并不是两个完全不同的相互独立存在的世界。在很大程度上，全球化和信息空间的紧密进程加强了社会间、人与人之间的沟通。中美社会文化间的接触是对这种特殊关系起很大影响作用的重要因素。我试图根据个人的经验和观察，找出让中美两国人都感兴趣的共同做法。在美国，人们对中国文化、传统及其丰富多样的表现形式（如美食、武术、语言）抱有足够浓厚的兴趣。对于中国的大学生来说，赴美是要获得独有的知识、语言经验和文化阅历。越来越多的美国人到中国就业和寻找新环境，2010年起，有10万名美国大学生被有计划地派赴中国学习，也有越来越多的中国人到美国的大学和学院深造。有意思的是，到另外的文化氛围里居住若干时间，还能更好地促进自身政治、文化的认同；同时，也能更好地理解别国文化。

  在更高的政治层面，我们注意到领导人、政府官员的会晤不仅是定期的、密集的，还是富有成果的。例如，2011年1月，时任中国主席胡锦涛对美国进行了4天的国事访问。中国贸易代表团与美方签订了总额250亿美元的贸易协议，双方投资规模超过了50亿美元，其中大部分是中国企业在美国的投资。

人们不由自主地会拿此情景与乌俄关系作比较。与此大相径庭，在所有民族特性都极为相近的乌俄两个民族间的历史成见，却比中美两国人之间的还要大。俄罗斯在自己的政策中，常常忽视乌克兰的独特作用。同时，乌克兰当局到现在也还没有与自己的主要邻邦建立起相互协作机制，这一包含政治、社会、经济、科学等不同层次联系的机制，应当超越不信任和相互抱怨。乌克兰与俄罗斯总统的最近几次会面实际上总是围绕一个方面的主题：要么是天然气的价格，要么是海关联盟。而投资前景问题、大学生交流等都被忽视了。乌克兰和俄罗斯远离了对双方都有利的综合体式的互相依存模式。

在建立特有的双边动态平衡过程中，两国的互相依赖强化了相互影响。政治精英的利益，通过实业界、军事、科研等其他社会集团而得到平衡。这将会形成一种新的、现代化的相互协作机制，这种机制令人想到连通器原理：两个相通容器中，其水平面总是相同的。

中美关系资料为当代中国外交政策形成过程提供了更深刻的理解。该政策并不是建立在少数政治精英的偏好基础上的。在中国，美国问题研究中心数量的增长受人瞩目，这说明严谨的职业化、对专业化知识的考量、专家和社会的意见都发挥着重大影响。对经济决定的分权管理拓宽了中国参加国际事务的机会，同时也是推进经济相互依存进程的主要力量之一。

关于美中关系的相互依存和互补性、两国关系对整个世界体系的全球性意义、第三方从中得到的经验等，我们将其归结为以下几点。

第一，全球化条件下，保护国家利益已不仅取决于政治、军事和经济潜力，而且在很大程度上还取决于建立利益共赢关系模式的能力。

第二，要提炼出乌克兰刺激国内改革的对外政策方针并将其具体化，一定要考虑这些现实：中国经济的增长、财政经济投资潜力的增长，同时维护美国技术和军事优势。

第三，中乌关系的前景在很大程度上将不仅取决于政治上的动态接触、签署合约的数量及其他因素。如果不从中国独特的文明历史本质上去深刻理解当代中国所发生的奇迹，不注重为两国关系培养专家骨干，不去拓展社会文化、科技和人文领域的接触，那么在长时间内，中乌关系还将只是建立在"礼仪性的"政治会晤、共同宣言和"安静的"经济联系之上。

参考文献

1. 兰普顿·D.：《同床异梦：驾驭 1989—2000 年的中美关系》，伯克利洛杉矶，2001 年。
2. 科伯索尔·K.：《中美关系走向全球》，《当代史》2009 年第 108 期。
3. 沃格尔·E.：《与中国共处：20 世纪中美关系》，纽约，1997 年。

乌克兰之殇：西化梦想与民主陷阱

张树华

作者是中国社会科学院信息情报研究院院长、研究员

《国外社会科学》主编

连日来，乌克兰国内局势持续动荡。前总统亚努科维奇被议会解除总统职务，新组建的临时政府极力"向西"，而历史上原属苏联的克里米亚已通过全民公决的方式实现"历史的回归"，重新纳入俄罗斯版图。围绕乌克兰问题，美国、欧盟、俄罗斯三方之间的政治角力正愈演愈烈，内战甚至是分裂的阴影笼罩在乌克兰上空。自苏联解体之后，乌克兰国内政局混乱、经济衰败、社会和民族严重分裂，这些问题都成为独立以来的乌克兰挥之不去的西化、民主化之殇。回顾冷战后国际民主化的曲折历史，乌克兰落入"民主"陷阱的教训值得广大发展中国家加以深刻反思和警惕。

一 "西化"之路上的民主迷失

在俄语中，"乌克兰"一词有"在边缘""边沿地带"的意思。长期以来，乌克兰人曾为此愤愤不平。1990 年前后，戈尔巴乔夫发动的政治民主化改革陷入困境，统一的苏联国家岌岌可危，乌克兰率先打出"独立""主权"的旗号。独立之初，乌克兰首任总统克拉夫丘克踌躇

满志，梦想着乌克兰能够迅速摆脱经济危机，挤进民主、文明、富强的"欧洲大家庭"。然而，二十多年过去了，乌克兰这个以"欧洲粮仓"著称，在苏联以工程师比例最高、制造业和工程技术最发达而著称的国度，如今却几乎沦落到苏联15个加盟共和国中发展程度"垫底"的境地。到2012年，乌克兰的实际GDP仅相当于1990年的69.5%。除去人口减少因素的影响，人均实际GDP仅为波兰的1/4，相当于1990年的81.1%。回顾乌克兰二十多年的转型之路，我们不难发现，西化之路上的民主迷失无疑是导致乌克兰转型失败的罪魁祸首。

1991年8月24日，乌克兰正式宣布独立。同年12月，前乌克兰最高苏维埃主席克拉夫丘克摇身一变，高票当选乌克兰总统。在欧美等国提供的经济"援助"和改革"指导"等"画饼"的诱惑下，乌克兰盲目地进行了大刀阔斧式的"西化"改革。激进的市场化政策得以强力推行，西式"三权分立"原则和议会民主制被强行移植入本国政体。然而，西式的民主和市场经济非但没有在乌克兰"生根发芽"，反而成了引发随后二十多年乌克兰持续性政局动荡和经济衰败的"定时炸弹"。独立之初的乌克兰不仅没有实现经济的迅速繁荣，反而陷入严重的经济危机之中。在内忧外患的冲击之下，克拉夫丘克也在1994年的总统选举中黯然下台，让位于高举"改革"大旗的库奇马。库奇马上台后，力主推进国家权力结构改革，不断加强总统职权。然而，对国家政治制度的"矫枉过正"并没有从根本上使乌克兰走上有序和稳定的正常发展轨道。空前强化总统权力的总统议会制虽然暂时得以推行，但总统与议会及其内部各党派之间的矛盾却变得日益尖锐化。在库奇马执政时期，乌克兰各项经济和社会改革进展缓慢，腐败程度进一步加深，地区、民族矛盾不断积累发酵，这些都为后来乌克兰走上更加激进的"颜色革命"道路埋下了祸根。

2004年年底，乌克兰爆发了轰动世界的"橙色革命"政变。在这场以总统选举中的舞弊问题为导火索的政变运动中，尤先科最终战胜时任总理亚努科维奇，成功当选乌克兰总统。当选后的尤先科迫于来自国内外的压力，重新对国家权力结构进行了重大调整。根据2004年12月通过的《宪法》修正案，自2006年1月1日起，乌克兰由总统议会制转变为独立之初的议会总统制，政府由对总统负责转为对议会负责，总统的实际权力被大幅削弱。但是，这一权力分配结构改革仍未能从根本上化解政府与总统之间的矛盾。由此，总统、政府和议会之间无休止的斗争伴随了尤先科政权的始终。在2010年的总统选举中，利用尤先科和季莫申科两派势力分裂的契机，亚努科维奇顺利当选总统。亚努科维奇执政后，凭借其在议会中的微弱优势，废除了2004年通过的《宪法》修正案，将乌克兰的政体又改回总统议会制，总统的权力重新得到了加强。然而，好景不长，2013年年底，以亚努科维奇放弃与欧盟签署联系国协定为导火索，反对派势力在全国迅速掀起要求亚努科维奇下台的浪潮。对示威游行处置失当的亚努科维奇被迫与反对派妥协，并最终被议会驱赶下台。2014年2月21日，乌克兰议会投票通过决议，恢复2004年《宪法》，这标志着议会和政府的权力重新得到扩大，总统权力则再次受到削弱，乌克兰重回议会总统制的改革起点。

纵观乌克兰独立以来二十多年的政治转轨历程，针对国家权力分配和制衡制度的改革从未停止，始终是乌克兰国内政治斗争的核心议题。然而，令人遗憾的是，乌克兰并未能够在该问题上实现质的突破，各派势力表面上打着"民主""宪政"的旗号，实则是赤裸裸的争权夺利、尔虞我诈。政客们频繁的政治斗争给国家和人民带来的不是福音，而是持续性的政局混乱、经济衰败和社会的严重撕裂。历史地看，这正是乌克兰独立二十多年来盲目推行西化道路以致最终陷入民主迷失的必然结果。

二 西化幻影与民主化之殇

在经历了二十多年失败的西化之路后，今天的乌克兰已经彻底陷入西方设下的民主化陷阱而难以自拔。从国内因素来看，目前的乌克兰面临着国家认同感严重缺失和国家发展道路摇摆不定的困境。而从外部国际环境来看，以美国为首的西方国家长期以来对乌克兰实施的民主输出战略，无疑是乌克兰局势持续动荡最大的不确定因素。

首先，国家认同严重缺失是导致乌克兰持续动荡不可忽视的根源。自苏联解体以来，脱胎于高度集中的政治经济体制下的乌克兰，在国家认同方面长期难以达成共识。在漫长的历史时期内，乌克兰饱受外族欺凌，国土长期被分割统治。正是这种特殊的历史背景，造就了乌克兰传统上的"东西"之争。从族群分布情况来看，乌克兰族主要分布于西部地区，俄罗斯族则主要分布于东部和南部。从民族归属感上看，西乌克兰人要求建立独立乌克兰国家的愿望更强。独立以来，虽然东西乌克兰之间在维护国家统一问题上持相近立场，但由于语言、宗教信仰和经济发展水平等方面的差异，东西两地区之间的分歧有逐渐扩大的趋势。1992年，作为乌克兰自治共和国的克里米亚就曾以议会决议的方式宣布脱离乌克兰，重新并入俄罗斯联邦。独立以来，虽然乌克兰历届政府为消除地区和族群矛盾采取了一系列措施，但历史上形成的东西部之间的差异，以及族群之间的隔阂很难在短时间内得到彻底改变。可以说，在独立后的乌克兰，这种由族群差异而导致的"东西"之争在历次政治纷争中都发挥着不可忽视的作用。

其次，盲目西化背景下国家发展道路选择的失败，是乌克兰长期动乱的根本原因。独立之初，在尚未充分考虑本国国情的背景下，急于摆脱旧体制束缚的乌克兰便迈出了民主化的步伐。可以说，乌克兰独立以来的二十多年，也是西式民主在乌克兰大行其道的二十多年。然而，历史却已经充分证明，在乌克兰，西式民主所标榜的"自由""民主""平等""博爱"等美好愿景只是一幕幕虚假的民主化幻影。在历经"民主"洗礼后的今天，乌克兰人不得不无奈且辛酸地承认：民主并不是一剂包治百病的"灵丹妙药"，名义上的西式民主带给乌克兰的不是人民生活的安定与富足，更不是国家的稳定与繁荣，而只是无休止的政治纷争与社会动荡。从这个意义上说，来自国家内部的民主迷失无疑是造成今天乌克兰陷入转型陷阱的根本原因。

苏联解体之后，陷入西式民主化歧途的乌克兰非但没有摆脱在国家发展道路上的迷惘，反而陷入一轮又一轮的政治动荡，患上了严重的苏联解体"后遗症"。独立初期,乌克兰在国家道路的选择和国家政治建设方面一时陷入制度的真空期。于是,在"逃离"苏联、"拥抱"西方的口号之下,乌克兰几乎将美式的议会民主制全盘照抄到乌克兰。在乌克兰大多数政治精英看来,美国的两党制和三权分立无疑是乌克兰实现政治稳定和国家繁荣的必然选择。然而,事实证明,美式民主在乌克兰遭遇到严重的"水土不服"。理想中的西式政党模式在实践中演化为少数寡头之间的争权夺利。"三权分立"的制衡原则也在强权政治和腐败横行中变得形同虚设。

  2004年,乌克兰爆发了"橙色革命"。对此,国际上一些政治势力无不感到欢呼雀跃、欣喜若狂,以为这是继"冷战"结束后国际民主化的"第四波"。然而,没过多久,当"颜色革命"的狂热褪去之后,一切又都复归了原形:宪法继续形同虚设,议会、政党和总统之间纷争不断,掌控国家的寡头们在不同政治势力的支持下继续上演着一幕幕你方唱罢我登场的政治闹剧。在独立后的乌克兰,国家的政治经济大权依旧掌握在少数几个寡头手中。他们或在幕后扶植代理人,操纵议会和总统选举,或凭借雄厚的资本实力,直接参与竞选。在寡头横行的乌克兰,自上而下的腐败已经达到了空前严重的地步。根据"透明国际"2013年公布的世界廉洁指数,在总分为100分的测评中,乌克兰仅得到25分,在参评的177个国家和地区中位列第144位,连续多年被评为"严重腐败"国家。可以说,自"橙色革命"以来,乌克兰政局已经演变为尤先科、季莫申科和亚努科维奇三人你争我夺的角力场。期间,一场场翻云覆雨式的"政治清算"无一例外都打着"民主"与"法律"的旗号。乌克兰与其说是"民主化",不如说是政治商业化、市场化、帮派化、地区化;与其说是民主政治,不如说是对抗政治、帮派争斗、清算政治和复仇文化。

  最后,以美国为首的西方大国打着"民主"的旗号输出动乱,罪责难逃。乌克兰陷入转型困境,除政治人物治国无方、缺乏责任感之外,西方大国也难辞其咎。自"冷战"结束以来,包括乌克兰在内的独联体地区就一直是美国全球战略的重点关注对象。而自苏联解体以来,在全球范围内推广和输出美式民主和自由，始终是美国对外战略的重要组成部分。对于乌克兰等独联体国家而言，向这些国家输入美式的民主制度和价值观念，促成"颜色革命"并建立亲美反俄政权，自然成为美国对独联体民主输出战略的重要目标。在对乌克兰实施民主输出战略方面，美国或是通过经济援助等利益手段不断促使其进行所谓的"民主改造"，或是通过各种非政府组织不断进行民主渗透，或是通过扶植各种"自由媒体"来进行思想舆论渗透，抑或是直接资助国内反对派、扶植代理人等。

事实上，在美国全球民主输出战略的表象下，暴露出的往往是赤裸裸的全球地缘战略企图。在乌克兰，当"颜色革命"的光环褪去之后，政治稳定、经济发展、民族和睦等美好的目标并没有伴随着"革命"的结束如约而至。除了徒有其表的"民主外衣"，留给这些国家的只能是持续动荡的政局、日益凋敝的经济和不断尖锐化的族群矛盾等一系列社会问题。从本质上而言，乌克兰不过是美国全球战略格局中的一颗棋子。追根溯源，在乌克兰自"橙色革命"以来的种种政治乱象之中，以美国为首的西方国家的民主输出战略无疑难辞其咎，它们打着民主的旗号，向乌克兰输出的却并非真正意义上的民主，而仅仅是导致无休止的混乱与无序的劣质民主。

综上所述，在经历了西化道路上长达二十多年的迷失之后，今天的乌克兰仍旧处在国家认同缺失和国家发展道路迷惘的转型陷阱之中。乌克兰的政治转型依旧长路漫漫，距离实现真正的现代国家建设目标仍然遥遥无期。放眼未来，在内忧外患的双重压力之下，如果乌克兰各方力量仍不能尽早在国家建设和发展道路这些根本性问题上达成共识，而是继续陷入党派纷争、民族和区域矛盾等泥潭中，继续在财阀、寡头和党派利益中周旋，那么乌克兰将无法从根本上摆脱大国政治"夹缝"的束缚，无法逃脱"周期性"政治动荡的怪圈，也无法摆脱边缘化生存的泥潭。

三　超越民主化"陷阱"：反思与警示

时至今日，与乌克兰同时期独立的其他独联体国家大都已经度过了独立之初的阵痛期，走上了适合本国国情的发展道路，而乌克兰却陷入了民主的迷惘与转型陷阱难以自拔。近三个月以来，乌克兰局势的变化虽波澜起伏，但不足为奇，可以说是其固有政治逻辑下的必然结果，乌克兰在迷惘中又回到了10年前、20年前的原点。今天，反思乌克兰落入民主陷阱的深刻教训，对于正处在转型期的广大发展中国家无疑具有重要的警示意义。

一是要对某些西方大国打着民主旗号，实则输出动乱的战略意图保持高度警惕。冷战结束以来，民主已经被严重地泛国际化。在西方战略家眼中，民主已经成为一种全球化现象，成为无处不在、无所不能的价值、观念、标准、制度、原则、做法等。伴随着民主国际化进程的加快，民主实际上已经异化为某些西方大国对外扩张的政治工具。它们将民主包裹上华丽的外衣，以各种手段大肆向发展中国家输出。然而，西方大国对外输出民主的意图并不是要促进这些国家的发展，而往往是出于自身的战略利益考虑，盲目接受这种所谓的"民主指导"只会落入西方大国的政治圈套，使国家堕入动乱的泥潭。

二是要树立正确的民主观，认清假民主和劣质民主的危害。民主概念有其自身的复杂性和特殊性，民主制度的真正实现也有赖于稳定的国家认同和一套行之有效的完善的制度体系，以及与之相适应的成熟的政治文化环境。在广大发展中国家，民主有其自身的特点、规律和发展阶段，一切片面化、标签化、碎片化的民主都是虚假甚至劣质的民主，它们不仅背离了民主的真谛，更有可能给整个国家、社会和人民带来灾难。

三是要对在发展中国家盲目推行民主所造成的实质性危害保持清醒的认识。对于处于转型期的国家而言，国家认同、制度建设、民主文化等民主的必备条件尚不完善，盲目推行民主，其结果只能是国家动乱、人民遭殃。以乌克兰为例，在二十多年的西化历程中，获得民主化"红利"的几乎都是掌握国家政治经济资源的少数寡头，广大人民则无缘分享民主所带来的发展成果，只能始终处于政局混乱、经济凋敝的社会最底层。

四是要认清西方大国及其代理人对外鼓吹民主的实质，破除对西方民主的迷信。纵观"冷战"结束以来国际民主化的历史，在某些西方大国民主输出战略实施的过程中，往往不乏一些盲目崇拜和迷信西方民主的"公知"或"民主小贩"们的身影。无论是前几年的"颜色革命"，还是此次乌克兰危机中的"街头暴力""广场暴动"，都不乏西方大国及其"民主谋士"们策划、煽动的影子。在对某些西方大国民主输出战略保持高度警惕的同时，也必须切实认清这些"代理人"及其相关言行的实质。

五是要树立对国家发展道路的自信，增强本国的政治发展力和抵御外部势力侵蚀渗透的能力。对于广大发展中国家而言，政治发展任务繁多，民主政治建设并不是其中的唯一内容。在不同的社会发展阶段，一个国家需要的政治发展方向、发展道路、发展价值和目标往往是不同的。不同的国家战略和民族目标任务决定了这个国家这一时期的政治主题和政治发展方式。在国家政治发展的进程中，民主政治建设要统一于政治发展的总目标，要与经济建设、社会建设、文化建设、法制建设等进程相协调。只有在上述目标实现统筹兼顾和综合提高的基础之上，才能不断确保民主政治建设任务的落实，使民主政治发展的成果真正惠及每一个社会成员。

百年烟云一纸契
——《佩列亚斯拉夫协议》

陈虞文
浙江师范大学行知学院法学分院学生

波格丹·赫梅利尼茨基是哥萨克的著名首领，1654年1月，在基辅郊外，赫梅利尼茨基领导的哥萨克起义军与俄国代表签署了《佩列亚斯拉夫协议》，接受了沙皇对乌克兰的统治。今天，赫梅利尼茨基的选择在乌克兰依然充满争议：一些人认为他领导的哥萨克起义是乌克兰民族主义的先声；而批评者则指责他令整个东乌克兰落入沙皇之手，促成了东西乌克兰的分裂。

2015年是乌克兰著名民族英雄波格丹·赫梅利尼茨基诞辰420周年，他同俄国代表于三个世纪前签署了《佩列亚斯拉夫协议》，该协议是从2013年年底持续至今仍然紧张的乌克兰局势的历史根源。只有回顾赫梅利尼茨基领导扎波罗热哥萨克人的起义和东乌克兰并入俄罗斯的这段历史，才能更好地了解乌克兰当下的境况。所以有感于此，本文打算尝试对这段历史进行一番浅析，从而为分析乌克兰当下的局势提供一些小小的帮助。

一　赫梅利尼茨基起义历史简述

1569年，波兰王国和立陶宛王国签订《卢布林协定》，波兰立陶宛王国（正式名称是波兰王国及立陶宛大公国联邦）宣告成立，原属立陶宛王国的立陶宛农民逐渐成了波兰贵族的农奴，居住在扎波罗热地区的哥萨克人也不例外。由于扎波罗热地区属于边远地区，于是波兰王室便将这一地区的大片土地赐给了大封建主，这些大封建主要求当地的乌克兰农民缴纳各种赋役，并强迫他们给地主干活，这便引起了这些前不久还是自由农的乌克兰农民的不满。对于生活在西乌克兰土地上的人们来说，在波兰立陶宛王国内部，他们的农民身份和东正教信仰意味着双重灾难。由于贵族的权力巨大，他们分割土地，限制农民离开村庄。农民实际上变成了农奴。以天主教为信仰的波兰统治者意识到，东正教的存在可能会成为不稳定因素，于是他们关闭了所有东正教高等教育机构，迫使土生土长的贵族皈依天主教，进行波兰化改造。

赫梅利尼茨基和它所领导的哥萨克起义正是在这样的历史背景下爆发的。"哥萨克"一词来源于突厥语，在不同语言中有不同含义。对于突厥人而言，这个词语的特征是"自由武士"；对于波兰人而言则是"叛徒"和"强盗"。在波兰立陶宛王国的统治没有触及的第聂伯河下游荒原，一些逃亡的农奴、宗教难民、不满的贵族和普通罪犯组成了自由民组织。今天，乌克兰将哥萨克看作民族精神的象征之一，但哥萨克人不是现代意义上的乌克兰人。他们并不只定居在乌克兰，还有一部分生活在俄罗斯库班地区。他们也不是一个种族，除了斯拉夫人，还包括叛变的波兰人、摩尔多瓦人、希腊人，甚至还有少数犹太人和鞑靼人。

赫梅利尼茨基出生于西乌克兰的贵族之家，早年他曾在波兰军队服役，还成功经营了他在中乌克兰的家业。然而在1646年，一个波兰人抢劫了他的庄园，将其小儿子殴打致死。在没有得到公正的裁决后，他前往塞契，投奔了哥萨克人，并成了他们的领袖。1648年，赫梅利尼茨基发动了起义，起义军获得了乌克兰民众的支持，而被排挤的东正教会将这场战斗视为圣战。到1649年，哥萨克人已经占据了乌克兰中部的大部分地区。历史上称之为"盖特曼政权"，建都基辅。尽管哥萨克人在与波兰的斗争中多次获得胜利，但在1650年之后起义的哥萨克人内部出现了分歧，并且不论哥萨克人如何能征善战，在波兰立陶宛王国军队面前也只是一支非正规军。1652年，哥萨克人失去了鞑靼人的军事支持，彻底失去了发动决定性战役的机会。

陷入困境的赫梅利尼茨基不得不把眼光转向东边的俄国，虽然莫斯科一开始并不热心此事，但在哥萨克人的胜利面前，莫斯科看到了收复被波兰侵占的土地和打击死敌波兰的绝好机会（半个世纪以前波兰曾经攻占了莫斯科），至少沙皇与哥萨克人有一个共同目标——捍卫东正教。如赫梅利尼茨基所愿，《佩列亚斯拉夫协议》宣告了波兰辉煌的终结，而赫梅利尼茨基也在1657年逝世。也许他未曾想到，此后，俄国和波兰为争夺乌克兰土地展开了拉锯战，两国最终在1667年签订《安德鲁索沃条约》，波兰被迫把第聂伯河左岸割让给了俄国。原本为维护乌克兰自治的赫梅利尼茨基起义最终却将乌克兰一分为二。

二 《佩列亚斯拉夫协议》的主要内容

1654年1月18日清晨，哥萨克各军团代表、城市居民和附近村庄的农民数百人聚集在佩列亚斯拉夫广场，召开拉达会议。赫梅利尼茨基在会上发表讲话称，与敌人浴血奋战近6年的哥萨克不能没有一位统治者，可供选择的有四位君主：土耳其苏丹、克里米亚汗、波兰国王和莫斯科沙皇。在历数前三者给乌克兰带来的灾难后，这位盖特曼表示，唯有在信奉东正教的俄国沙皇那里乌克兰人才可以找到庇护和栖身之处。最后，拉达会议决定与俄国实现联合。之后还举行了效忠沙皇仪式。1654年3月，盖特曼派出的特使赴俄国就合并具体事宜举行谈判，并签订了《佩列亚斯拉夫协议》。其主要内容包括：

（1）乌克兰承认沙皇最高权力，同时几乎保留独立国家的所有权利——保留乌克兰哥萨克制度，拉达仍为乌克兰最高权力机构；

（2）哥萨克有权选择盖特曼，但需要向沙皇通报；

（3）保留哥萨克军团的行政机构，以及市民和农民选举的地方行政机构；

（4）保留乌克兰原来的财政和税收制度，保留乌克兰独立的司法机构；

（5）保留哥萨克特权和农民、市民的所有权利；

（6）哥萨克军队不归入俄国军队，仍由盖特曼指挥，册编哥萨克军队为6万人。

协议仅从两方面限制乌克兰的权力：乌克兰最高权力机构必须承认沙皇；盖特曼须向俄国通报来访的外国使团和谈判结果。有学者认为，流传到现在的《佩列亚斯拉夫协议》条款实际上是赫梅利尼茨基此后与莫斯科方面签订的法律文件。

三　乌克兰国内对于《佩列亚斯拉夫协议》的部分看法

毫无疑问，赫梅利尼茨基是一位极大影响了乌克兰历史走向的关键性人物。在他逝世后的358年中，后人对他在起义期间对乌克兰历史走向的关键性的选择的评说仍然是众说纷纭。

目前，在乌克兰关于该协议对俄乌关系的影响有如下几种观点：第一种观点认为，协议使乌克兰摆脱波兰—鞑靼人的种族灭绝政策，使种族特性得以延续、民族的前途充满希望。第二种观点则认为，通过该协议乌克兰与俄罗斯结成了平等伙伴关系，乌克兰得到大国俄罗斯的承认。第三种观点认为，俄乌走上合并道路后，俄国不断减少直至根除乌克兰的民族特性。协议给乌克兰民族带来的影响是相互矛盾的："就像给溺水的人投去救生圈，挽救其生命，同时等待他的是前途未卜的将来。"第四种观点是，协议是"乌克兰国家的严重错误和战略失策，导致乌克兰人民失去了国家和民族独立"。最后一种观点是苏联解体后，乌克兰社会关于《佩列亚斯拉夫协议》最为普遍的看法。

四　个人看法

在当前乌克兰局势极度紧张的情形下，以基辅政府为代表的乌克兰主流意见自然是反俄的，于是对于《佩列亚斯拉夫协议》持否定态度自然也不奇怪。但一个多世纪以来对此的争论很大程度上受到了个人主观分析和政治走向的影响，所以个人认为对于赫梅利尼茨基和《佩列亚斯拉夫协议》还是要以一种客观的角度全面综合地去分析。

首先，对于赫梅利尼茨基来说，他与俄国签订《佩列亚斯拉夫协议》，其主要目的并非要"俄乌合并"，这从前文条约的内容就可以看出来，赫梅利尼茨基希望的是以一种相对独立的身份与莫斯科打交道，并且从条约的内容来看他还是防着俄国的。而效忠沙皇也并不意味着"自愿合并"，我认为这就和古代中国与藩属国的关系类似，附庸并不代表合并，何况赫梅利尼茨基更多的是打算联合俄国，所以认为赫梅利尼茨基向沙皇"卖地求荣"这并不正确。

其次，关于由赫梅利尼茨基的选择最终造成了东西乌克兰的分裂这个问题，的确，赫梅利尼茨基和俄国联合，最终导致波兰被削弱，一定程度上促使了东西乌克兰的分裂。但我认为不应以后人的眼光来苛责前人，当时并没有乌克兰国家的出现，赫梅利尼茨基的哥萨克政权的名称叫作"扎波罗热军"而不是"乌克兰"，其实质也就是个哥萨克军政合一统治政权，并非实质意义的国家。"乌克兰"对于当时的人们来说，则更多的是一个地理名词。那这样的情况下又如何能要求赫梅利尼茨基为"乌克兰的民族利益"着想呢？起义的出现，主要原因是哥萨克人长期以来对于波兰压迫的不满，而这次大起义的诱因更是与"乌克兰独立无关"，试想，若是赫梅利尼茨基在家族利益被侵犯时得到了较为公正的裁决，那么还一定会发生后面的一切吗？真正的赫梅利尼茨基其实只是一个普通人，只是恰逢其时被卷入历史的浪潮之中，身不由己地被命运推动前行。

同时，赫梅利尼茨基选择和俄国联合也是一个较为无奈的选择，因为在联合之前，赫梅利尼茨基的起义已经陷入困境，对于处于游牧状态，经济实力不强的哥萨克人来说，其与波兰的实力对比是悬殊的，这种情况下，要想生存，就只能寻求盟友。而更南方的鞑靼人已经被证明并非一个可靠的盟友，这种境况下，除了和东边的同为波兰死敌的俄国联合，已经没有更好的办法了。赫梅利尼茨基虽然是个杰出的领袖，但他也是个封建贵族，个人认为不应站在现在的角度去要求赫梅利尼茨基完全不去计较个人的利益而去考虑一个并未出现的国家的"民族大义"，并且事实上赫梅利尼茨基也并非一味屈从于莫斯科。

再次，东西乌克兰分裂是由1667年俄波《安德鲁索沃条约》所确定的，此时赫梅利尼茨基已去世10年，一个哥萨克封建贵族，在当时的环境下，也难以能够预测和干预自己死后10年所发生的事情，所以把责任都推到他身上，个人认为并不公道。

五 结语

处于众多大国所争夺的战略要地的乌克兰，一直以来被众多大国所统治，而这里的人民，始终未能掌握自己的命运。原本致力于提升乌克兰自治权的赫梅利尼茨基起义，到头来却让乌克兰分裂为两半，这是令人遗憾的，也是无奈的。今人评价赫梅利尼茨基和他在签订《佩列亚斯拉夫协议》时的选择，往往从个人主观情感出发或是迎合政治走向。而在1654年，这个反抗波兰压迫的男人为了保存哥萨克人最后一点自治的成果而不得不和东边的强邻俄国无奈的合作，尽管极力保存自治权利，但仍然阻止不了死后东乌克兰被吞并的现实，且身负恶名，极具争议，令人唏嘘不已。

愿历经苦难的乌克兰人民有朝一日能够走出历史旋涡，真正地掌握自己民族的命运！

参考文献

1. 保罗·库比塞克：《乌克兰史》，中国大百科全书出版社2009年版。

2. 赵云中：《乌克兰：沉重的历史脚步》，华东师范大学出版社2005年版。

我们的伙伴
——航天成就的保障

阿列克谢耶夫·尤里
乌克兰国家航天署主席

乌克兰能够成为世界上从事航天活动的国家之一，一方面得益于其高水平的科学技术和生产潜力；另一方面是由于实施了自己的空间项目，并参与了国际空间活动。组织与发展乌克兰与外国的合作，是乌克兰航天局的首要任务。国际合作的主要目的在于，创造有利于乌克兰航天行业参与国际空间项目的国际法律环境，促进企业的对外经济活动，积极、稳定地参与空间服务市场。

乌克兰拥有与其他国家合作的良好经验，参与了多项著名的国际项目。我们已与22个国家和地区签署了合作协议，我们的企业参与了"海上发射"（俄罗斯、美国、挪威、乌克兰）、国际宇航公司"Kosmotras"（俄罗斯、乌克兰）、"织女星"（欧洲空间局、乌克兰）和"地面发射"（俄罗斯、乌克兰、美国）等项目。我国与巴西正在阿尔坎塔拉航天发射场为乌克兰"旋风—4型"（Cyclone—4）运载火箭共同建设发射设施。

中华人民共和国是乌克兰在空间领域合作方面历史最悠久，最具战略意义的外国伙伴之一。中国完全可以被认为是世界上最强大的航天国家之一，在新千年她为自己勾画了太空探索的新的宏伟目标。

在航天火箭工业领域中，乌克兰与中国的企业、科学家和专家集体之间的合作发展顺利，两国建立了富有成效的互利关系，在完备和稳固的法律条约基础之上，实现了一系列成功的合作：1995年12月4日，签署了用于和平目的探索和利用外层空间的政府间合作协议；2010年9月，签署了2011—2015年为和平目的探索和利用外层空间的合作方案。这是继2001—2005年及2006—2010年的双边合作项目之后，乌克兰和中国企业之间执行的第三个涉外经济合同方案，该方案体现了两国创建新型空间体系的巨大的共同利益。

最新制定的这个合作方案对在2011—2015年的活动做了规划，乌克兰与中国的企业和组织，将联合启动50多项火箭和空间技术领域的项目，并对其展开科学研究。其中特别制定了建立联合地球观测空间系统，联合实施建立地震预报系统的电离层卫星项目等。

参与方案执行的乌方知名企业和组织有：国有企业"南方设计局"和马卡洛夫国家航空航天青年教育中心（位于第聂伯罗彼得罗夫斯克市）；国有特种设备生产企业"阿森纳"与乌克兰国家科学院帕顿电焊研究所（位于基辅市）；科研生产企业协会"Хартрон—Аркос"（位于哈尔科夫市）；乌克兰国家科学院空间研究所利沃夫中心（位于利沃夫市）；其他企业和组织。

乌克兰企业的中方合作伙伴有：中国长城工业总公司；北京宇航系统工程研究所；北京航天自动控制研究所；北京自动化控制设备研究所；北京航天仪器制造厂；航天东方红卫星有限公司；上海红光机器制造厂；中国运载火箭技术研究院；中国航天科工集团公司，以及许多其他同样知名的中国企业。中国精密机械进出口公司对合同的签订给予了巨大援助。

总体而言，两国的企业和组织之间所形成的建设性的联系，有助于该计划的顺利实施，有助于发展新的合作方向。富有成效的合作之所以成为可能，是由于我们双方专业人员之间的高度理解和多年合作中积累了丰富的经验。

乌中两国空间领域合作联合小组委员会（2011年4月前的名称是

乌中用于和平目的探索和利用外层空间合作小组）正在积极解决目前面临的各种难题。这个小组委员会包括乌克兰国家航天署和中国国家航天局的专家，以及乌克兰和中国航天产业的龙头企业。乌克兰国家航天署主席和中国国家航天局负责人，分别领导合作小组委员会的本国部分。小组委员会的工作是发展和加强乌克兰与中国企业之间互利合作的重要因素。

  作为科学、技术和工艺学的前沿科学，空间科学现在已经能够解决对于任何国家来说都是稳定之根基的经济和国防方面的许多迫切问题。我们高兴地看到，像许多其他国家一样，乌克兰和中国把自己现在和将来的福祉与太空活动联系在一起，在为国民经济、科学和人们日常生活的需要而开发太空和利用空间技术的过程中，我们的国家已经并将继续做出贡献。同样可喜的是，乌克兰和中国的专家们一致认为，两国在太空领域的合作中存在巨大的潜力，拥有进一步发展两国互惠关系的良好前景，这无疑将会全面促进乌中两国友谊的巩固和深化。

文化集群组织：乌克兰及其他欧洲城市的经验

伟利奇科·瓦连京
前乌克兰驻华大使馆文化参赞

欧洲城市，包括乌克兰的城市，呈现出文化活动和产业集中的现象，这种现象已内化为这些城市的特质。在大多数情况下，这种文化活动和产业的集中是城市空间历史演化与文化产业选址的结果。

一 集群的历史和传统背景

欧洲古老的城市中心在名胜古迹和城市象征资源上非常丰富，这也使得它们的本土认同感异常强烈。部分城市在社会和旅游活动方面受到青睐，因为它们具有较强的文化和历史背景。

这为那些城市的城市中心经济和资源保护提供了重要机会。众多学者在文化产业倾向于在市中心选址这一趋势上进行了大量研究和分析，这其中也包括 Heilbrun（1992）[①]。"博物馆区域"更多地被一种建立在

[①] Heilbrun, J., *Art and Culture as Central Place Functions*, 本书既适合正在寻找艺术和艺术管理经济学的核心教材或艺术社会学的补充教材的学术性读者，也适合想了解艺术的系统分析的普通读者。书中的理论性概念都从基础开始，以便没有经济学背景的读者也能够读懂。作者从艺术的历史发展着眼，进而考察热门表演艺术和美术方面的生产和消费、艺术市场的机能、表演艺术公司和博物馆的财务问题以及公共政策所起的关键作用。最后一章是关于美国艺术和文化未来的一些推断。

历史遗产和城市象征基础上进行教育和解读的形式所积极利用，Santagata① 所分析的文化区域模型就是其中的一种形式。

文化活动的凝聚是由历史遗产所构成的，而且这种凝聚在一个集群模式下得到政府的全额补贴。这种模式毫无例外地是出于最大化吸引游客考虑的，不仅是在商业上，在精神上也是如此。

因此，所有拥有纪念性的且大部分拥有中世纪景点的欧洲城市在名胜古迹和城市文化氛围上独具一格，这对旅游和文化活动非常有价值。而且，这些城市遗产为各种商业活动提供了有形资源。

这些城市的名胜古迹更多的是"公众类的"（博物馆、画廊、剧院和公众管理的祭典场所）。现在，甚至有些私人拥有的大楼和宫殿也逐步对游客开放，因为它们在某种程度上已通过资源保护和计划政策被"国有化"了。但是，这种运营机制比较松散，因为从技术上看，"集群"这个词很难被应用到这种私人拥有的大楼和宫殿上来。在这些文化集群区域里面，作为一种经济捆绑的游客需求比政府供应更加流行。

文化导向的商业（如艺术馆、市场、时尚店、音乐馆、咖啡厅、俱乐部、书店以及一些典型的为游客提供方便的餐馆和酒店）更加青睐历史遗产较集中的区域。源于历史文化遗产的灵感作为他们考虑选址的一个重要因素，但在这种情况下，他们与文化驱动的需求（大家也愿意消费）的联系较紧密，而且这种模式也十分流行。

即使那些与高度消费需求联系不是那么紧密的模式，比如平面设计师、画室和电影工作室、"集群"的组成部分——知识的流动和与同行制作人及消费公司的联系也可能解释为何这些产业倾向于在市中心选址。

在过去的某些年里，有些小的且缺少商业结构的创意产业常常从古老的城市中心向相对外围的郊区转移，其原因主要是这些地方租金低廉和有一个更原始的、动态的城市氛围。这种转移常常形成了一种新的城

---

① Santagata W., "Cultural Districts", *Handbooks in Economics*, North Holland, Amsterdam, 2010.

市中心，就像20世纪70年代形成的阿姆斯特丹的西伍德、爱丁堡的HIP郊区和维也纳的环形区域。鹿特丹——一个在过去十年文化计划政策方面突出当代元素的城市，在某种程度上要为地面文化活动而重新发现它的"遗产集群"。

一些与工业化和典型工业遗产建筑联系十分紧密的城市，往往追随这种"遗产集群"模式。例如，乌克兰哈尔科夫市（Kharkiv）的整个市中心就受它之前的工业和体制文化的启发。乌克兰首都基辅则通过翻修坐落在文化中心——"艺术兵工厂"区域且靠近佩切斯克（Pechersk）城堡附近的一些厂房来更新它的城市文化形象。

即使那些小的乌克兰城市，例如奥德萨市（Odessa）、利沃夫（Lviv）和捷尔诺波尔（Ternopil），这些城市虽然不曾拥有城市文化多样化的资源，但它们也通过其他方式保留了"遗产集群"的特征，比如博物馆、吸引游客的名胜古迹、创意产业和活动。

即使在那些处于集群雏形的第聂伯罗彼得洛夫斯克（Dnepropetrovsk）、卢甘斯克（Lugansk）和顿涅茨克（Donetsk），它们也必须面对来自城市文化管理者的压力，以集中开发城市中心周围现有的博物馆、艺术馆、拍卖行和艺术市场。乌克兰西部的一些小的城市如伊万诺（Ivano‐Frankivsk）和罗夫诺（Rivne）也正在试图寻找一块适合创意产业发展的地方，从而形成一个文化产业孵化器。现在，这些城市的管理者正在把之前的港口设施［包括奥德萨区域的巴拉克拉瓦（Balaklava of Odessa region）城市港口］逐渐改造成文化设施。

二 经济集群模式

城市中心遗产集群不是文化聚集的唯一模式。从这种意义上讲，大部分文献更多地聚焦在不同类型集群的理论和实践上。Mommaas和Santagata也指出其他不同类型的文化和创意聚集，这些文化和创意聚集并没有和具体的场景联系在一起，而且它们的制度权力也相对较松散。这种集群更多受生产经济（supply‐side economy）驱动，其特点是在选址时会考虑活动场所的成本和便利性。

政府当局的角色可能不大相同：从作为一个初始的行动者赋权给文化企业家和分配房屋产权以控制它们的演化和导向（鹿特丹的集群和维也纳的博物馆区就是如此），到成为集群过程的协调者和主要管理成员（如阿姆斯特丹的新媒体集群与文化主题公园和曼彻斯特的北部中心与凯瑟菲尔德区域）。

爱丁堡则是另外一个例子。它是一个由公众发起的再生区域，但同时在集群的过程中该区域在很大程度上被私有化。这样一来，有争议的是：这些房地产战略就导致它失去了未来的创造性优势。

三 集群：文化和技术融合

一种新集群模式出现了。在这种模式中，创意活动更加强调文化和技术的紧密交互作用。埃因霍温似乎是这种模式的领导者，这里有一个大学城，而且会有更多的大学城出现。与此同时，新的飞利浦科学园也在这种模式中扮演重要角色。同样，在曼彻斯特，以牛津街为中心的"知识首都"工程和分布在牛津街两边的曼彻斯特大学各学院也符合这种模式。阿姆斯特丹的新媒体集群、坦佩雷（Tampere）的视频艺术和游戏以及维也纳的获得文化界和市政府支持的设计中心在不同程度上也追随了这种模式。当然，在上述例子中，大学和研究中心扮演着重要角色。然而，它们需要与商界建立稳固联系，尤其是那些中小企业（通常是它们的校友创办的），能够从事这种活动的学校是令人吃惊地少。它们必须充分考虑学生和工人社区的动态亚文化，同样，这是一个被忽视的问题，但现在它正成为各城市的一个真正挑战。

尽管各种集群的组成部分和演化历史可以进行比较，但上面所讨论的每种文化集群都以不同的形式出现。同时，它们是根据在很大程度上反映各城市的规划文化和创业精神的特殊模型来构建的。

四 寻找集群

自发元素和网络特征构成了盎格鲁—撒克逊工业文化的典型特质,这在英国和荷兰非常普遍。但是,爱丁堡是个例外。爱丁堡的博物馆和活动部门体现了一种层级制的、金字塔式结构。具体而言,一些领导性的组织和机构与政府当局有较好的联系且得到公众的持续支持;而在底层,则有大量的小企业和行动者围绕着上层来活动。

同样的模式也出现在维也纳。因为,维也纳大量的努力更多地放在给创意性的小企业主赋权和为它们创造战略性平台上;同时,政府也利用公众文化制造者们的开放性态度。

波尔扎诺(Bolzano)和坦佩森也试图在小范围内模仿维也纳模式,一方面培养它们的文化优势,另一方面也试图刺激创意网络的发展以期好的结果。

埃因霍温的文化产品与传统的联系算不上紧密;网络结构和有限的、积极的公共部门态度,更多地体现在任何一个当前的文化集群计划上。

大多数乌克兰城市的集群网络小而不稳定,而且也没有明确的政策来强化和支持它们。这些城市的主要文化工程源于当权者的推动;城市文化管理者们希望仅仅提供一些想法,但他们很少把想法付诸实施。这样的结果使各城市的蓝图和文化部门走上了截然不同的道路。

五 初步结论

本文讨论的不同模式和组织结构的结果差异较大,要在指导每个特殊集群的"计划模式"和若干年后这些集群的绩效之间建立合理的因果关系或评估它们的绩效,非常困难。

用加或减来评估城市和城市的文化集群发展毫无意义,因为它们并没有考虑一些诸如"缺乏选择性"和"有限理性"等因素。唯一的评估可以建立在城市管理者和文化产业灵感的基础之上。

因此，英国、荷兰和奥地利的城市所达到的水平可能比原始的文化集群期望要高很多。与法国、德国和意大利的集群一道，它们开始经历一种转型：从20世纪各种不同城市中心区域的自发转变到21世纪头十年的一种更新的、开放式规划路径。这种新路径的典型特征使它们在自组织能力和部门的积极生态方面更有信心。

一般而言，西欧的文化集群是它们创意产业发展的脊梁。这也创造了很多有价值的工作和为当地社会欠发达地区提供了诸多发展机会。作为一种典型城市文化运动形式的现代高雅艺术、音乐和舞蹈，更多地出现在城市外围的剧院等场所。据估计，这些部门的营业额大概高达60亿至80亿欧元，且可带来数百万个工作机会，它们的文化政策往往取决于已经实现预期效果的集群概念。城市管理部门、各种类型的代理机构和网络，围绕文化与创意主题来进行创造，它们试图把一些不可预见的、模糊的东西变成一个流行事物：从一些原始的摇滚音乐到时尚、设计和民族庆典，最后变成一个被赋予经济意义的城市标志。最终期望能够产生重要的社会影响，以实现对边缘群体和少数民族的包容。今天，它们为如何把那些在很大程度上已定性化的东西进行货币化而展开争论，希望为创意知识区域的发展做出积极贡献。

相比较而言，东欧城市现在所达到的水平就没有原来所期望得那样高。很多乌克兰城市依然坚持创意集群的"硬性规划"；相反，它们没有给予文化现状以足够的重视来发展创意产业。当地政府继续把重点更多地放在消费和文化集群氛围的营造上面，但这种策略是以牺牲集群参与者与当地政府部门的联系为代价。

遍布欧洲的高度工业化城市，看起来像一个完全不同的模式。在这种模式下，流行文化和当地的高科技经济联系紧密，创意企业家所面临的挑战是走进和重视这种经济模式。

中国科学重建的模式：
李约瑟[①]在方法论上的突破

基克坚科·维克多
历史学副博士，高级研究员
乌克兰国家科学院 A. 克雷姆斯基东方学研究院远东分部主任

一 李约瑟的中国科学史的外在化模式

著名的英国学者李约瑟（1900—1995）仔细研究了中国科学史的外在化模式，该模式与对社会、历史文化的分析紧密相连。在研究初期，运用该模式得出了很有意思的结论，其重要性可与内在化方法相提并论。但到20世纪80年代，无论内在化还是外在化都被认为不能适应科学思想史的重建（Jordanova 1983, 83—84）。学者们确信科学思想史不能被分割成技术概念和社会的各种相互作用，也就越来越远离这两种

[①] 李约瑟，约瑟夫·尼德姆（Joseph Needham, 1900—1995）的中文名字，英国著名科学家、英国皇家学会会员（FRS）、英国学术院院士（FBA）、著名汉学家、中国科技史大师，当代杰出的人文主义者。他早年以生物化学研究著称，在国际生化界享有盛誉，20世纪30年代以后转而研究中国古代科学、技术与医学。他作为总设计师、组织者和主要撰稿人编著的《中国科学技术史》，以浩瀚的史料、确凿的证据向世界表明，中国文明在科学技术史上曾起过从来没有被认识到的巨大作用，为中华文明赢得了莫大的声誉，同时也为东西方文化的交流架起了桥梁。李约瑟一生著作等身，被誉为"20世纪的伟大学者""百科全书式的人物"。

正统的方法。如今，模拟中国古代早期科学史并不局限于数学、天文学和物理学的成就，而是广泛采用各种更符合古代中国理论的知识组织方法。李约瑟提出的科学史跨文化比较分析法，要求深入理解各种不同文化和语言传统，而此前无论是在《中国科学技术史》项目中①，还是在李约瑟学派的其他代表人物的研究中，都还没有达到这一要求。虽然业界对于李约瑟的研究方法存有一系列的争议，但在科学史研究中，必须发展文化比较分析法的观点总体上占据了上风。

李约瑟采用了如"科学"和"文明"这样的广义概念，这有助于探寻"科学与文明相互促进"这一相当朴素的命题。在现代科学中，某种文明的突出特征和是否存在这些文明所创造的超历史客体的问题变得更加重要。在他的比较分析中，并没有对科学的概念和科学性的标准作出清晰规定。这些概念和标准经常被一些同源性概念所替代，但更多的是被理性与合理性的广义概念所取代，或者仅限于在不同的文化中探寻相似的公理化和方法论。应该注意到，在保持跨历史性和跨文化性的情况下，科学与伪科学之间严格的哲学区分很可能存在疑问。同样，为了研究科学知识发展史而引入政治和语言的界限被认为是不合要求的。这限制了类似"西方"和"中国"这种地缘政治结构新概念的提出，此类概念的提出只是为了克服任何种族的民族主义和片面地研究认识和认识论的问题。李约瑟提过类似观点：发展科学知识研究的方法论和对其进行突破要同时进行。

对科学和文明的现代分析使这两个视角截然分开，导致了教育的两个空白——科学研究中的文化问题和文化批判中的科学问题。为了在科学和文明的联系之外研究科学思想史，现代学者抛弃了李约瑟的研究结构，而找寻新的方向。科学与文明的相互关系在很大程度上取决于两方面问题：第一，知识、技术和思想如何影响文化的发展？第二，文化如何推动科学的产生及普及？为了探寻新的研究方向，有关

---

① 《中国科学技术史》原名是 *Science and Civilization in China*，译成中文应是《中国的科学与文明》。但中国大陆不同时期的两个译本都用了《中国科学技术史》书名，沿用至今。

科学思想发展历史的现代著作越来越远离科学和文明的对比。研究科学和文化时，采用了新的立场：不确定某种文明的中心地位；科学不具有万能作用和目的性，它只是文明现代化发展水平的测量标尺。这样，关于科学和文明相互关系的问题被遗留了下来。在新的研究进程中，不仅形成了新的方法，还形成了关于中国科学的新观点。有关这点将在下文继续陈述。

二 德克·博迪[①]关于中国科学的智力和社会基础的思想

美国汉学家德克·博迪（1909—2003）关于中国科学思想的主要论点是：中国拥有技术，但没有科学理论（Bodde 1991）。尽管一系列研究者对亚历山大·柯瓦雷[②]（А. Койре）和赫伯特·巴特菲尔德[③]（Г. Баттерфилд）的"科技革命发生在西方"的观点持批评态度（Zurndorfer 1992），但李约瑟的观点仍旧是所有汉学家批评的对象，博迪的观点正是这种批评的一部分。他也尝试对"中国拥有如此多的技术成就，但为什么没有发生科技革命？"的问题做出回答。这时出现了

[①] 德克·博迪（英文名：Derk Bodde，1909年3月9日—2003年11月3日），美国汉学家和中国历史学家、宾夕法尼亚大学中国研究的名誉教授，美国东方协会（American Oriental Society）前任主席。1930年毕业于哈佛大学，1931—1937年在中国学习，于1938年在莱顿大学（University of Leiden）获得中国研究的博士学位。1948年，他作为第一个富布莱特奖学金（Fulbright scholarship）获得者，在北京学习生活一年。著有《中华帝国的法律》《北京日记：革命的一年》等。——译者编注

[②] 亚历山大·柯瓦雷（Alexandre Koyre，1892—1964），科学思想史研究的开创者，生于俄罗斯，在法国获得博士学位并从事教学研究。1939年出版《伽利略研究》，奠定他在科学史研究中的地位。代表作包括《伽利略研究》《从封闭世界到无限宇宙》和《牛顿研究》等。——译者编注

[③] 郝伯特·巴特菲尔德（Butterfield Herbert，1900—1979），英国研究院研究员，20世纪西方杰出的历史学家之一，英国学派的奠基人。他发起成立了英国国际政治理论委员会，从而开创了英国学派的源流。著作众多，有《历史小说》（1924）、《欧洲史文件选编，一七一五至一九二〇年》（1931）、《近代科学的起源，一三〇〇至一八〇〇年》（1949）、《历史和人类关系》（1951）、《近代世界的自由》（1952）、《历史上各朝代之间的间断》（1972）等。——译者编注

这样的奇怪现象：随着时间推移，汉学家博迪的观点渐渐受到置疑，而非汉学家李约瑟越加成为亲华者和中国中派分子。

博迪的思想并没有涉及中国科学和技术发展的整个过程，而是谈到了近代中国思想和社会因素所具有的有利或不利影响（Bodde 1991，4—5）。这些基本上与李约瑟的方法论相关。博迪将这些因素划分为六个范畴（语言、宇宙观、宗教、国家和社会、道德和价值、对待自然的态度），并认为这些范畴是中国文明、人道主义传统的根基。博迪列举了一系列在中国发展西方式科学时遇到的知识和社会方面的重要阻碍。

（1）中国的文言文产生的影响最消极，因为对于科学思想发展来说，文言文是无效的工具，而这最终导致了完全与自然现实相脱离的空间、时间和事物等概念的形成（Bodde 1991，133）。（李约瑟没有采纳这样的观点。）（Bodde 1991，2）

（2）中国的宗教对科学的形成没有产生如同西方那样的影响。在西方，犹太—基督教传统（尤其是新教派）与资本主义发展、科学进步间的关系表现得非常清楚。尤其是最近三个世纪中，西方实验科学的发展与新型资本工业社会的产生呈现意义非凡的重合。形成这种现象的原因首先与中国宗教发展的制度条件相关，其次便与这些学说的实质有关（Bodde 1991，161，148—172）。

（3）专制的帝国政府和儒家官僚贵族统治阻碍了科学探索，尤其是从宋朝的（960—1279）统治开始（Bodde 1991，186）。与德国社会学家马克思·韦伯（Макс Вебер）（1864—1920）一样，博迪特别关注中国知识分子精英文化（社会阶层），而其本质上是形式主义、保守性（或甚至是墨守成规）和独裁主义。整体上，这些都被用于文学的完善和社会地位的稳固，以至于对自然界研究缺少兴趣。换句话说，是中国传统文化的突出特征阻碍了科学的发展（Bodde 1991，173—308）。

（4）由于中国哲学传统中充斥着道德问题，"反科学的"倾向因此产生：中国道德价值体系阻碍了有利于西方科学进步因素的发展。在中国，缺乏研究自然界、个人主义、竞争精神、自我表现和崇尚技术创造的趋向，取而代之的是书籍崇拜、个人对集团的服从、世界观指向过往历史、敬畏权力。在这方面，博迪和李约瑟的观点实际上是一致的，因为后者也认为，中国的儒家、道德价值和国家制度基本上都是抑制科学发展的因素。

（5）由于极度重视关联性思维（организмическом мышлении），中国对自然界的态度阻碍了现代科学的发展。在此方面，博迪与李约瑟完全分道扬镳。李约瑟不仅高度评价了关联性思维，而且从中看到了现代科学发展的远景。博迪认为，缺乏由万能造物主规定的"自然法则"的概念是消极影响所在。"自然法则"的概念对于现代科学的发展具有决定性意义。尽管在承认在中国"自然法则作为起源之初"方面，博迪比李约瑟走得更远，但他却远离了该观点的几个结论，且声明"只有在现代或者西方的（或至少是西方式的）环境中，才有可能认清自然法则"（Bodde 1991, 309—355）。

谈及促进中国近代科学向西方靠近所发挥的正面影响因素，博迪仅仅将古代的墨家（моизм）和哲学家王充（Ван Чуна，公元27—104年）列入其中。

博迪认为，对于他自己提出的中国近代科学思想发展问题是无法给出明确答案的，但是他依然做出了一系列重要的总结：（1）中国科学和技术历史依次划分为两个主要阶段：早期第一个阶段，思维的独创性和创造性的方法占据优势，对周围世界的研究产生了极大的贡献；在第二个阶段出现了缓慢发展，最后几个世纪最终停滞不前。的确，这并不意味着整体上科学创作的终止，因为对中国文化遗产历史的兴趣加强了（研究新的、更加复杂的文本分析方法，铭文学、语言、历史以及物理科学的某些方面）。（2）出现了第一阶段向第二阶段的转变，原因是对中国科学发展的不利因素占据优势，其中最重要的是中国官僚制度下的独裁主义和官方智力的增强，以及对商业贸易的排斥，这些都成为科学真正受到尊重和拥有独立地位的阻碍。（3）对科学发展的一些不利因素早在古代就已形成，尽管其中的某些因素直到中世纪才显现出来。（4）开展科学研究的学者所接受的教育主要以经典著作为基础，这导致他们习惯于"书卷气"地认识世界，而与抽象理论相比，技术发明首先是由文盲或者半文盲的能工巧匠完成的，在更大程度上取决于他们自身的实践经验。由于理论方面水平存在局限（理论实际上被简化为阴阳两股宇宙力量和五行学说），因此实践方面就变得更具有生产效能。也就是说，在中国近代，技术是第一位的，而非科学。（5）没有19世纪初发生的外部强有力的推动力，中国科学不可能发展成今天的"现代科学"。即使关联性的世界观能够更加适应未来的科学是事实，但在中国，关联性思维仍是阻碍现代科学发展的因素之一（Bodde 1991，366—368）。

总体上，在自身思想中，博迪对追求科学技术的西方和突出社会人道主义的中国进行了稳定而普遍的比较，但这种比较建立在不准确的前提基础上——第一，美化了西方科学的特征及发展，将其视为以实验为根据获取的客观知识，并且不包含科学外的讨论；第二，在科学技术革新的框架下理解中国近代知识分子的活动。这样的对比不仅对中国科学，而且对欧洲科学都不能做出准确的理解。博迪思想中实质性的不足是：在历史之外研究中国科学思想发展，这导致他将中国思想理解为一种超越时间的、对所有哲学家来说都一样的思维方式。而这种思维方式贯穿了一千五百年！博迪对汉语也持类似的态度。依他的观点，在整个历史长河中，因为汉语不具有明确、准确和简单的特点，所以它没有促进科学思维和沟通的发展。

整体上，博迪的思想并不令人满意，根本问题在于其方法自身。这种方法实质上预设了这样的一个否定问题：为什么没有几个大事件是发生在中国？它以这样的假设为依据：在现代欧洲，发生大事件是合乎规范的，但因为中国走另一种发展路径，所以科学发展应该存在不足。此外，西方专家通过西方特征来判断中国科学，这不仅是欧洲中心主义的做法，也是不正确的历史研究方法：博迪并不是从对未发生事件的究因来对中国文明做出判断。也就是说，博迪，甚至李约瑟都预先假设了科学的明确进程。

三　南森·席文①的文化相对论：中国传统科学和医学

美国汉学家南森·席文指出，对中国近代思想史的研究，主要以哲学、宗教和文献古迹为根据是不够的。要把握其完整图像，就必须包括科学和医学的研究（Sivin 1988，42）。席文把主要精力放到了思维方式的研究上，因为思维方式的研究在西方传统中从未获得发展，尽管它已被比较研究了三个世纪，但仍未研究明白。席文在其方法中力求避免两个极端的立场：一是将思想史置身于具体的社会和历史环境之外；二是研究社会环境时不考虑学者们的所思和所为（社会学的方法）。他提出，将科学理解为智力和社会进程的一种共同的非凡现象。对科学研究的基本立场，席文在许多方面与托马斯·库恩（Томас Кун）②的观点一致：(1) 从科学史向科学哲学转变（李约瑟明显没有达到这一点）；(2) 否定科学发展的累积性；(3) 科学活动与非科学智力活动存在极大差别；(4) 在文化和历史环境之外是无法理解科学的。与库恩一样，席文在研究科学时不使用"真理"和"谎言"的概念，而仅限于记录、分析和评价。这首先会让科学哲学家谨慎地去领会。他建议，对某一古代科学思想的研究，不是鉴别其"虚伪性"，而是审查其水平，判断它在多大程度上促进我们的理解（Needham 2000，16；Sivin 1995，1）。席文坚持认为，各种文化都是相当复杂的，所以强硬的观点是不可行的，而对文化进行比较需要非常谨慎（Sivin 1995，viii）。按照相对论的观点，他认为，中国科学是世界科学的局部形态。所以，与李约瑟不同，他不认为可以将中国科学和现代科学进行直接的比较。他把科学的人类学定义与李约瑟早期著作中的实证论概念相提并论。他甚至拒绝李约瑟有关中国科学是

---

① 南森·席文（Sivin Nathan，1931—），美国著名中国文化和科学史学教授。——译者编著

② 托马斯·库恩（Thomas Samuel Kuhn，1922—1996），美国著名的科学哲学家和科学史家，历史主义学派的最主要代表人物，代表作为《哥白尼革命》和《科学革命的结构》。——译者编著

原始科学的断定，而试图证明中国科学与现代科学的平等。席文借助于将中国科学学科划分为正统的和非正统的，指出李约瑟对特定历史情况的理解存在不足。他对李约瑟关于中国的炼丹术影响到西方的炼金术、化学和医学的观点持怀疑态度。他通过严谨的方法批评了李约瑟整套抑制和推动因素体系，这些因素应当是用来阐释"为什么中国传统科学就没有达到现代科学的水平"的。方法论上，席文从文化相对论的观点（承认具有局部的、文化的不同形态的世界科学的存在）出发，反驳李约瑟将科学理解为一种世界性现象的普遍化方法。

南森·席文将中国科学界定为传统的科学，它包含了两方面含义——传承的标志、近代的代名词（Sivin 1988，41）。他拒绝了李约瑟的实证论方法，根据现存现代科学分类方式，结合文化学的特征，将中国传统科学划分为质的科学和量的科学两类，前者包括医学、炼丹、天文、风水、物理及其他，后者包括数学、律法、历法。因此，席文断定，中国对自然现象的理论解释仅存在于天文学和医学著作中（Sivin 1982）。整体上，他指出，近代中国的质的科学和量的科学成就拥有自己的魅力、效用和完整的世界观，因此，其重要性完全不亚于西方（Sivin 1990，169）。

席文思想中的关键部分是分析了哲学对科学形成的影响。首先，他否定了李约瑟关于道家哲学的进步性和儒家思想起阻碍作用的看法，他在自己的研究中指出了中国科学传统独立于哲学与思想意识的特征（Sivin 1995，303—328）。其次，与杰弗里·劳埃德（Дж. Ллойд）[①]一样，席文认为中国古代哲学的突出特征是将世界视为一种有过程、有

[①] 杰弗里·劳埃德（G. E. R. Lloyd，1933— ），英国剑桥大学教授，长期从事古希腊科学思想史研究。1987年始执"古代科学和哲学"讲席，1989年起任达尔文学院院长。2000年从这两项职位上退休，任荣誉教授。1997年因"对思想史的贡献"而被英国王室赐封爵士。他已出版十余部专著，其中大多数是研究希腊科学和医学，或者以希腊科学和医学为素材，探讨科学思想、科学哲学、科学社会学等问题。其研究兴趣从古希腊科学延伸到中国古代科学，著有《早期希腊科学：从泰勒斯到亚里士多德》（1970）、《道与名》（与席文教授合著，2002）、《受制于疾病的想象：希腊思想研究》（2003）、《无可辩驳性的错觉：古代希腊、中国和今天的智慧与道德》（2005）、《古代希腊和中国科学中的原理与实践》（2006）、《认知的变种：对人类思维统一性和多样性的反思》（2007）等。

变化的流动体，区别于古希腊物质本体论的宇宙程序观，这假定了现象和客观实际的无差别。此外，他通过该特征阐释了符号学在描述世界作为流动体时的优势，以及逻辑学在中国的相对欠缺。中国传统中无所不在的认识论—价值论概念——"正名"是对世界流动体的一种反映。在此情况下，没有诉诸字面上的根据，便形成了语言的条件特征（Sivin 1995，3）。中国学者在对自然界的研究中寻找概念和现象间的平衡，但他们的方法并非都是非理性的，尽管席文难以确定它是完全合理的，甚至当他令人信服地证明了在中国近代天文学和医学中存在着对现象的理论解释和预测时（Sivin 1995，185—186）。总之，在对哲学和科学的相互关系评价中，席文还没有完全考虑到在科学世界观的形成中不同知识综合体间相互作用的复杂过程，因为他将难题简化成了一个简单的问题：哲学、宗教或思想意识对科学知识发展是否存在着影响。

南森·席文思想还有一个重要视角是比较分析。根据比较分析结果，他得出了中国科学区别于西方科学的地方，包括：（1）没有统一的、能够联合所有科学的合理化知识结构；（2）知识以这样的活动为前提——在这些活动中，合理的理智运算与直觉、想象、顿悟、激动、审美认识、道德义务或者感性经验等没有清晰地分开；（3）科学不受哲学限制，且不隶属于神学，因为东亚基本不承认神的存在；（4）科学的发展越来越相互独立；（5）扩充了公元前2世纪至公元1世纪中国科学产生期所形成的对物质世界的认识（Sivin 1990，169）。此外，席文专门强调了跨文化交流在科学发展中的重要作用，并指出，自古代起科学就是东西方关系的要素之一（Sivin 1990，191）。

席文否定了李约瑟难题[①]，并建立了自己的思想，成为他研究近代

---

① "李约瑟难题"，又称"李约瑟问题""李约瑟命题"：在写作《中国科学技术史》的过程中，作者围绕以下问题展开：为什么在公元1世纪至15世纪，中国文明在获得自然知识并将其应用于人类实践需要方面要比西方有成就得多？为什么现代科学只在欧洲文明中发展，而未在中国（或印度）文明中成长？这些问题被科学史家称为"李约瑟难题"。"李约瑟难题"是一个启发式的问题，作者借助它展开自己对中国古代科学与社会的思考，他的中国科学史课题计划就是为回答这些问题而制订的。自20世纪80年代以来，对"李约瑟难题"的研究，成为科学史和科学哲学界的一个重要问题。——译者编注

中国科学的核心成果，其观点可简化为一个假设——中国在 17 世纪发生了自己的科技革命！席文认为，在研究中国近代科学思想之初，对于把研究者的注意力吸引到一并不知名的世界科学历史观点上，李约瑟难题拥有重要的启发意义，但研究者会逐渐明白类似观点是没有意义的（Sivin 1982）。对席文来说，他对科技革命产生极可能出现的一般性规律的总结是正确的。科技革命出现在欧洲的原因令人费解，因为欧洲智力生活发展水平与其他先进文明的区别并不大（Sivin 1982）。他还认为，现代科学的普遍性很大程度上与 19 世纪帝国主义的传播有关，而并非与科学的本质有关，所以更合适的说法是学科（науки），而非科学（наук）。

席文认为，研究中国科学知识发展史和李约瑟难题，不仅证明了中国近代科学和技术发展的高水平，还引发了大量的欧洲中心主义假说。假说围绕关于在中国阻碍现代科技发展的因素，以及被确定为催生或促进科技革命出现的、西方所独有的因素而展开（Sivin 1982）。对欧洲中心论观点的复兴持反对意见，在跨文化分析原则上再现李约瑟对科学发展历史的理解，这是席文思想中的关键成分（Sivin 1982）。

席文认为，欧洲科技革命不仅仅是向新的知识形式的飞跃，它还是以事实为基础的认知需求。这些事实是公开的，可检验的，道德中立的，不随研究者的社会境况变化而改变的，不受妖术、宗教或人为干扰的。席文公正地指出，在哥白尼（Коперник）和拉普拉斯（Лаплас）时期，这一非同寻常的奇特现象（科技革命）在欧洲占有一席之地，从此以后，逐渐遍及全世界。类似的科技革命没有发生在 17 世纪的中国，因为就彼时彼地的智力传统而言，没有智慧、没有道德意义或审美涵义的客观性知识是荒谬可笑的（Sivin 1982）。但后来，席文对科学革命进行了再次定位，并肯定中国在 17 世纪发生了自己的科学革命。为了解释此观点，席文指出：在中国要确定科学现象是极其复杂的，因为这伴随着对相当长时期内人类活动的多层次理解，并涵盖了人类经验，这些需要对科学自身的特征有更宽泛和深刻的理解。换句话说，就是必须对不同地区文化中的科学定义持多维的观点和态度。席文建议，在理解复杂的历史发展过程中，不要以宿命论、决定论、目的论、文化优势论等观点为基础，而要坚持发挥内在逻辑或依靠某种世界精神的潜在作用（Sivin 1982）。我们认为，原则上，对于中国有过科技革命这一说法，要尽可能批判性地理解，无论是对李约瑟还是南森·席文的表述。例如，弗洛里斯·科恩①确定，尽管李约瑟及其同事在进行中国近代科学思想的研究，但终究还是没有科学根据能证明中国是否发生过科学革命（Sivin 1994，378—382）。

明确了研究前景，南森·席文确定，中国科学思想史的进一步发展，将与对科学、技术发展状况的详尽理解有关：技术理念与科学整体发展趋势是否存在着某种关系？科学团体以何种面貌呈现？这些群体与社会其他部分有着怎样的联系？科学群体是如何相互支持的？学者对社会担负着怎样的责任？科学的主要目的是什么？席文认为，在未来需要大幅度加深对欧洲和中国科学历史的研究，其后，才能有根据地对科学历史和科学哲学进行比较分析。根据他的观点，面对这些，李约瑟难题已失去了自身的现实意义（Sivin 1982）。

四　杰弗里·劳埃德的比较认识论：科学和文化的哲学基础（古希腊和古中国）

英国历史学家、哲学家杰弗里·劳埃德在某种程度上认同李约瑟难题，但他很快便确信，这个问题是错误的，或者至少是对中国近代和西方的认知状况进行了简化。他的思想为比较研究古希腊和古中国在不同智力领域内的科学路径提供了新方法的范例，尤其是涉及数学和医学领域。劳埃德通过比较分析古希腊、古中国的思维体系和文化，完全推翻

---

① 弗洛里斯·科恩（H. Floris Cohen），1946 年生，荷兰科学史家，曾任莱顿布尔哈夫博物馆馆长（1975—1982）、特温特大学科学史教授（1982—2001），2007 年起任乌德勒支大学比较科学史教授。主要著作有《世界的重新创造：近代科学是如何产生的》《科学革命的编史学研究》等。——译者编注

了法国哲学家、人类学家列维·布留尔（Л. Леви—Брюль）（1857—1939）① 的论点：不同社会类型、不同时代必然有不同的思维类型。该批评在某种程度上与托马斯·库恩（1922—1996）、保罗·费耶阿本德（1924—1994）②、威拉德·奎因（У. Куайн）（1908—2000）③和唐纳德·戴维森（1917—2003）④ 等科学哲学家们的必择其一的观点相近（Lloyd 2004, 2—4, 6—8）。

在科学哲学领域内，劳埃德的主要研究涉及古代世界中科学的存在问题。如果按照现代定义来理解科学，那么古代世界中就不存在科学，但这并不妨碍劳埃德对相似的、与人类理解物质世界的普遍意向相关的活动形式进行比较（例如，分析中国思想家的成就比解决哲学本应考虑的专业问题更加重要）（Lloyd 2009, 17）。因此，古希腊与古中国的貌似科学的活动之间存在的显著差异，在精心研究古代文明的情况下，不排除能够有效比较的可能性。通过将古中国和古希腊科学的比较具体化，劳埃德提出了一系列子问题：（1）是否存在一般逻辑？（2）是否

---

① 列维·布留尔（Lvy‐Bruhl, Lucien），法国社会学家、哲学家、人类学家。曾任巴黎大学教授和民族志研究所所长，社会学年鉴派的主要成员之一，以研究原始思维而著名。著有《孔德的哲学》《道德与习俗学》《低级社会中的智力机能》《原始人的心灵》《原始人的灵魂》《原始思维中的超自然与自然》《原始神话》和《原始人的神秘经验与象征》等。——译者编注

② 保罗·费耶阿本德（Paul‐Feyerabend），当代美国著名科学哲学家，因其观点趋于极端，维护和论证相对主义、非理性主义、反科学主义，提倡认识论无政府主义，所以被认为是当代科学哲学中的最大异端。——译者编著

③ 威拉德·奎因（Quine, Willard Van Orman），美国哲学家、逻辑学家、逻辑实用主义的代表。就学于奥柏林学院和哈佛大学，曾受教于 A. 怀特海和 C. 刘易斯门下，1932 年获哈佛大学博士学位，1933 年起在该校任教，担任过皮尔士讲座哲学教授，1979 年退休。他强调系统的、结构式的哲学分析，主张把一般哲学问题置于一个系统的语言框架内进行研究。著有《语词和对象》《本体论的相对性》等。——译者编著

④ 唐纳德·戴维森（Donald Davidson），20 世纪下半叶最重要的分析哲学家之一，实在论的代表。曾先后任教于美国斯坦福大学、普林斯顿大学、芝加哥大学和加州大学伯克利分校。其思想体现在自 20 世纪 60 年代以来发表的一系列论文中，主要集中于心灵哲学、语言哲学、形而上学和认识论，同时对伦理学以及美国实用主义的复兴也产生了重要影响。著有《论行动与事件》《对真理和解释的探讨》《主观、主观间、客观》《关于合理性的一些问题》《真理、语言、历史》等。——译者编著

在每个古代社会都存在"真理"的概念？（3）信仰是否是跨文化的概念范畴？（4）是否存在一个共同的本体论、单一的世界，并以此作为发展整体世界观的基础？（5）对分类体系和实例论证的比较。

在理解表象和现实方面，劳埃德提出了四种古中国哲学区别于古希腊哲学的情况：（1）道是既可被表现同时也无法被表现的；（2）智者拥有特殊的、普通人难以理解的知识；（3）表达虚幻观点的词语是"空"；（4）智者能看见虚幻的类似之物，它们会迷惑人类。古中国对宏观世界和微观世界的理解源于一种信仰：天象异常是不祥的征兆，它通过统治者的仪式活动得到强化。这些仪式活动操纵着（或者，至少是影响着）整个国家的繁荣昌盛及其功能运行。举例来说，医学理论对身体构造不是从解剖角度进行阐述，而是将其视为官僚制度的职务或功能体系。医学实践中，关键的是对身体系统内真正的层次结构的认知。除此之外，宇宙本身类似于国家。古中国的天文学、数学、医学观点基本上是实用主义的和带有官僚色彩的，这便能解释为什么分散在整个帝国里的官员、星相学家、会计员和医生缺乏连贯为一种整体的信息了。例如，天文学依旧在列表的水平，算术被理解为一组例题的集合，或是无须论证的算法的集合（Lloyd 2002，226—234）。

劳埃德认为：古希腊哲学中，热爱雄辩术和为威望而竞争；而在古中国哲学中，渴求达成一致，并轻视讨论。这能解释神话与理性之间的二分法存在于古代希腊而非古代中国的原因。通过分析语言和雄辩术在运用中的区别，劳埃德得出结论：不同的沟通技巧和语言特征有助于解释不同智力途径间的区别（Lloyd 2006，133）。此外，文化、政治因素结合不同的书写、识字方式，也解释了古希腊和古中国数学、医学的不可比性。古希腊数学的公理化演绎范式从无法证明的假设开始，结束于无法反驳的结论。当代的古希腊哲学课本，往往都反映出自由和开放的讨论特征，期间经常出现关于神话和逻各斯界限的辩论。古中国哲学、医学和数学发展最富创造力的时期（如战国时代和汉朝）也没有出现类似现象（Lloyd 2006，156—157，162）。古中国思想家追求对德行高尚的统治者施加影响，使其与官僚制度统治的国家机构共存，并发展出中国的伦理典范：教育学生用尊敬甚至恭敬的态度对待自己的统治者和教师，他们的意见是不容置疑或反驳的（Lloyd 2006，2—4，128）。因此，社会和政治因素、感觉与思维之间以及逻各斯与神话之间二分法的缺失，解释了古中国对数学的态度。这种方法回避了公理演绎范式，有利于思想流派内部的协同、统一和忠诚，但也造成了修辞辩论的缺乏（Lloyd 2006，136—138）。

杰弗里·劳埃德在与南森·席文合作的著作中，提出了"文化整体"（культурное многообразие）① 概念——指（科学家的）哲学概念、社会目标、职业环境、话语模式和政治团体等各方面的一种连续（Lloyd, Sivin 2002, xi—xii, 3）。他把关注的焦点放在两个视角上：（1）关于自然世界问题的产生环境；（2）关于自然界问题的形成途径。将"文化整体"概念运用到科学社会学和科学史研究中，意味着在融合社会史和思想史研究的基础上，对每一种文化中的实在现象进行重新思考，也意味着转向研究更复杂的、结合着社会史和思想史的现实（一种全面的方法）（Lloyd, Sivin 2002, xiii）。对于所有这些视角的总和，他运用了"整体"многообразие（manifold）这一术语。对每一个社会来说，该术语的内容都是独一无二的；从某种程度上说，在每一个历史、社会发展阶段，"文化整体"也是独有的。因此，"整体"是不断发生变化的，但文化被保留了下来（Lloyd, Sivin 2002, xii）。与内部视角和其他过程相比，对"整体"的定义只有与"完整地"（целостно）之意相符。因此，背景不是外部（可分离）的一大堆相关资料，从起源来讲，它是内部的，并被包含在对整体文化现象的分析中。

由于将古代和现代、东方和西方、古中国和古希腊、历史和哲学、现实主义和相对论协调地放到了一起，通过比较古中国和古希腊科学，劳埃德对自己提出的子问题做出了如下回答：在古代文明中逻辑（Логика）、信仰（вера）、本体论（онтология）和分类法（классификации）是存在着

---

① 另一译法为"文化簇"，英文原文为"cultural manifolds"。

差别的，这证明了劳埃德关于不存在跨文化的共性的判断。至于真理，与古希腊真理的抽象理论形态不同，在古中国，真理被实用地理解为指向合乎道德规范生活的"途径"（путь）或者"方法"（подход）。这些区别是在不同风格的置疑（вопрошания）、解释（объяснения）、引导（увлечения）和其他社会文化作用的背景下确定的。也就是说，为了解释为什么古希腊和古中国科学采取了不同的形式，必须全面分析社会、文化和政治因素。但是，这不意味着这些因素决定了科学和哲学的发展，而是意味着，这些区别只有在那样的历史条件下才能被理解。的确，古中国和古希腊思想家许多特别的置疑风格，阐明了他们对政治权力的态度。而在任何古代社会中，本体论、逻辑和信仰都取决于具体的社会环境。然而，这些区别没有排除他们之间的连接点，这就为人们没有偏向相对论而进行比较提供了可能性。由此可见，为了理解某一文化的固有思想和与其他文化的本质区别，主要任务在于将研究对象置于其特有的术语中来理解。

在古代文明的研究中，多元论是建立在人类共同的基础性特征之上的。劳埃德的思维模式的改变取决于文化（Lloyd 2006，271—272），而智力方式（интеллектуальных подходов）的多元化反映着人类经验的多样性等有关认识论的重要论点（Lloyd 2006，266—268）。总体说来，它们对于科学哲学都拥有深远的影响，因为这些论点表明了最终答案的缺失（Lloyd 2006，268—269）。虽然，在很大程度上，这是对过去的理解，但在同等程度上，这也适用于现代多元化的情况。在现代多元化情境中，科学没有准确的定义，而是意味着必须继续寻找认知元素和毫无疑义的共性，尽管不同文化中的对时空连续体的经验或者感知存在强烈差异（Lloyd 2006，199，271—272）。理解了这些研究的所有复杂性后，劳埃德指出，每种古代文明的内部分歧和差异，决定了一而再地提出此类问题的必要性，这些问题不仅涉及古希腊人与古代中国人间的区别，还有古希腊人、古代中国人自身之间的差异（Lloyd 2004，79）。

五　本杰明·艾尔曼①的中国科学文化历史模式

美国汉学家本杰明·艾尔曼的思想实际上源自李约瑟难题，但他对科学、西欧和中国提出了新的观点。李约瑟和艾尔曼存在两个原则性的分歧。第一，李约瑟认为，科学是数学化的、经过检验的假说和实验；而艾尔曼认为，科学是系统化研究自然界和宇宙获得的知识总和。第二，前者没有从中国科学历史的视角对17世纪后的历史时期做过多的研究，而后者研究了中国知识分子和传教士之间积极的科学合作，包括1550年到1800年的天主教徒，以及1840年到1900年的基督教徒。作为席文的学生，艾尔曼为了实用主义地解决问题和改进理论，通过分析中国自然科学的优劣、中国传统知识与西方科学的相互作用等问题，对李约瑟难题做出了回答。实际上，这个回答是对李约瑟难题的重新定义，因为它研究的是两种科学体系的相互作用，而不是科学发展中的文化优先性。至于席文所提出的有关17世纪科技革命给中国带来的社会影响不大的论断，艾尔曼则认为，中国在这个时期对西方科学存在更广泛的兴趣。

李约瑟的研究证明了17世纪之前中国研究自然界经典传统的多样性和丰富性。在介绍中国科学成就时，他依照西方科学的分类法，尝试证明中国的学者甚至迈向了现代科学。当下，此种观点已经过时。正如许多研究者所指出：尽管采用了多学科的方法和对社会根源的有力分析，但李约瑟仍试图把中国科学列入其文化—历史模式，同时却忽视了中国社会的特征（即官僚主义封建制度）。艾尔曼通过全面分析中国科学形成的社会政治条件，明显完善了李约瑟的观点。

---

① 本杰明·艾尔曼（Benjamin A. Elman, 1946— ），普林斯顿大学东亚系和历史系教授。他的教学和研究领域包括：中国思想与文化史，1000—1900年；中华帝国晚期科技史，1600—1930年；中日文化学术交流史，1600—1850年。其著作主要有：《从理学到朴学：中华帝国晚期的思想与社会变化面面观》（1984年第1版，2001年第2版）、《经学、政治和宗族：中华帝国晚期常州今文学派研究》、《晚期中华帝国科举文化史》（2000）、《以他们自己的方式：科学在中国，1550—1900》（2005）。

艾尔曼否定了科学、技术和医学在从封建社会末期至今的中国古代文明发展进程中的特殊地位。如同其他大部分现代历史学家一样，他将抽象科学与研究自然界、人体的技术直接相连接，他在宽泛的社会环境下理解思想史的起源。也就是说，艾尔曼的文化历史思想是新历史时期中国科学形成方法的重新构建，这种重构是外在的、反欧洲中心主义的。该时期，中国科学的历史并非局部的，而是全世界的（相反情况下，出现了中国中心主义的危险）。他确信：要理解中国，就必须理解现代中国世界观中科学的地位（Elman 2006，1）。艾尔曼的论证建立在三种相关观点的基础之上：（1）中国接受西方知识的被动性被夸大，与先前西方史料记载相比，中国与西方间的科学相互作用更加双向化；（2）中国是在自身条件下，为满足自身目的而借鉴西方经验的；（3）西方史料一直存有忽视东方对自然科学的含义和作用的观点，所以在最好的情况下，东西方科学传统相互作用的真正含义和作用也只能被部分理解。尽管存在一定的争议，以上观点仍对现有的中国科学史的认识做了重要的修正。

　　在西方科学历史学家和科学哲学家中，这样的观点占据上风：（中国）封建社会的儒家学者是不研究自然界的，因此在中国没有科技革命。艾尔曼没有回答这一问题，取而代之的是，他特别注重研究中国知识分子和将现代科学带进中国的西方基督教传教士间的相互作用。他将此过程划分为三个阶段：（1）知识传播；（2）知识传播媒介；（3）西方知识进入中国科学。按照艾尔曼的观点，以上每个阶段都包含独特的历史和文化因素间复杂的相互作用。这种复杂性部分地解释了与欧洲相比中国现代科学发展的不均衡性。另外，还有一种更为普遍的观点是，将儒家学说视为一种与世俗传统紧密相连的经典学说，它对下列问题作出回答：人应该怎样活着？社会和国家组织的最好方式是什么？社会应由何种道德来统治？艾尔曼否定了自己早期研究中遵循的"真理"定义（Elman 1984；Elman 1990），他认为，"儒家学说"这个术语遮盖了中国哲学史的真相。因为，该词源于天主教教士，而非中国人使用的词语。艾尔曼把自然科学知识（天文学、数学、医学）纳入"儒学"范畴中。这样，研究自然界、道德和文学便可以被视为该学说的平等部分（Benjamin Elman 2010）。而艾尔曼则把中国自然科学的传统与"格物致知"（исследование вещей и расширение знаний）相联系。最初，格物致知集中在宋朝的（960—1276）经典文本解释中。这个学说结合了古老的（древнее）和新的（новое）内容（对再解释和创新的辩证），它强调了研究自然界和人类的经验论原则。后来，格物致知变为认识论的基础，帮助中国学者理解、翻译并掌握从基督教传教士、耶稣会会士（明朝）和新教徒（清朝）那里获取的思想。

在艾尔曼思想构架中，科学思想史是不对称的。欧洲人抵达中国时，适逢中国前所未有地提出追求"格物致知"的特殊历史时刻。但是，中国科学还不具有精准的、系统化的知识成果（Elman 2005，xxiv），而耶稣会会士和新教徒将欧洲的知识引进中国。如艾尔曼所强调的，这些知识不是自然知识，而是亚里士多德学派的道德哲学和自然哲学（Elman 2005，xxiv）。除此之外，如欧洲和伊斯兰教专家一样，中国学者也看到了数学研究在"精密学科"（天文学、地理、制图学、炼丹术）中的优先地位。传统博物学概念"阴阳"（мужское—женское）和"五行"（пять элементов）是为了解释世界物质（气）的自然变化（Elman 2005，xxv）。艾尔曼指出，在宋代儒学评论中出现了革新的趋势，尤其是中国哲学家程颐（1032—1085）和朱熹（Чжу Си，1130—1200）的著作，他们提出，在现实而非虚幻世界中存在万物之理。明朝期间，学者们积极探寻反抗外来的、影响不断增加的大乘佛教的哲学思想。程颐和朱熹的思想以格物穷理为目的，以研究中国经典著作为基础，成了最符合需求的选择。他们关注自然界和人类研究中的世俗利益，反对佛教"诸行无常"（世间一切事物皆在刹那间迁流变异）的基本原理，此原理是生发出"一切皆空"（пустота реальности）观点和发展出道学（Учение о дао）的基础（Elman 2005，5）。

强调经验主义—文人们的认识论［теория познания эрудитов (literati theory of knowledge)］（Elman 2005，5）是艾尔曼思想的根本。他认为，与邵雍（Шао Юн，1011—1077，儒家学说中易学的奠基人）的

宇宙论相比，朱熹的"格物"更加符合自然主义的认识论。邵雍主张"以物观物"，即所有原理都直接蕴藏在事物自身内部。这个研究方向不仅在儒学思想历史上具有代表性，也代表着中国智者对内外挑战的反应。程颐和朱熹提出的格物（Исследование вещей）引起同代人的激烈争论。也仅是到了明朝（1368—1644），这个思想便成为学习经典作品中占主导地位的解释，以及考试的标准题目。程—朱学说的结合（即程朱理学），知识的重构——是为了适应社会经济和政治变化的精神方法，且更重要的是，普及了将客体、事件、自然界视为人类现象的观点（Elman 2005, 10）。

整体来说，艾尔曼的文化历史思想对科学史和哲学史的两个原则性理论问题——在一定的文明范畴内科学发展的原因（对于中国，这就是李约瑟难题）和科学史非欧洲中心论的可能性——都没有做出回答。李约瑟难题是中国历史上主要未解决的问题之一，即为什么17世纪中国的科学技术革新停止了，且没有再真正地恢复？在古代和中世纪时期（1600年之前），中国在水文学、航海学、医学、天文学、力学等领域的科学知识发展所取得的成绩举世闻名。例如，中国人的火药、指南针、造纸术和印刷术等技术工艺发明影响了整个世界历史进程和人类文明的发展！在前工业时代，世界上纺织品、丝绸、茶业和瓷器的生产技术没有可与中国相比的；在蒙古人执政时期，由于与伊斯兰世界的相互作用，中国的数学形成了复杂的知识体系。所以，从许多方面说，如果不站在杰出的中国学者和思想家的肩膀上，则不会有现代科学的科技革命与成就，这个观点是对的。也就是说，数个世纪中，中国产生了改变整个世界的发明创造，但最近五百年来，在中国什么都没发生过，且科学的发展走向了另一个方向。遗憾的是，艾尔曼没有解释此种情况发生的原因，而仅限于对新时期中国科学历史性转型过程进行描述。他建议将整个世界科学思想史理解为实践、认识论的价值、标准和方法的不同簇的集合（Elman 2005, 420）。至于说到新时代中国的科学史，它是中国和欧洲科学传统知识间的交换，而不是人们普遍认为的从欧洲到中国的单方面传输。新历史时期下，新的知识文明出现在中国（思想革命或认识论革命），也出现在欧洲（科技革命），这与某种相互作用的观点相关，这便是早期现代全球化的范例。

六 托比·胡弗①的科学制度理论：伊斯兰世界、中国和西方

美国历史学家、哲学家和科学社会学家托比·胡弗以马克思·韦伯（Huff 1984；Max Weber 1999）、卡尔·波普尔（К. Поппер）（Huff 2007，16—44）、托马斯·库恩、李约瑟、罗伯特·默顿②和本杰明·纳尔逊的研究为支撑，形成了科学制度理论。对于现代科学发展的显著影响因素，胡弗给予了补充：（1）科学的制度化或者法律环境；（2）哲学的世界观；（3）中立的空间；（4）自由的研究。胡弗通过对全宇宙和人类的理性分析取代了欧洲中世纪基督教的宗教和法律学说，从中看到了西方科学发展的原因（Huff 1993，25）。但与李约瑟不同的是，胡弗认为，中世纪科学的世界领军者并不是中国，而是伊斯兰世界。17世纪欧洲科技革命的出现带动了智力氛围（интеллектуальный климат），该氛围的产生是由于12世纪希腊自然哲学、罗马公民权利和唯理性的基督神学的偶然结合。

胡弗独创性的贡献之一是：提出了欧洲、伊斯兰和中国文明中公民权利的特征，并确定欧洲（理性的、制度的）法律传统为发现现代科学中的自然法则（Huff 1993，337）和科技革命（Huff 1993，341）的产生开辟了道路。通过分析大学的出现和发展，胡弗发现了在自治团体和

---

① 托比·胡弗（Toby Huff），达特茅斯马萨诸塞大学首席社会学教授，新加坡国立大学、埃尔福特大学马克斯·韦伯学院和马来亚大学客座教授。先后在加州伯克利大学、普林斯顿高等研究院、哈佛大学科学史系执教。对发展中国家的科学和技术政策有独到的研究。代表性著作有：《近代科学为什么诞生在西方》（2010）等。

② 罗伯特·默顿（Robert King Merton，1910—2003），美国社会学家，结构功能主义—科学社会学的奠基人和结构功能主义流派的代表性人物之一。其代表性著作有：《十七世纪英格兰的科学、技术与社会》（1938/1970）、《大众信念》（1946）、《社会理论和社会结构》（1949/1968）、《在巨人的肩膀上》（1965）、《论理论社会学》（1967）、《科学社会学》（1973）、《社会学的矛盾选择及其他文集》（1976）、《科学社会学：片断回忆》（1979）、《社会研究与从事专门职业》（1982）等。——译者注

大学中自由、理性研究形成的关键因素。这些研究号召探寻作为改革基础的普适真理。归根到底，这促进了超越个体理性真理的普适世界观的形成（Huff 1993，133）。根据他的观点，只有在发生了科技革命的西方才存在拥有独一无二的科学和哲学大纲的高等教育机构（大学），这些机构为现代科技的发展做出了巨大贡献（Huff 1993，341；Huff 2010，145—170）。

托比·胡弗的科学制度理论的主要贡献是解释了这样的观点：强大的社会力、思想和神学力量能够决定文明的特征和科学进程。与此同时，出现了一系列的批评意见，主要有：1300年前，伊斯兰和中国在法律、思想和神学方面都没有进步性的变革，他们是如何取得科学和技术优势的呢？胡弗对此问题没有做出回答，而仅仅是顺便讽刺性地指出：伊斯兰世界科学发展的停滞开始于"伊斯兰化"进程的结束，即"外国的"与"穆斯林的"科学间创造性张力消失时，以及自然知识被排除在教学大纲之外时。

在托比·胡弗著作中，注重研究伊斯兰世界、中国和西方在宗教、哲学和法律方面的区别，这揭示了东方人类学旧病复发的征兆，也就是说，胡弗的方法论在许多方面以过时的和残缺的东方著作为基础。这表明在他的科学思想中存在认识论性质的严重问题。胡弗方法学还有一个弱点：将科学与西方、理性主义与西方、自由与西方、进步与西方错误地混为一谈，而结果是论证了西方历史性的全球政治统治权（Huff 1993，1）。胡弗对科技进步的进化式观点是存在问题的；基于对科学史的理解，他将西方科学的发展解释为直线性的、静态的进程，显然，这种理解是被简化了的。在此前提下，胡弗断定伊斯兰世界和中国的科学发展都处于停滞不前的状态，同样，这也是不对的。他对证明伊斯兰和中国科学发展水平低有浓厚兴趣，这不仅不能解释具体的历史事件，还造成对个别思想家和哲学流派成就的曲解与低估。因此，他不仅忽视了不同流派间的争鸣（尤其是儒家思想与佛教间），还略过了宋朝非儒家思想（该思想本身是精神生活的重要方向）的发展，而勾勒出一幅传统的、亘古不变的中国思想历史发展图景。所以，他没能充分解答李约瑟难题，也没有正确地描述出中国区别于欧洲形态的发展进程。在胡弗的理论中没有对"文化优势"的明确定义，这是因为：他将科学发展理解为线性进程；对科学持乐观主义；认定文化发展决定科学文明成就。胡弗从自然哲学和教育机构的视角，对欧洲的天主教、亚洲的伊斯兰教和中国的儒家思想进行了比较，提出了新的观点。但他的结论还不足以充分解释以下问题：为什么欧洲、伊斯兰世界和中国的社会精英和普通人群都对自然界充满兴趣？在科学革命之前，他们如何构建和应用这些知识（Huff 2010, 292—300）？

七 约翰·霍布森①的极端主义：西方科学与文明中的东方起源

英国社会学家约翰·霍布森的思想基于这样一种观点，即欧洲文明不是其他文化影响的延续或结果。霍布森试图证明，由于创造性地运用了东方思想或相应的东方文献史料，西方内在发展的具体途径成为可能。他揭示了令人印象深刻的欧洲中心主义神话的思想基础。他赞同德克·博迪的观点：对于科学进步来说，论证逻辑化和理论的一致性是必需的。这一观点也与日本学者中山（С. Накаяма）对中西方思想辩论风格的分析相似。总体来说，霍布森、博迪和中山都认为欧洲在抽象概括的形成中倾向于采用形式逻辑。相应地，在现代科学发展中也是如此。但是，尽管形式逻辑对现代科学的形成十分重要，经验观察也不应该被忽视。16世纪之前，在中国，经验知识曾是精确的、系统化观察的基础，这些观察在许多方面都领先于欧洲人的知识。霍布森将科学史理解为一种竞赛（гонка），在这个竞赛里仅有一位胜利者，因此，在他的思想中忽视了这一进程中的许多重要细节。

---

① 约翰·阿特金森·霍布森（John Atkinson Hobson, 1858—1940），英国政治思想家、经济学家。毕业于牛津大学，毕生从事教学和研究工作，积极投身于英国社会改良运动。他主张国家制订干涉计划，通过实施强有力的干预缓和社会矛盾，维护个人自由。著有《贫穷问题》《社会问题》《帝国主义研究》《自由主义的危机》《战后的民主》《从资本主义到社会主义》《民主和变化中的文明》等。——译者注

同李约瑟、博迪类似，霍布森反对西方政治霸权引发的观点，即科学发展是欧洲文明范围内特有的。他提倡科学的整体性，同时也强调不同文明间的互补性成果的重要性。他摆脱了将非欧洲历史视为西方科学攀登高峰的先驱者的目的论叙事，对非西方文明在下列三个领域内的贡献进行了评价：思想领域（哲学、数学、艺术），制度/技术工艺领域（贸易路线、航海学、财政体系、印刷术、冶金学）和资源/市场领域（金银、棉花、奴隶）。根据法国历史学家费尔南·布罗代尔[①]（Фернан Бродель）（1902—1985）和其他学者的思想，并通过对它们的补充，霍布森最详尽地展示了中国科学与文明史上的成就，以及西方为完成帝国文明传播的使命而对历史做出的曲解。这样，霍布森发展了定位在西方文明之外的亚非研究方向，并形成了区别于持续了两百多年欧洲中心论的社会理论，它成为霍布森反映李约瑟模式的一种极端方式。

约翰·霍布森的主要思想包括：（1）许多对欧洲科学技术进步起决定性作用的发明都是中国的创造；（2）欧洲国家并没有建立世界贸易体系，而只是利用美元联合了印度和中国市场；（3）相信欧洲霸权来自自由贸易和健全的统治与民主只是一种爱国神话；（4）欧洲国家借助武力获得了贸易权力，英国的工业革命发生在强硬的规则下；（5）启蒙运动时代先进的科学、哲学、社会和经济理论产生于和新文化的碰撞，而并非受古希腊、古罗马文化遗产的影响；（6）现代欧洲霸权是（地区）局部优势的结果，而并非其自身固有的优越性特征。

这样，在霍布森思想体系中，欧洲科学与文明发展的规律性由东方思想和技术的普及而决定，而16世纪欧洲的帝制扩张是欧洲文明唯一的重要贡献。在支持李约瑟观点的同时，霍布森表达了一个挑衅性想法：启蒙运动时代是欧洲文化的精神分裂期，因为东方思想（主要是

[①] 费尔南·布罗代尔（法文名：Fernand Braudel），法国历史学家，主要著作有《菲利普二世时期的地中海和地中海地区》《法国经济社会史》《十五至十八世纪的物质文明、经济和资本主义》及《资本主义论丛》。——译者注

中国的）被欧洲借用和同化，汇集成知识体系，而后这些知识又出现在"不文明的"（нецивилизованном）东方。这样的做法，首先导致了西方帝国文明传播使命的出现和对东方的压迫。这在很大程度上无意地导致了某种思想上的种族隔离制度。从根本上导致划分东西方的虚构界限，从时间上可以追溯到古希腊（Hobson 2004，194，197，222）。霍布森认为，欧洲人对如何建立独有的君主专制、军国主义和反民主国家更有创造力。这些创造力被用于奴役其他民族，占有其文化成就，为夺得暂时性的文明优势（1850年后）、建立自身特有身份提供了机会。霍布森的科学与文明比较史是极端反欧洲中心论的，欧洲中心论忽略了许多经典与现代的科学与文明史的观点。如果说问题式的方法（проблемный подход）（李约瑟难题）是李约瑟及其流派与对文明和科学思想史的片面和偏颇理解斗争的特征，那么，霍布森的思想是对东方文化优先性的断定，是欧洲中心论和极端东方中心论的反复。

参考文献

Benjamin Elman：Interview // Princeton University / http：//www.princeton.edu/history/people/display_person.xml? netid = elman & interview = yes. – 01.02.2010.

Bodde, Derk. Chinese thought, Society, and Science：The Intellectual and Social Background of Science and Technology in pre-modern China. Honolulu, 1991.

Cohen H. F. The Scientific Revolution：A Historiographical Inquiry. Chicago, 1994.

Elman, Benjamin A. From Philosophy to Philology：Social and Intellectual Aspects of Change in Late Imperial China. Cambridge, Mass., 1984.

Elman, Benjamin A. Classicism, Politics, and Kinship：The Ch'ang – chou School of New Text Confucianism in Late Imperial China. Berkeley, 1990.

Elman, Benjamin A. On Their Own Terms：Science in China, 1550 – 900. Cambridge, 2005. Elman, Benjamin A. A Cultural History of Modern

Science in China. Cambridge, 2006.

Hobson J. M. The Eastern Origins of Western Civilisation. New York, 2004.

Huff, Toby E. Max Weber and the methodology of the social sciences. New Brunswick, N. J., 1984.

Huff, Toby E. The Rise of Early Modern Science. Islam, China, and the West. Cambridge, 1993.

Huff, Toby E. The Open Society, Metaphysical Beliefs and Platonic Sources of Reason and Rationality // Popper, Karl. A Centenary Assessment/edited by Ian Jarvie, Karl Mitford, and Avid Miller. Aldershot, UK, 2007.

Huff, Toby E. Intellectual Curiosity and the Scientific Revolution: A Global Perspective. Cambridge, 2010.

Jordanova L. J. The Social Sciences and the History of Science and Medicine // Information Sources in the History of Science and Medicine / Ed. P. Corsi and P. Weindling. London, 1983.

Lloyd G. E. R., Sivin N. The Way and the Word: Science and Medicine in Early China and Greece. New Haven, CT, 2002.

Lloyd G. E. R. Ancient worlds, modern reflections: philosophical perspectives on Greek and Chinese science and culture. Oxford, New York, 2004.

Lloyd G. E. R. Principles and practices in ancient Greek and Chinese science. Aldershot, Hampshire, Great Britain; Burlington, VT, 2006.

Lloyd G. E. R. Disciplines in the making: cross – cultural perspectives on elites, learning, and innovation. Oxford, New York, 2009.

Max Weber & Islam / edited by Toby E. Huff and Wolfgang Schluchter editors. New Brunswick, NJ, 1999.

Needham J. (et al). Science and Civilisation in China. Volume 6, Biology and Biological Technology. Part 6, Medicine / Joseph Needham, Nathan Sivin. Cambridge [Eng.], 2000.

On the Roads to Modernity: Conscience, Science, and Civilizations: Selected Writings / by Benjamin Nelson; Edited by Toby E. Huff. Totowa, N. J., 1981.

Sivin N. Why the Scientific Revolution did Not Take in China – or didn' it? // Chinese Science, 1982, ? 5. Mode of Access to the Article: http://ccat.sas.upenn.edu/~nsivin/scirev.html.

Sivin N. Science and Medicine in Imperial China – The State of the Field // The Journal of Asian Studies, Feb., 1988, Vol. 47, No. 1.

Sivin N. Science and Medicine in Chinese History // Heritage of China: contemporary perspectives on Chinese civilization / edited by Paul S. Ropp; contributors, T. H. Barrett... [et al.]. Berkeley, 1990.

Sivin N. Medicine, Philosophy and Religion in Ancient China: Researches and Reflections. Aldershot, Hampshire, Great Britain; Brookfield, Vt., USA, 1995.

The Disunity of Science: Boundaries, Contexts, and Power, Writing Science / Peter Louis Galison and David J. Stump, eds. Stanford, 1996.

Zurndorfer, Harriet T. Oecumenical or Parochial? Reflections on Recent Publications concerning the History of Chinese Science // Éudes chinoises, 1992, Vol. 12, No. 1.

中乌学者在生物科技领域的合作

科米萨林克·谢尔盖
乌克兰国家科学院 O.B. 帕拉金生物化学研究院院士

近些年，中国学者在生命科学方面取得了令人瞩目的成就。中国领导人重视生物科学表现在许多方面，包括对中国科学院研究机构、大学以及各省科研院所的财政支持。在世界生物科学发展中，知名的中国学者们也做出了极为重要的贡献，他们先是在西方国家领先的实验室里工作，之后回国到各大研究院所继续工作。这使得北京和上海的基因研究院所、中国科学院的生物物理研究所和生物化学研究所都已迈入同领域世界先进的研究机构行列。例如，正是中国揭开了水稻、桑蚕基因组的奥秘，而这对中国的经济非常重要。现在，中国的基因研究机构拥有大量的、最现代的高速离心机，它能在几天之内对基因组，甚至是复杂的组织，如人体，进行分析，而分析微生物仅需数小时。中国能够率先完成对大肠杆菌全基因组的测序，也绝非偶然，这种病菌曾在 2011 年导致欧洲大规模人群患病。中国在制定科学发展领域的国家政策时，已经注意并尽可能支持国内学者与国外同行开展广泛合作。中国还积极支持国际科学组织和专业学术协会（优先现代生物学领域）的革新，如国际生物化学与分子生物学联合会（IUBMB）、国际微生物学会联合会（IUM）、欧洲生物化学学会联合会（FEBS）、国际安全协会联合会（IFBA）等，并经常承担最有前景的生命科学界科学盛会的组织者和赞助者的角色。

同时，由于任何一个国家都不可能成为所有科学领域的领军，许多国家都拥有自己的领先科技成就，因此将其他一些国家开展的科研工作引介和运用到中国的科技和经济发展中十分有益。为了了解这些研究成果，中国经常派出本国的学者代表团到访这些国家。

乌克兰学者，首先是在国家科学院各研究院所中工作的学者们，在生物科学领域取得了一系列达到世界水平的科研成就。这些成就大都是基础性和实用性的研究，首先能应用或者已经在应用的是医学、制药业、食品工业以及生物技术等领域。2003年10月16日至19日，根据双方协议，在中国举办了"乌克兰科技日"展览，这次展览也成为拓宽中乌学者开展合作的信号。

当今，生物科学领域中合作最积极的样板是乌克兰国家科学院 O. B. 帕拉金生物化学研究院（以下简称乌克兰生化研究院——译者）与中国山东省科学院生物研究所之间的合作。近七年来，乌克兰生化研究院多次接待了山东省学者代表团。代表团中有山东科学院、山东医学科学院的领导和学者。中国学者了解了乌克兰生化研究院在生物化学、生物技术不同领域的多项研究：能监控血液系统收缩状态的诊断系统（它对血栓形成或造成出血可能性的诊断极为重要）；为治疗骨质疏松、预防其他疾病的恶性发展，在维生素 D_3 基础上建立的医用标本；以酸基—乙醇—胺（ацил—этанол—аминов）或维生素物为基础合成的、治疗过敏和非特异性发炎的药物，及其他研究。乌克兰学者也不止一次到中国参加研讨或者做学术报告，向中国专家介绍乌克兰科学进展，这些学者包括乌克兰国家科学院通信院士 Н. М. 古拉亚（Н. М. Гулая），医学科学博士 А. А. 楚马科（А. А. Чумак），实验室主任 З. М. 多岑科（З. М. Доценко），生物科学副博士 З. М. 阿尔达莫诺夫（М. В. Артамонов），А. Н. 茹科夫（А. Н. Жуков）以及其他学者。

实际上，乌克兰学者们对所有提议都抱有浓厚兴趣，但是最有兴趣的是：海洋生物，首先是软体动物的废料中提取生物放射性化合物。之所以对此抱有最大兴趣，是因为以下几个原因：山东省拥有黄海出海口和普及很广的海洋捕鱼业；该省是中国制药工业领军者之一。在山东省科学院生物研究所中，乌克兰学者同该所研究人员一起，采用技术提取了某些物质，而这些物质是制造以下这三种药的基础：具有表面活性作用的制剂（即 Кальмофил 制剂）；具有降压作用的制剂；具有睾酮激活效果的制剂（即 Молюстерон 制剂 1 和制剂 2）。这一项目获得了乌克兰和中国的四个联合专利。乌克兰生物化学研究院院长、乌克兰国家科学院院士 С. В. 柯米萨连科（С. В. Комисаренко）教授曾担任该项目的负责人，也是这些专利发明者之一。该项目正在山东省科学院生物研究所得以展开。2007 年 С. В. 柯米萨连科院士访问中国，签署了乌克兰国家科学院 О. В. 帕拉金生物化学研究院与中国山东省科学院生物研究所的合作协议（这一协议顺利延续至今）。在那次访问，以及后来的 2010 年和 2011 年访问期间，С. В. 柯米萨连科院士都做了报告，并与中国学者参加了一系列的讨论会。

中乌两国学者的成功合作获得了山东省政府的极高奖励——2011 年 11 月 16 日，С. В. 柯米萨连科院士获得"齐鲁友谊奖"。山东省政府在奖励决定中写道，该奖章是为表彰对山东省社会经济发展做出突出贡献的外国专家而设立的。

乌克兰与中国的合作和相互理解

——纪念乌中建立外交关系 20 周年

马特维耶娃·列霞
历史学博士、教授
乌克兰国家科学院克雷姆斯基东方学研究所所长

在过去的几十年里,中国取得了现代化建设和改革开放的巨大成就,已成为世界上最有影响力的国家之一。今天,这个经济巨人已成为区域和全球政治进程中的重要参与者。完全有理由相信,在 21 世纪,中国在全球层面上的作用将会更大。全球政治和经济关系体系正在发生重大改变,这与亚太地区力量的增长直接相关,并在很大程度上是由于中国的崛起。

中国是乌克兰重要的长期合作伙伴,最近两国又建立了战略合作伙伴关系。中国是 1991 年 12 月 27 日率先承认乌克兰独立的国家之一,而在 1992 年 1 月 4 日,两国间就建立了外交关系。从乌克兰独立的最开始,中国就在乌克兰外交政策体系中占据了特殊的优先地位。两国基于普遍认可的国际法准则,确立了相互尊重主权和领土完整、互不干涉内政的相互关系原则。多年来,乌克兰和中国已经在经济、政治和文化等多个领域建立了密切和富有成果的合作。通过开放政策的实施,两国已经建立了非常友好的相互关系,两国在很多问题上利益的接近甚至是一致的,是形成这种友好关系的决定因素,这些问题包括:实现经济进步和提高本国公民福利待遇的国内政策目标；实现和维护区域层面和全球层面的和平、安全与稳定；防止世界政治中的强权作法；加强国际组织在克服贫困和保证进步中的作用。

在近二十年间，乌中关系确定了一系列优先发展的领域，即在贸易、经济、科学技术、军事技术和人道主义等领域的合作。中国在世界上享有的威望和所发挥的政治影响力对乌克兰具有特别的意义，这能使乌克兰在解决本国的一些重要问题时向中国寻求支持。而中国在经济和科学技术发展上前所未有的驱动状态也唤起了乌克兰在这些领域发展合作的兴趣。作为国际组织的成员，在解决中国所关心的重要问题上，乌克兰是中国政治互利关系中重要的合作伙伴（例如，乌克兰支持"一个中国"的政策）。由于两国之间具有明确的经济互补性，而且不存在政治问题上的分歧，经贸合作成为乌中关系整体中的重要组成部分。近年来，根据双边贸易额，中国一直稳居乌克兰贸易伙伴的前五位。根据最近作出的决定，到2012年，两国之间的年均贸易交易量应增加至100亿美元。乌克兰和中国在以下几个方面开展双边科学技术合作：学术研究、科学技术、工业、用于和平目的探索和利用外层空间探索、知识产权保护，以及医学与健康等。乌克兰正面临着推进社会经济综合改革的艰巨任务，研究中国的经验对乌克兰来说极具现实意义。因此，许多乌克兰学者对中国目前的发展进程进行了积极而深入的研究。在人文合作领域，无论是在乌克兰还是在中国，都开展了许多文化活动。特别值得注意的是，双方对教育领域的合作显现出浓厚的兴趣。目前，乌克兰方面与中国的许多高等教育机构建立了直接联系。

为了深化政治互信，扩大多方面的务实合作，并取得互利的成果，必须进一步发展不同层次上的对话。从这个意义上说，2010—2011年举行的两国最高政治领导层会议，已成为两国关系发展中的重要步骤。在这些会议期间，签署了几十个协议，包括众多领域的合作：国际关系、金融、基础设施建设、航空航天工业、商业、铁路建设，还签署了海关和检疫方面的协议。尽管乌中关系已取得了上述这些进步，中国事实上已经是乌克兰在亚太地区的主要合作伙伴，但我们必须承认，两国关系的潜力仍然没有得到充分的发挥。于是我们不得不同意胡锦涛同志的观点，他在评价乌克兰总统维克托·亚努科维奇（В. Ф. Янукович）对中国进行的国事访问时说，它"将成为进一步加强中国与乌克兰之间的相互理解和增进友谊的强大动力，并把两国关系推进到一个更高的水平"。当然，乌中二十多年来在政治、经济、科学和军事技术领域，以及在各种国际组织的合作中取得的成果都应当更加丰硕，而两国战略合作伙伴的定位，应当通过更为具体的内容来实现，因为我们几乎在所有公共生活领域都具有展开合作的潜力。

最后必须指出，乌克兰独立期间，乌克兰的汉学研究恢复了发展，这对于确保乌克兰和中国之间的全面合作是十分必要的。汉学研究工作主要集中在乌克兰国家科学院的研究所（克雷姆斯基东方学研究所和世界经济与国际关系研究所）、国家战略研究所、国立基辅大学国际关系研究院，以及哈尔科夫、利沃夫和敖德萨大学等高校机构。成立于2004年的乌克兰汉学家协会，旨在联合和团结中国学的研究人员，并促进汉学研究方面的协调工作。而今，乌克兰学者所担负的任务是提高汉语语言及中国历史、哲学和经济等方面的研究水平，而乌克兰和中国之间合作水平的提高在很大程度上也取决于这一点。

乌克兰国家科学院与中国相关机构
在科学和技术领域合作的现状与展望

纳乌莫维茨·安东
乌克兰国家科学院副主席，乌克兰国家科学院院士

现代科学技术的国际交流，标志着国家之间所建立的新型伙伴关系的整体水平，它包括新知识和技术的产生与研发、发展与交流及其不同方式的运用。在当今条件下，这些国际交流是一个国家发展其潜力和融入国际社会的必要手段。

乌克兰和中国拥有长期的友好关系，并在各个领域进行了富有成果的合作。这方面的一个鲜明的例证是，2011年6月，中华人民共和国主席胡锦涛应邀对乌克兰进行国事访问。在访问中，乌中两国领导人签署了作为双边科技合作领域重要基础的战略伙伴关系宣言。这次访问有助于加强我们两国之间的友好关系。乌克兰和中国在两国最高层次会议上宣布：创建战略合作伙伴关系，进一步发展和扩大科研机构之间的合作，建立联合工业园区，吸引有才华的年轻人进入科学领域。

在与中华人民共和国的科研机构、工业企业和商业机构进行创造性合作方面，乌克兰国家科学院拥有长期的经验和优良的传统。合作的主要形式包括：完成双边协议框架内的项目，共同参与多个国际项目，以及乌克兰国家科学院所属机构履行与中国公司的合同订单等。许多乌克

兰科学家与自己的中国同行在多个领域进行着积极的合作，如在物理、数学、力学、材料科学、纳米材料和纳米技术、信息技术、化学和生物化学、分子生物学、基因组学和地球科学等领域。合作展开的形式包括：通过信息交流开展联合科研攻关；举办科学论坛；代表团互访；学者实习、科学考察、参加会议；创办合资企业；建立实验室和科研生产中心等多种途径。正是这些早已被证明是行之有效的传统的国际科技合作形式，保证了乌克兰和中国的科技合作关系稳步发展并不断扩大。保持高水平的合作，还使得参与国际科学组织的活动成为可能，包括参与由国际科学组织协调的国际方案和项目，参加政府间协议、科学院之间协议和机构间直接协议框架内的联合研究，以及开展科学家之间、学者之间的交流活动。

在发展和加强国际科学技术交流的活动中，完善法律合约基础具有重要的作用，它们能够为各种科技交流活动的系统性和长期性提供保证。乌克兰科学院与中国科学院、中国社会科学院、中国国家自然科学基金委员会、北京市科学技术协会之间所签订的各种协定，是乌克兰与中国合作的基础保证。为了实现乌克兰国家科学院与中国不同省份学术机构之间卓有成效的合作，这个层面的法律合约基础最近也建立起来了。在以此为基础的双边协议框架内，乌克兰实现了与广东、黑龙江和浙江等省的有效合作。乌克兰学术机构与中国机构的经济联系正在不断扩展，所签订和完成的双边合同的数量正在稳步增长。除了这类文件，还有由乌克兰国家科学院所属的一些独立机构与中国科研机构签署的双边协议、谅解备忘录及合同。

多数正在进行的项目是由乌克兰国家科学院技术物理和自然科学方面的机构实施的。

例如，乌克兰国家科学院 E. O. 帕顿（Paton）电焊研究所与中国多家合作伙伴开展了富有成效的合作，其中包括：哈尔滨理工大学的现代焊接生产技术国家重点实验室、桂林电子科技大学、西安航空发动机（集团）有限公司、中国新时代公司、中国空间技术研究院的多家生产厂、洛阳船舶材料研究所、内蒙古金属材料研究所、浙江冶金学院、郑州机械工程学院、北京航空材料研究院、中国科学院空间研究中心、山东省科学院海洋仪器仪表研究所、大连勘察测绘研究院、北京钢铁研究总院。我们在焊接及相关技术领域开展了协作，特别是在耐磨熔焊和钎焊，高效焊接材料和技术的研究与使用，以及相关生产设备的供应等领域。我们的重要成果是，以乌克兰国家科学院 E. O. 帕顿电焊研究所和广州工业技术研究院为基地，创建了联合焊接研究所。

在乌克兰国家科学院和中国科学院双方协议的框架内，乌克兰国家科学院毕萨连科（Г. С. Писаренко）强度问题研究所与中国科学院金属研究所的学者们，正在就"材料耗散性能和应力应变状态"主题进行共同研究。

乌克兰国家科学院信息注册问题研究所和北京高德广成船舶机电设备有限公司（Beijing Great Gate Guang Marine Machinery Suppliers Co., Ltd.）正在建立综合自动化系统控制模型。

乌克兰国家科学院维尔金（Б. И. Веркин）低温物理技术研究所与北京科学技术大学正在联合开展题为"非晶纳米复合涂层的生产和极端条件下其属性研究"的项目研究。

在化学、地球化学、生物有机化学、纳米化学和最新的吸附工艺学等方向的基础及应用研究领域中，乌克兰国家科学院与山东省科学院生物研究所、中国科学技术大学（合肥）；乌克兰国家科学院皮萨尔热夫斯基（Л. В. Писаржевский）物理化学研究所同山东大学化学与化工学院（济南）；乌克兰国家科学院生物有机化学和石化研究所与北京高科技中心正在开展协同研究。

根据两国机构间的直接协议，乌克兰国家科学院的多家机构与中国的机构之间展开了多项协作，如乌克兰国家科学院国际信息技术和系统科研中心、乌克兰教育科学部与四川大学（成都）；乌克兰国家科学院乌希科夫（А. Я. Усиков）无线电物理和电子研究所和中国科学院物理研究所；乌克兰国家科学院毕萨连科（Г. С. Писаренко）强度问题研究所与中国科学院金属研究所；乌克兰国家科学院环境地球化学研究所、乌克兰紧急情况部与中国科学技术大学、中国科学院兰州化学物理研究所。

　　乌克兰国家科学院的一些机构与中国的组织在合同的基础上进行工作。例如，在合同框架内，乌克兰国家科学院乌希科夫（А. Я. Усиков）无线电物理和电子技术研究所的科学家与中国科学院电子研究所正在进行"高 Q 值恒温介质谐振器的研制与使用及其频率稳定和物质特性测量"的研究。按照合同，乌克兰国家科学院巴库利（В. Н. Бакуль）超硬材料研究所为"珍妮"国际科技有限公司提供单晶合成钻石。根据对外贸易合同，乌克兰国家科学院科学和技术综合体"单晶研究所"的科学家们为中国的龙头企业——上海嫦娥光电材料有限公司、翔江水晶表面企业有限公司供应了光学和光电子学蓝宝石产品的实验样本与实验批次。

　　众所周知，当前，应用科学在世界上受到特别关注。我们合作的重点应放在创新方法和先进技术的开发与推进上。科技与产业相结合的一个突出例子是，乌克兰国家科学院的一些机构与中国广州部分工业企业的科技合作。目前，乌克兰和中国科学家的合作正在顺利展开。总体上，乌克兰国家科学院与广东省工业企业之间的合作，近期得以明显加强。自 2008 年以来，建立在乌克兰国家科学院维尔纳茨基（В. И. Вернадский）通用和无机化学研究所基础上的中乌联合科研及培训中心已成功开始运行。2011 年 12 月，中国广州市人民政府和乌克兰国家科学院建立了科学和技术合作联合委员会，这是进一步扩大双边互利合作的一个重要步骤。

　　目前，乌克兰国家科学院在中国的一些省份建立了科学和技术基地，这表明在通过商业形式展开工业企业技术转让和推进方面，乌中双方已经迈出了第一步。2005 年，浙江省（嘉兴市）成立了国际技术转让中心和乌克兰国家科学院研究发展工业基地。另外，在广东省建立一个类似中心的筹备工作，目前也在进行中。

　　现在，乌克兰与中国的科学合作正在超越短期和中型项目，下一步是实现大规模的长期项目的合作，在其基础上可能会开始生产高科技产品。乌克兰国家科学院已制定了 60 个提供给中国的商业项目。

应当看到，中国企业对乌克兰技术的兴趣正在不断增长。中方对乌克兰的高科技水平予以高度评价，并确认在科学、技术和产业众多领域中的双边合作会卓有成效地展开。

总体上，乌克兰国家科学院和中国机构之间的科学和技术合作，近年来已大幅增加。今天，约有70%的学术机构已在中国拥有科学、技术和商业上的合作伙伴。这些合作涵盖了几乎所有的科学分支。乌克兰国家科学院的机构与中国组织间的对外经济关系正在积极拓展，双边合同的签订和履行数量也在增加。

五名中国科学家当选为乌克兰国家科学院的外籍院士，这足以证明乌克兰与中国的科技合作关系的密切程度。乌克兰与中国合作的方向和数量，乌克兰和中国科学家参与世界科技进步的形式，正在发生实质性的变化。

要想完成乌克兰国家科学院各机构和他们的中国合作伙伴现在所面临的任务，还要考虑他们的威信和在国际社会中的重要性，就必须完善和实施新的合作组织方法，运用行之有效的现代管理形式，提高科学的社会意义。乌克兰与中国在科技领域的合作，发展相当迅速，这种合作将会带来协作研发的新形式和新技术的商品化。

现在，我们高兴地看到，乌克兰国家科学院和中国学术界和工业界组织之间的科技联系明显加强。我们朝这个方向共同发展的现实步伐进行得相当顺利，同时也符合我们的共同利益。

乌克兰国家科学院把与中国的合作视为自己国际联系的优先发展方向之一，与中国的合作不仅促进了两国战略发展和科研成果的相互了解，也进一步发展了乌克兰与中国科学和工业组织之间富有成效的直接接触。

中国在推出改革开放政策之后，科学技术水平稳定和快速增长，中国庞大的市场，应用创新科研的兴趣，以及乌克兰科学家高水平的研究——这些前提条件，赋予了乌克兰与中国在科学技术和创新领域互利合作基本原则的具体含义。

乌中文化关系(1949—1959)

乌鲁索夫·弗拉基米尔
中国国际广播电台乌克兰语部技术顾问、历史学博士
乌克兰研究中心译

对乌克兰与中国国家关系开始系统性研究始于20世纪90年代初，乌克兰国家科学院东方学研究所成立之后。在关于18世纪至20世纪上半叶乌中关系历史渊源的研究方面，维克多·吉克坚科（Виктор Киктенко）贡献最大①。然而，20世纪50年代，即乌克兰作为苏联加盟共和国之一，历史上首次开始积极与刚刚成立的中华人民共和国开展合作的这个时段，尚未引起东方学者——历史学家们的高度重视。

乌中两国在50年代的合作问题仍几乎未被研究过。有关这一时期，在新闻媒体、学术著作和政治家们的言论中均未曾提及。而同时，乌克兰独立后的乌中关系并非凭空而建，在两国关系中，我们的同胞们曾经谱写了许许多多有意思的、感人的篇章。

活跃的乌中文化交流是两国人民关系史上重要的方面之一。从中华人民共和国成立之初，苏维埃乌克兰即积极加入到苏中文化领域交流进程中。这些文化交流体现在互换文艺、科技文献，艺术与音乐作品，戏

---

① 吉克坚科：《乌克兰中国学历史特征》乌克兰国家科学院 A. Ю. 克雷姆斯基东方学研究院，基辅，2002年。

剧与体育团体、代表团，以及通过各种组织和个人之间建立联系，交换专家，或者为培养专家提供帮助等①。

1949年10月5日，在乌克兰国家图书馆曾举办了庆祝中华人民共和国成立的文献展览，展出了《中华人民共和国中央人民政府成立宣言》《中国人民政治协商会议共同纲领》，以及苏中建立外交关系相关史料等②。

译成乌克兰语的中国文学的出版发行对于两国文化交流的发展具有重要意义。早在1936年，乌克兰国家文学出版社就已经出版了《中国文学选编》，收入了爱弥·萧（萧三）、茅盾、王辰（音译）及其他中国作家的短篇小说③。根据乌克兰书库的统计数字，1949年至1959年，乌克兰共出版了54种中国文学作品，总印数为20095万册④，向乌民众介绍的中国诗人、散文家、剧作家超过35位⑤。

20世纪50年代，被大量翻译出版的有鲁迅的作品、郭沫若的悲剧作品《屈原》及其作品选集、丁玲的长篇小说《太阳照在桑干河上》、周立波的长篇小说《暴风骤雨》、斯大林文学奖金获得者贺敬之与丁毅的剧本《白毛女》、刘白羽创作的《无敌三勇士》等⑥。雅科夫·巴什（Яков Баш）用乌克兰语翻译并发表了老舍的剧本《方珍珠》、赵树理的中篇小说《李家庄的变迁》及其他作品。乌克兰国家文学出版社出版了乌克兰文版的马烽、西戎合作的长篇小说《吕梁英雄传》。1955年，该出版社筹划出版了茅盾的长篇小说《子夜》，"苏联作家"出版社则出版了《中国中短篇小说集》与草明的中篇小说《原动力》。青年出版社出版了童话《刘氏三兄弟》，印数为15万册⑦。女作家伊万年科（О. Иваненко）发表了其翻译的中国民间童话集。

---

① 乌克兰中央国家档案馆，基金5110，库存1，案件928，第1页。
② 乌克兰真理报，1949年10月6日。
③ 乌克兰中央国家档案馆，基金5110，库存1，案件708，第5页。
④ 同上书，第6页。
⑤ 乌克兰中央国家档案馆，基金P 582，库存10，案件398—1087。
⑥ 乌克兰中央国家档案馆，基金5111，库存1，案件202，第114页。
⑦ 乌克兰中央国家档案馆，基金5110，案件719，第6页。

这一时期，乌克兰国内共翻译出版了 40 多位中国作家的长、中、短篇小说①。鲁迅作品印数达 15 万册②，郭沫若作品为 4 万册，刘白羽作品为 11 万册③。中国作家的短篇小说刊登在《第聂伯河》《祖国》《乌克兰》《苏维埃妇女》等杂志上。1950 年至 1954 年，这些刊物共发表了二十多部中国作家的作品④，由契尔科（И. Чирко）、巴什、萨哈罗夫（В. Сахаров）等人将这些作品翻译成乌克兰语。值得指出的是，1958 年至 1961 年，《环球》杂志先后刊登了 15 位中国作家的作品，其中包括李克、李微含合著的长篇小说《地道战》，译者是契尔科和利特维年科（М. Литвиненко）⑤；李维仑的中篇小说《爱情》，由潘纳修克（В. Панасюк）和索里尼科（Л. Солонько）合译⑥；骆宾基的短篇小说《父女俩》，由切尔卡索娃（Н. Черкасова）和伊万年科（В. Иваненко）合译⑦，以及巴让（М. Бажан）翻译的毛泽东诗词⑧。

同样，中国对乌克兰作家的创作也表现出强烈兴趣。应当指出的是，20 世纪 50 年代的中国出版了大量的苏联文学翻译作品。例如，从 1949 年 10 月到 1955 年 6 月，中国共翻译出版了 8337 种苏联图书，总发行量为 142888000 册，其中 29.6%（1734 种）为社会科学类，共 3669000 册；45.1%（3753 种）为科技文献类，共 30754000 册；24.4%（2038 种）为艺术文学类，共 38120000 册⑨。

仅从 1955 年至 1956 年，乌克兰图书出口公司发往中国的图书就超过 17 万册，涉及艺术、政治、科技、农业及其他图书种类。

许多乌克兰文学经典作家的作品被译成中文：Т. 舍甫琴科、И. 弗

---

① 乌克兰中央国家档案馆，基金 5110，库存 1，案件 708，第 7 页。
② 同上书，第 6 页。
③ 乌克兰中央国家档案馆，基金 5111，库存 1，案件 202，第 114 页。
④ 乌克兰中央国家档案馆，基金 5110，库存 1，案件 708，第 8 页。
⑤ 全球，1958 年，第 3、4 期。
⑥ 全球，1958 年，第 3 期。
⑦ 全球，1959 年，第 10 期。
⑧ 全球，1959 年，第 8 期。
⑨ 乌克兰中央国家档案馆，基金 5110，库存 1，案件 721，第 63—64 页。

兰科，以及 A. 科尔内楚克①的《前线》《在乌克兰草原上》《佩金斯先生访问布尔什维克国家的使命》，B. 瓦西列夫斯卡娅的《虹》《大地在苦难中》，B. 索布科的《和平的保证》，以及冈察尔和其他乌克兰作家②。这些作家的创作对中国读者产生了一定影响。作家靳以对冈察尔的短篇小说《永不掉队》评价道："读完《永不掉队》后，我们发誓，并用自身具体行动忠于这个誓言。这个短篇小说为我们注入了强大的创作力量"③。

中国社会发生的变革在乌克兰作家与诗人的作品中也得到了反映。德钦纳（П. Тычина）曾创作了一首诗献给宋庆龄——中国杰出的社会活动家孙中山的遗孀④。

1954 年，苏维埃乌克兰举办活动，纪念中国伟大的诗人屈原逝世 2230 周年。中国社会各界广泛纪念了伊凡·弗兰科 100 周年诞辰。1956 年 8 月 17 日，中国作家协会、中苏友好协会收到信函，希望中方派遣中国作家代表赴基辅，参加于 1956 年 8 月 26 日至 9 月 6 日举办的隆重纪念伊凡·弗兰科 100 周年诞辰活动⑤。同样，乌克兰方面也收到来自北京的邀请函，希望乌方派遣一名乌克兰作家参加在北京举办的伊凡·弗兰科 100 周年诞辰纪念大会⑥。

1956 年 8 月 27 日，北京社会各界代表与外国嘉宾共 900 人，集会庆祝弗兰科纪念日。纪念活动由中国人民保卫世界和平委员会、中国人民对外文化交流协会、中国文学艺术界联合会、中苏友好协会、中国作家协会和北京市中苏友好协会联合举办。乌克兰作家协会主席团成员、苏联英雄 Ю. 兹巴纳茨基⑦为纪念大会主席团成员，并在会上作了发言。

---

① 早期被译为"柯涅楚克""柯尔涅楚克"。——译者注
② 乌克兰中央国家档案馆，基金 5110，库存 1，案件 928，第 5 页。
③ 苏联乌克兰，1957 年 10 月 1 日。
④ 苏联乌克兰，1959 年 11 月 14 日。
⑤ 乌克兰中央国家档案馆，基金 5110，库存 1，案件 708，第 9 页。
⑥ 乌克兰中央国家档案馆，基金 5110，库存 1，案件 848，第 28 页。
⑦ 同上书，第 29 页。

中苏友好协会副秘书长、中国作家协会理事戈宝权作了题为《伟大的乌克兰作家伊凡·弗兰科》的报告。他讲道："伊凡·弗兰科的光辉的名字和他的不朽的作品，对于我们中国人民是异常亲切的。今天，我们和全乌克兰的人民、全苏联的人民、全世界的进步人士一同来纪念伊凡·弗兰科的诞生一百周年，我们要加强全世界各国人民的友好团结，我们要为全世界的和平事业和人类幸福美好的未来而斗争。让伊凡·弗兰科充满激情的诗句鼓舞着我们前进！"①

隆重的集会结束后，北京人民艺术剧院的演员们在其后的音乐会上朗诵了弗兰科的诗歌。随后，播放了影片《乌克兰在歌唱》②。

中国的报纸杂志刊登了许多有关弗兰科100周年诞辰的报道及其作品。如1956年8月1日出版的第8期的《译文》杂志上刊登了由张孟恢翻译的《碎石夫》《给白发长者》和亚航翻译的《大地啊，在这黑暗的年代》《我的爱情》《夜里你若听见窗子外面》《你的眼睛》；傅克翻译的《泥瓦匠》《罪在自己》等诗歌、短篇小说。8月25日的《北京日报》发表了丘琴的文章《弗兰科的点滴》和他翻译的诗歌《要记取的生活》。同日的《中苏友好报》发表了戈宝权纪念弗兰科的文章《关于伊凡·弗兰科》，以及他翻译的诗歌《颂歌》和《要永远这样》。8月28日的《人民日报》也刊登了他的《伟大的乌克兰作家伊凡·弗兰科》文章及其译作《颂歌》。当年9月1日第17期《新观察》发表了他的《纪念伟大的乌克兰作家伊凡·弗兰科》文章，及其翻译的《太阳和暖地照耀着》。1956年9月30日第18期的《文艺报》刊登了戈宝权的文章《作家与诗人伊凡·弗兰科》及其译作《颂歌》《就让它这样吧——我将死去》等。

1956年8月28日，中苏友好协会在北海公园组织举办了纪念弗兰科图片展，展出照片80余幅③。

---

① 内容引自戈宝权《伟大的乌克兰作家伊凡·弗兰科——为纪念伊凡·弗兰科诞生一百周年而作》，人民日报1956年8月28日，人民数据库，网址：http://data.people.com.cn。
② 乌克兰中央国家档案馆，基金5110，库存1，案件869，第58页。
③ 同上书，第59—60页。

中国一九五六年纪念世界文化名人委员会出版了由戈宝权编辑的纪念弗兰科百年诞辰文选集①。收入该文选集的有 A. 科尔内楚克的《И. 弗兰科》、别列茨基的《伟大的弗兰科》，以及《颂歌》《太阳和暖地照耀着》（戈宝权译）、《大地啊，在这黑暗的年代》（亚航译）、《要记取的生活》（丘琴译）、《就让它这样吧——我将死去》（戈宝权译）、《写给狱中难友》（丘琴译）、《要永远这样》（戈宝权译）、《碎石夫》（张孟恢译）、短篇小说《泥瓦匠》（傅克译）等。该文选集附有丰富的插图②。1957 年 2 月，该文选集被寄往设在基辅的乌克兰对外文化交流协会③。

人民文学出版社于 1957 年筹备出版了《弗兰科选集》，收入了他的诗歌、短篇小说和剧本《被偷窃的幸福》。中文版本的弗兰科文集系乌克兰对外文化交流协会专门为弗兰科文学纪念馆［位于德罗格贝奇斯基州（今伊凡—弗兰科州）］定购的④。

乌克兰国立 Т. Г. 舍甫琴科博物馆与中国文化活动家联系紧密。1951 年和 1954 年，该博物馆获得了舍甫琴科作品的中文版。萧三、张铁弦、丘琴翻译了诗集《科布扎歌手》⑤。1955 年 4 月，乌克兰对外文化交流协会致函中苏友好协会秘书长，希望其能够给予协助，向位于切尔尼科夫的柯丘宾斯基文学纪念馆提供该作家（中文版）作品⑥。

中国和乌克兰的剧作家、戏剧团体有着广泛的接触。1955 年，京剧实验剧院将歌剧《多瑙河彼岸的查波罗什人》列入了演出节目单中，中国演员在该剧中使用的键盘乐器来自于基辅。Ю. 梅图斯的歌剧《青年近卫军》、К. 丹凯维奇的歌剧《鲍格丹·赫梅里尼茨基》曲谱均是（由基辅）运送到北京的⑦。在乌克兰，共有 17 家剧院上演了曹禺的话

---

① 即《乌克兰作家弗兰科诗文选：伊凡弗兰科诞生一百周年纪念特印本》，戈宝权编辑，北京：中国一九五六年纪念世界文化名人委员会，1956 年——译者注。
② 乌克兰中央国家档案馆，基金 5110，库存 1，案件 869，第 61 页。
③ 同上。
④ 乌克兰中央国家档案馆，基金 5110，库存 1，案件 905，第 20 页。
⑤ 乌克兰中央国家档案馆，基金 5110，库存 1，案件 1005，第 34 页。
⑥ 乌克兰，1955 年，第 13 期。
⑦ 乌克兰中央国家档案馆，基金 5110，库存 1，案件 707，第 47 页。

剧《雷雨》，反响热烈。由肖尔斯查波罗什人剧院上演的该部话剧曾荣获1959年乌克兰戏剧之春一等奖①。根据王实甫的《破窑记》改编的话剧在利沃夫音乐喜剧剧院、第聂伯罗彼得罗夫斯克、叶纳基耶夫斯克、斯大林诺（今顿涅茨克）等地的剧场都取得了巨大成功。哈尔科夫剧院的演员们编排了艺术诗画《为和平而战的中国诗人们》。王健民的《不朽的情感》、岳野的《同甘共苦》、朱素臣的《十五贯》、任德耀的《马兰花》等剧作被译成乌克兰语②。中方提供了《罗盛教》、《旗帜》等剧本的材料，以及10部译成俄语的中国剧作脚本③。

1956年，中国筹备出版А.科尔内楚克的剧作集，由作者本人亲自作序。④ 当年11月，戈宝权请科尔内楚克为该书的出版写几句话⑤。选集中收录了《舰队的毁灭》《普拉东·克列契特》《真理》《在乌克兰草原上》《前线》《马卡尔·杜勃拉瓦》《雪球花林》《翅膀》等作品⑥。

1956年12月，上海京剧院访苏演出团一行74人在院长、艺术指导周信芳率领下，在乌克兰进行了巡回演出。表演的剧目共有17个，其中有《四进士》《拾玉镯》《十五贯》等。在基辅舍甫琴科歌剧舞剧院的舞台上，中国演员们为基辅观众上演了《雁荡山》——关于7世纪起义军与官军作斗争的情景；中国的民间传说《拾玉镯》《打渔杀家》和《盗仙草》等。周信芳、张美娟、王金璐等剧院主要演员的出色表演深受好评，所有演员们的演出受到观众们的热烈欢迎⑦。1959年12月，该剧团再度赴基辅进行了巡演⑧。

同时，基辅舍甫琴科歌剧舞剧院独唱演员、苏联人民演员Б.Р.格

---

① 乌克兰中央国家档案馆，基金5110，库存1，案件707，第33页。
② 乌克兰中央国家档案馆，基金5111，库存1，案件202，第104页。
③ 同上。
④ 即《柯涅楚克选集》，上、下册，中国戏剧家协会、人民文学出版社合编，人民文学出版社1956年版——译者注。
⑤ 乌克兰中央国家档案馆，基金5110，库存1，案件885，第58—69页。
⑥ 乌克兰中央国家档案馆，基金5110，库存1，案件848，第64页。
⑦ 同上。
⑧ 苏联乌克兰，1956年12月28、30日。

梅里亚和 Г. В. 奥列尼琴柯在北京举办了音乐会。格梅里亚这样回忆了此次中国之行："令我们愉悦的是，乌克兰民歌拉近了我们和听众的距离，让他们领会到了乌克兰民族高尚的情操。我们不得不多次返场再次演唱，尤其是《第聂伯河掀起了怒涛》这首歌。"当我问为什么是这首歌给他们留下了如此深刻的印象时，他们回答我说："这首歌不仅形象地、清晰地传达了你们国家的美丽，更表达了乌克兰人民高尚的精神世界，这种精神已经与乌克兰的壮美大自然融为了一体"①。1957 年，乌克兰国家舞蹈团在中国成功进行了巡演。

1950 年 12 月，中国杂技演员在 И. 弗兰科剧场里的表演给基辅人留下极深的印象。该表演团体基本由青少年组成，他们大都是来自中国许多城市的比赛优胜者②。

1952 年 1 月，中国青年文工团赴基辅巡演。该团在周巍峙带领下，由合唱团、乐队、舞蹈团、杂技演员组成。苏联人民演员 И. С. 帕多尔任斯基亲自到基辅火车站迎接了这批客人。除基辅外，文工团还在斯大林诺（今顿涅茨克）和哈尔科夫进行了演出③。

1954 年 11 月，在陈沂将军带领下，中国人民解放军歌舞团在基辅舍甫琴科歌剧舞剧院和哈尔科夫州军官之家进行了演出，基辅电视台进行了转播。

乌克兰对中国造型艺术兴趣浓厚。那时，继莫斯科东方文化博物馆之后，基辅东西方艺术博物馆里的中国艺术作品是最为珍贵的藏品之一。该博物馆保存着中国艺术发展各个时期的珍贵文物。20 世纪 50 年代，博物馆增添了新的藏品。其中，有中国当代艺术家雕刻的反映中国国内战争的版画。鉴于乌克兰民众对中国文化的强烈兴趣，该博物馆利用四个展厅举办了中国艺术展④。中国艺术品陈列从 1950 年起对外开放。与古代中国画、文化珍品、工艺美术、瓷器和青铜器一起展览的，

---

① 乌克兰中央国家档案馆，基金 5110，库存 1，案件 1164，第 7 页。
② 苏联乌克兰，1957 年 1 月 29 日。
③ 苏联乌克兰，1950 年 12 月 31 日。
④ 苏联乌克兰，1952 年 1 月 27 日。

还有中国当代艺术大师们的作品①。中华人民共和国成立5周年之际，该博物馆举办了中国招贴画和民间木版画展。这些展品是乌克兰美术家协会通过乌克兰对外文化交流协会而搜集的②。1957年12月，通过乌克兰对外文化交流协会，东西方艺术博物馆得到了15套中国美术图集③。

1958年4月，奥德萨东西方艺术博物馆通过乌克兰对外文化交流协会从中国获得了3套中国美术图集④。

1954年12月，中国艺术理论家和工艺美术专家代表团到访基辅。中国的客人们了解了乌克兰首都的历史风貌，观看了共和国民间创作展，参观了城市各大博物馆，了解了乌克兰建筑科学院多家研究所的工作成果。乌克兰文化部长K. 3. 利特文与代表团进行了会谈⑤。

1955年，基辅和哈尔科夫举办了中国工艺美术展，展出了2000多件展品。在基辅时，展览在乌克兰艺术博物馆举行，展示了较多的瓷器和陶器。参观者欣赏到了北京的漆器、石雕和骨雕、丝绸和锦缎织品、地毯、麦秸和竹制品⑥。1957年，乌克兰举办了数次展览。中国工艺美术展——在基辅和哈尔科夫；中国艺术家彩色复制作品（国画、线条画、雕塑、招贴画）展——在基辅、哈尔科夫、奥德萨、苏梅、利沃夫、第聂伯罗彼得罗夫斯克等城市。当年7月，在第聂伯罗彼得罗夫斯克艺术博物馆举办了中国器具展，展品来自莫斯科国立东方文化博物馆馆藏⑦。

1959年8月，在斯坦尼斯拉夫市（今伊凡诺－弗兰科夫斯克）的地方志博物馆举办了为期一个月的中国艺术展，观众达2.5万人⑧。

---

① 苏联乌克兰，1954年11月25日。
② 乌克兰真理报，1950年6月3日。
③ 苏联乌克兰，1950年7月29日。
④ 苏联乌克兰，1954年9月30日。
⑤ 乌克兰中央国家档案馆，基金5110，库存1，案件905，第49页。
⑥ 乌克兰中央国家档案馆，基金5110，库存1，案件1005，第24页。
⑦ 乌克兰中央国家档案馆，基金5110，库存1，案件928，第4页。
⑧ 苏联乌克兰，1955年7月7日，10月15日。

1959年9月17日，在位于基辅红色无产者大街12号的乌克兰美术家协会展厅举办的中国艺术摄影展，展出了中国摄影家170幅作品，引起了观众的极大兴趣①。

1954年以前，乌克兰播放的中国影片超过了10部：《中华女儿》《白毛女》《人民的战士》《六号门》《钢铁战士》等。文献纪录片有：《西藏的黎明》《大战海南岛》《中华人民共和国成立三周年》等②。1951年和1954年，在乌克兰成功举办了中国电影节，放映了《渡江侦察记》《龙须沟》《鸡毛信》《白毛女》《中华女儿》《钢铁战士》《人民的战士》《大地重光》等影片③。1957年，乌克兰举办了2次中国电影节，展映了《梁山伯与祝英台》《怒海轻骑》《为了和平》《董存瑞》④。截至1958年，共有46部中国电影在乌克兰公映⑤。

同时，乌克兰的电影也在中国展映。据知，1949年至1955年，共有246部苏联电影被译制成中文。1955年11月，在中国30个大城市举办了传统的苏联电影节，展映了《忠实的朋友》《培养勇敢精神》等影片，其中有基辅电影制片厂拍摄的电影《玛丽娜的命运》⑥。1955年4月，A.丹甫仁科的电影《土地》被寄往中苏友好协会⑦。1954年，由电影管理总局局长王兰溪（音译）率领的中国电影工作者代表团访问了基辅。代表团向电影制片厂了解了故事片、科普片、纪录片等类型的电影制作，参观了"电影器材"工厂和基辅电影院⑧。在乌克兰共和国和州立音乐厅的节目单中出现了中国当代作曲家的作品，如丁善德的钢琴组曲、陆世安（音译）的《青春中国进行曲》、马思聪的《思乡曲》和《牧歌》、瞿希贤的《全世界人民心一条》，中国民歌《在那遥远的

---

① 乌克兰中央国家档案馆，基金5110，库存1，案件928，第4页。
② 乌克兰中央国家档案馆，基金5110，库存1，案件708，第11页。
③ 苏联乌克兰，1954年12月19日。
④ 乌克兰中央国家档案馆，基金5110，库存1，案件928，第4页。
⑤ 乌克兰中央国家档案馆，基金5110，库存1，案件993，第19页。
⑥ 乌克兰中央国家档案馆，基金5110，库存1，案件721，第67页。
⑦ 乌克兰中央国家档案馆，基金5110，库存1，案件707，第33—34页。
⑧ 苏联乌克兰，1954年8月14日。

地方》《蓝花花》《阿拉木罕》等。其中几首在乌克兰广播中进行了播放。Л. 考夫曼、Н. 德列姆留卡、И. 沙莫等作曲家还创作和改编了几首歌曲献给新中国①。中乌两国的大众媒体间也有接触。1954 年，应《人民日报》编辑部邀请，《苏联乌克兰报》一名编辑随同苏联报刊工作者代表团访问了中国②。1955 年，中国新闻工作者代表团在《人民日报》副总编王揖率领下到访了基辅③。

　　上述引用的事实证明了中乌两国文化关系的活跃。本文主要列举了双方在文学和艺术领域中的接触。档案中，保存了不少有关苏中友好协会乌克兰分部活动的资料，需要对其进行仔细研究。所有这些将有助于更好地理解 20 世纪中乌关系的发展历程。

---

① 乌克兰中央国家档案馆，基金 5110，库存 1，案件 708，第 10 页。
② 苏联乌克兰，1954 年 10 月 15 日。
③ 苏联乌克兰，1955 年 12 月 22 日。

乌克兰高等教育体制分析纲要

亚斯特列布良斯卡·玛丽
浙江师范大学乌克兰研究中心研究员

摘要：本文首先简要评述以往乌克兰高等教育的研究成果，然后从高等教育的院校数量、各州的高等教育情况、高等教育体制的划分，以及高等教育机构种类等方面重点介绍了乌克兰高等教育的特点，并讨论了乌克兰高等教育机构认可与之相关的问题。

关键词：乌克兰高等教育；教育体制；大学认可；高等教育机构

一 引言

随着1991年乌克兰获得独立，乌克兰教育迅速发展。乌克兰是高教教育资源丰富、略显过剩的教育强国。1991年6月4日乌克兰最高拉达的《乌克兰教育法》显示：乌克兰居民受教育水平在逐年提高，乌克兰的教育理论研究也得到很大发展。乌克兰基辅国立大学、基辅国立经济大学、基辅建筑工程学院、乌克兰科学院、利沃夫大学、哈尔科夫国立大学、哈尔科夫国立建筑大学、乌克兰交通大学、乌克兰国立师范大学、国际民航大学、柴可夫斯基音乐学院、乌克兰美术学院等院校世界驰名。

近期，乌克兰很多大学都跟国外的大学成立了友好互助关系。

现在乌克兰有三万多名留学生来自世界上不同的国家。乌克兰和中国的友谊关系有 25 年的历史，且两国关系一直稳定发展。根据 1998 年 12 月 11 日中乌在中国北京签署的《中华人民共和国政府和乌克兰关于相互承认学历、学位证书的协议》，中华人民共和国承认乌克兰高等院校颁发的学历证书和乌克兰最高学位委员会颁发的学位证书。在乌克兰的中国留学生有数千人，这些中国留学生除了要了解乌克兰文化、生活习惯以外，还必须了解乌克兰的教育概况。熟悉乌克兰高等教育体制会帮助中国留学生比较快地适应新的环境。在中国研究乌克兰高等教育课题的人寥寥无几，资料也很缺少，有也只是比较零散的，缺乏系统性。因此，国内关于乌克兰高等教育的研究成果几乎等于空白。

二　乌克兰高等教育概况

乌克兰只有 4200 万的人口，可是高校近 800 多所。而且，其中大部分高校具有 200 多年的历史。乌克兰教育体系有几世纪的古老历史，其高等教育也有 600 多年的历史。欧洲东部最古老的学院就是在乌克兰，建立于公元 1576 年。利沃夫大学是乌克兰第二古老的大学，创办于 1589 年，利沃夫大学始终保持着乌克兰文化与学术发展的中心位置。乌克兰第三古老的教育基地是基辅大学。

乌克兰的教育研究有着雄厚的实力，其中最为著名的大教育家有：迫特布尼亚（Oleksandr Potebnya）、苏霍姆林斯基（Vasyl Sukhomlinsky）、布洛衫矾（Bulachovskij）、马申斯基（K. Yshinsky）、马卡连柯（A. Makarenko）、帕顿（B. Paton）等。

乌克兰于 1991 年独立后，高等教育在不断地发展。乌克兰教育有自己的特色，可是对比其他欧洲国家，乌克兰的教育模式是比较固定的。比如，德国有 16 个州，每个州保持着自己的教育特色；在意大利，每所高等院校均有教育委员会；英国高教的形成机制分成三方面，一是英国高等教育质量保障署，二是大学，三是学生。

乌克兰高等教育的结构划分是特别清晰的，高等教育每个学年都从 9 月 1 日开始。学习分为两个学期，9 月至 1 月末和 2 月中旬至 7 月初。每个学期一共约 18 周，还有两三周考试时间。寒假约两三周，暑假约两个月[①]。乌克兰的教育系统相对比较发达，学校门类齐全，所有制形式多样。根据乌克兰科学教育部的统计，2013 年至 2014 年乌克兰全国有 803 所院校，包括普通学校 117 所，中等专业学校 97 所，学院 245 所，研究所 83 所，大学 198 所，科学院 62 所，音乐学院 1 所。由 2013 年至 2014 年乌克兰高等教育学校统计表可知（如下图），乌克兰高等教育学校学院和大学机构数量最多。

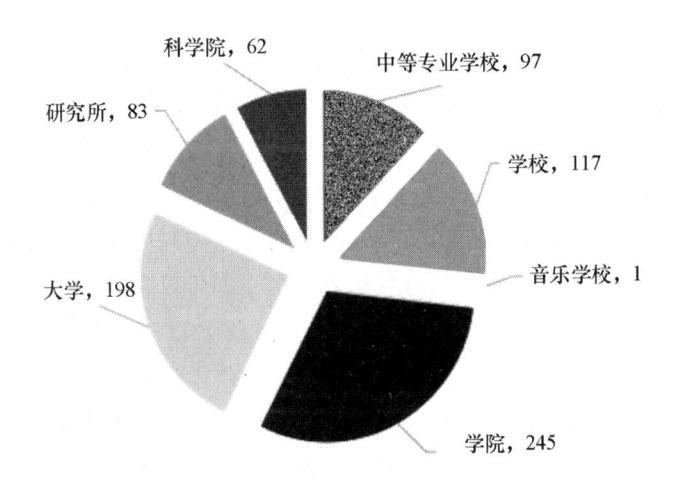

图 1　2013 年至 2014 年乌克兰高等教育学校统计

乌克兰高等教育体制分为三种：第一种是国立的，一共有 415 所院校；第二种是公立的，一共有 221 所院校；第三种是私立的，一共有 167 所院校（见下图）。

---

① 《乌克兰的昨天和今天》，中国社会科学院东欧中亚研究所 1998 年 11 月版：http://euroasia.cass.cn/news/110444.htm。

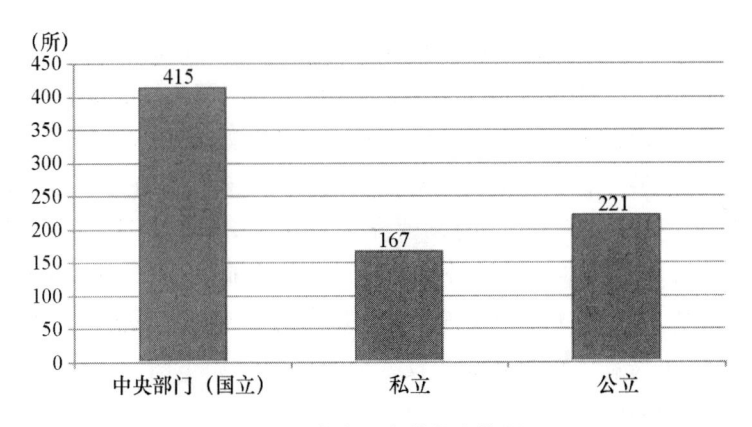

图 2　乌克兰高等教育体制

乌克兰高等教育有一个特点,即高等教育体制分为四级水平①:Ⅰ级、Ⅱ级、Ⅲ级、Ⅳ级。第Ⅰ级和第Ⅱ级高等教育包括学校、中等专业学校、学院,一般学习三年即可以拿到专科、本科学士学位。第Ⅲ级和第Ⅳ级高等教育包括大学、研究所、科学院,学习四年到七年可获得本科、硕士、博士学位。

第Ⅰ级水平是职业培训学校,通常情况下,高中学生通过普通学校直接升入职业技术学校,学习三年或三年半即可以拿到专业证书。第Ⅱ级也属于高等教育,但是是中等技能。一般学习三年即可拿到大专证书。第Ⅲ级和第Ⅳ级高等教育包括大学、研究所和科学院。高等教育机构编制比较完善,教育水平因学校不同而各异,教育部引进资格审定体制规范教育水平。本科生与研究生学习上的差别并不显著,学生可以获得硕士、博士学位。

每个被认可的级别代表毕业生资质的不同:第一个是中等专家(三年或三年半);第二个是学士(四年);第三个是专家(五年);第四个是硕士(五年或六年)。根据乌克兰教育部数据显示,第Ⅰ级和Ⅱ级水平一共有 478 所学校,200 所是国立的,207 所是公立的,71 所是私立的。第Ⅲ级和Ⅳ级水平认证高等教育学校一共有 325 所,国立的

---

① 《乌克兰的昨天和今天》,中国社会科学院东欧中亚研究所 1998 年 11 月版:http://euroasia.cass.cn/news/110444.htm。

215 所，公立的 14 所，私立的 96 所①（见下表）。

表 1　　　　　　　乌克兰高等教育机构相关情况

高等教育机构种类	高等教育学校四级水平				高等教育学校（机构）数
	I	II	III	IV	
国立	200	215	415		
公立	207	14	221		
私立	71	96	167		
					总计 803 所

　　乌克兰高等教育分为国立院校与私立院校两类。相对于院校而言，大部分学生更喜欢上国立高等教育学校。不然乌克兰每年私立学校会越来越多。乌克兰每个州高等教育院校数量不同，乌克兰高等教育机构最多的是基辅市，一共有 173 所；其次是在乌克兰东北，一共有 302 所（包括哈尔克夫、顿涅茨克、第聂伯罗彼得罗夫斯克）；第三是在利沃夫，一共有 70 所。乌克兰各州高等教育院校数量统计如下图所示。

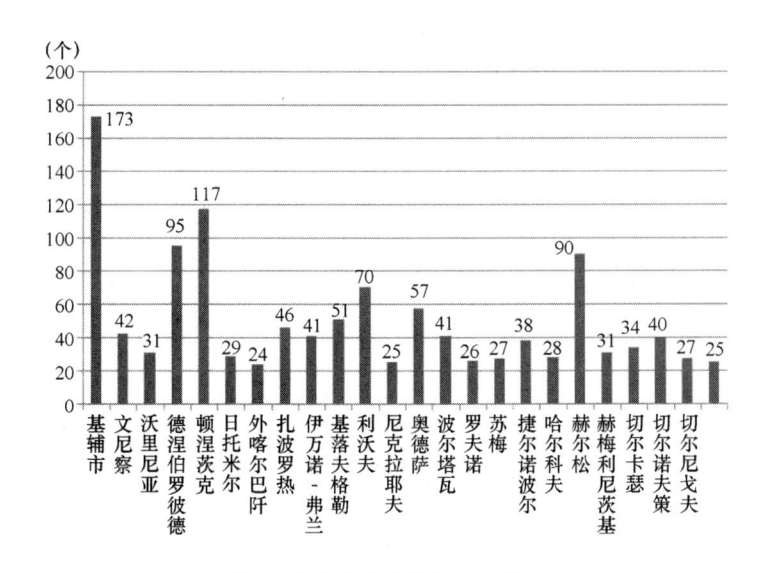

图 3　乌克兰高等教育院校数量

① 《乌克兰高等教育》，乌克兰教育部：http://www.mon.gov.ua/ua/activity/education/58/。

社会的不断发展需要各种各样的专业来保障，所以大学的热门专业也一直在发生变化。根据乌克兰教育部近期调查显示，乌克兰最热门专业百分比如下图所示。

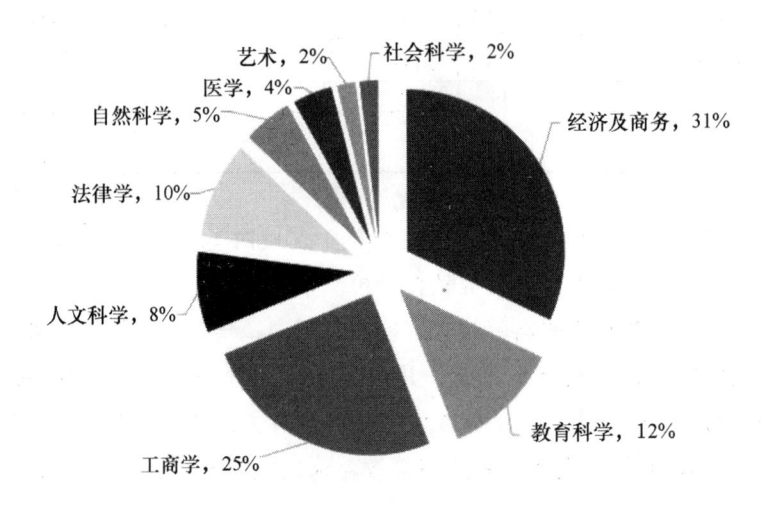

艺术，2%　社会科学，2%
医学，4%
自然科学，5%
法律学，10%
人文科学，8%
工商学，25%
教育科学，12%
经济及商务，31%

图4　乌克兰热门专业百分比

三　结论和讨论

在本文中，我们分别从高等教育发展历史、著名教育家、高等教育的院校数量、各州的高等教育情况、高等教育体制的划分以及最热门专业等方面，详细介绍了乌克兰高等教育的特点。此外，乌克兰高等院校的招生人数和毕业人数均有一定程度的增加。乌克兰教育系统有巨大的潜力，让教育事业保持高度发展，是乌克兰的国策。对于去乌克兰学习的人来说，这个研究也能让他们系统地了解乌克兰的高等教育体系，帮助他们更好地选择乌克兰的高等院校。我认为，如果留学生很清楚乌克兰的高等教育体系，也会帮助他们比较快地适应环境并快快乐乐学习。快乐学习是成功的保证。

参考文献

1. Андрущенко В. , Основні тенденції розвитку вищої освіти в Україні на рубежі століть（Спроба прогностичного аналізу）//Вища освіта України. —2000. —№ 1. —17С.

2. Кремень В. Г. , Вища освіта в Україні і Болонський процес. —Тернопіль：Навчальна книга —Богдан, 2004. —282 с.

3. Кремень В. , Г. , Філософія освіти XXI століття // Освіта України. —2002. —28 грудня. —№ 102—103. Литвин В. М. Українська культура й освіта в контексті суспільних трансформацій // Урядовий кур'єр—2002. —24 вересня. —№ 175.

4. Лузан П. Г. , Історія педагогіки та освіти в Україні : навчальний посібник—2—ге вид. , доп. і перероб. —Київ, 2010. —296 с.

5. Ортинський В. Л. , Педагогіка вищої школи , Київ, 2009, 364с.

积极实施国际化战略
努力推进中乌教育交流合作

吴锋民

浙江师范大学前校长

近年来,浙江师范大学适应高等教育国际化的发展趋势,依托浙江优质教育资源,充分发挥自身优势,积极致力于对乌汉语国际推广、乌克兰研究、校际合作交流等工作,学校的国际化进程大大加快,综合实力、核心竞争力和社会影响力显著增强。

一 基本概况

我校与乌克兰高校合作始于1995年,至今已有17年历史。1995年5月,我校与基辅国际民航大学签订合作协议,迈出了与乌克兰教育交流的第一步。2006年10月,国家汉语国际推广领导小组办公室批准我校与卢甘斯克国立师范大学合作筹办孔子学院;2007年5月,卢甘斯克国立师范大学孔子学院揭牌成立;2010年5月,我校成立国内高校首家乌克兰研究中心;2011年6月,《乌克兰研究》(第一辑)举行首发式;2012年2月,我校与乌克兰驻华使馆联合举办了中乌建交20周年庆祝活动;2012年2月,我校与基辅大学签署合作协议。目前,我校与乌克兰外交部、教育部、教育科学院建立了良好关系，并与乌克兰基辅大学、卢甘斯克国立大学等10所高校开展了卓有成效的合作。

二 主要做法

近年来，学校将国际化战略上升为核心发展战略，以孔子学院、合作项目、研究中心等形式加强中乌教育合作，形成了汉语国际教育、校际合作交流、国别学术研究良性互动的工作格局，得到了乌克兰政府、外交部、驻华使馆的大力支持，在国内和乌克兰产生了良好影响。

1. 以孔子学院为平台加强汉语国际教育

自2007年卢甘斯克国立大学孔子学院成立以来，主要开展了以下工作。一是根据当地民众的需求开展柔性教学，先后成立中国传统音乐教室、中国文化体验中心，举办丰富多彩的汉语教学和中国文化交流活动，在当地赢得了良好口碑；二是积极培训本土汉语教师师资，举办了乌克兰东部教师汉语教材培训班，选派当地教师来华培训进修，并为卢甘斯克国立大学开设汉语专业课，目前汉语已成为该校仅次于英语的第二热门专业；三是积极探索"一院多点"的办学模式，在卢甘斯克州安得拉彻特中学（尼古拉耶夫船舶制造大学、尼古拉耶夫国立师范大学）、雅尔塔克里木人文大学建立了2所汉语教学点，已发展成为乌克兰东部汉语言文化中心。2011年2月，学校组团在乌克兰开展了"巡演、巡讲、巡展"系列活动，展示了孔子学院建设成就，传播了中华传统文化。

2. 以校际合作为途径促进中乌教育交流

自1995年与乌克兰基辅国际民航大学建立合作关系后，学校积极拓展与乌克兰高校的合作，先后与乌克兰总统大学、基辅大学、卢甘斯克国立大学、柴可夫斯基音乐学院等10所高校签订合作协议，在联合开展科学研究、师生互访交流、学术资料交换等方面取得了丰硕成果。1995—1998年连续4年选派166名学生到基辅国际民航大学留学；2006年10月，柴可夫斯基音乐学院应邀参加我校50周年校庆活动，举行了

2场学术交流音乐会；2007年以来选派41名交换生到卢甘斯克国立大学进修。目前，我校现有乌克兰留学生28人，其中研究生11人；乌克兰籍外教5人，其中音乐指挥家尼娜·祖布科娃为学校建成了一个高水平合唱团，该团2009年被评为浙江省金牌合唱团，获得一系列重大奖项，其本人也被浙江省政府授予"西湖友谊奖"。此外，学校还与基辅阿波罗教育局开展了富有成效的合作。

3. 以教育领域为重点深化乌克兰研究

我校是一所有着50多年办学历史的省属重点师范大学，构建了集幼教、基教、高教及职教、特教师资培养、培训于一身的完备的教师教育培养体系，在教育研究领域有着良好传统、独特优势。在乌克兰驻华使馆的大力支持下，学校成立了乌克兰研究中心，聘任乌克兰驻华大使尤里·科斯坚科、驻上海总领事谢尔盖·布尔基梁克为顾问，着力开展乌克兰教育研究，以此为基础拓展乌克兰民族文化与历史、政治社会经济、艺术等研究。2011年6月，《乌克兰研究》（第一辑）举行首发式，该书汇集了中乌学者、外交官员对乌克兰以及中乌关系诸多问题的认知与研究成果，推动了中国民众更加全面、深入地认识了解乌克兰，促进了中乌两国人民加深了解、增进友谊。目前，学校还在积极筹建国内高校首家乌克兰博物馆。

三 工作设想

当前，中乌战略伙伴关系快速发展，各领域合作全面推进。其中，人文教育交流是巩固中乌战略伙伴关系的社会基础，在中乌关系发展中发挥着重要作用。为此，我校结合自身实际，发挥师范大学优势，从以下三个方面付出努力，积极服务中乌教育交流合作。

1. 积极探索中乌人才联合培养

一是做好与基辅大学、卢甘斯克国立大学、柴可夫斯基音乐学院等高校的深度合作，相互承认课程与学分，以"2+2""3+1"等模式联合培养本科生、研究生；畅通校际交流渠道，努力在留学生和交换生的交流规模、交流范围、交流层次上取得新突破。二是依托卢甘斯克大学孔子学院，选派优秀对外汉语教师、汉语国际教育硕士赴乌从事汉语教学，努力培养一支兼通中乌语言、兼容中乌文化的高素质教师队伍。三是利用中国政府奖学金、孔子学院奖学金、国家汉办教师进修名额，与乌方选派具有汉语教学经验的教师来华深造，培养一支专兼职结合的本土教师队伍；在有条件的高校设置中文本科专业，探索联合培养本科生、研究生模式，扩大汉语教学在乌克兰的影响。

2. 积极开展乌克兰国别研究

一是整合学校现有比较教育、高等教育、基础教育、幼儿教育、职业教育的师资资源和优势，筹建乌克兰图书资料中心，完善中、乌、俄、英4种语言的学术网。二是今年11月与乌克兰教育科学院共同举办苏霍姆林斯基教育思想国际研讨会，探讨其教育思想及在世界范围内的传播与实践。三是继续出版《乌克兰研究》，编撰《东西欧之间的乌克兰——历史、文化及其独立后的两难历程》《苏霍姆林斯基教育思想优秀论文汇编》《乌克兰教师教育研究》《乌克兰教育哲学》《俄罗斯金融改革回顾与展望》等专著或丛书，开展中、东欧国家华侨华人问题的专项研究。

3. 积极推动中乌经贸文化交流

一是配合我国外交部、乌克兰驻华使馆共同举办教育、科技及文化推广活动，支持乌方研究人员来华开展各项科研工作。二是筹备建设国内高校首家乌克兰博物馆，设置苏霍姆林斯基馆、油画馆、乌克兰传统文化文物展、中乌交流史资料馆等馆区，推介、收藏乌克兰研究的相关成果和文化珍品。三是顺应浙江与乌克兰经贸合作日益密切的形势，发挥地处浙江的地域优势和孔子学院等平台的中介作用，积极为乌克兰外商来浙投资和浙江企业"走出去"提供咨询服务。

伊丽娜的梦想

李姬花　浙江师范大学乌克兰研究中心主任

伊利娜·克里缅科是我们孔子学院（以下简称孔院）的老朋友，或者可以说他们一家人都是我们孔院的老朋友。有意思的是，我们最初相识是源于她的儿子维克多，卢甘斯克国立大学首届汉英专业的学生，也是我们孔院的学生。孔院每周有汉语角，并经常举行各种文化活动，维克多是其中的积极分子。一次他把他的母亲带来了，介绍给我们，并告诉我们：伊利娜，他的母亲，也是中国文化的爱好者。伊丽娜，个子不高，一双黑黑的大眼睛总是热情地闪动着，说话语速很快，走路时脚微微有点跛，言谈中会不时流露出对丈夫和儿子的骄傲。

我们渐渐相熟，知道她是卢甘斯克州儿童医院的医学博士、副教授，她丈夫是卢甘斯克医疗教育体系的调研员；她的大儿子是基辅小有名气的外科医生；二儿子也就是维克多，原来也是学医的，后来改学德语，因为热爱汉语，竟然放弃德语教师的工作，重新入学学习汉语。

这以后的几期太极拳培训班，伊利娜都参加了。她学得很认真，还经常问一些一般学员不会问的问题，比如：呼吸和动作怎么配合，某个动作的意义。她甚至组织了一些她的朋友、同事，一起来孔院学习太极拳。有趣的是这些朋友都是肥胖型的，动辄气喘吁吁。但总见伊利娜在那里给他们鼓劲，给他们示范。乌克兰的冬天，天黑得很早，大风大雪更是常事，走夜路是很不方便的。伊丽娜和她的伙伴们一直坚持着，直到学完太极拳、太极剑。第二年的夏天，在孔子学院的庆典上，伊丽娜和她的胖伙伴们穿着统一的印有京剧脸谱的服装，表演着相当规范的太极拳时，全场都被感动了，报以久久的掌声。

我们至今还清晰地记得伊利娜和她的胖伙伴们特地带着礼物来到孔院，感谢孔院老师的悉心传授，感谢太极拳给了他们特别的活力。他们说现在他们非常享受每天练太极拳的过程。春天的早晨，迎着路人好奇羡慕的注目礼，他们在广场边放着中国音乐自豪地打着太极拳。我想若当时没有伊利娜的鼓励，这些胖人们可能坚持不下去。

因为知道伊丽娜夫妇都是医生，孔院就约请他们为卢甘斯克市民和卢大及孔院师生做一场讲座，他们欣然允诺。讲座中，我们才知道，他们夫妇都去过中国，对中国传统的一些医疗保健知识很有研究。他们为大家介绍了传统中医中的阴阳五行理论、阴阳平衡理论，介绍了中国人的饮食习惯与保健养生的内在关系。那次讲座很成功，连一些中国留学生都说长知识了。

也就在这次讲座中，我们知道了伊丽娜的梦想：用中国传统的医学保健知识、理疗方法来改善和提高乌克兰民众的健康水平。

后来伊丽娜调入卢甘斯克国立大学体育学院，出任体育学院"健康学和生理功能康复"教研室主任，同时兼任康复中心主任。卢大体院的康复中心是乌克兰目前唯一的国家残疾人康复中心，设备齐全先进，求医的人很多。伊丽娜的梦想有了一个很大的平台，她可以用传统的中医针灸、按摩理疗和养生技术来治疗康复中心甚至更多的病人。

伊丽娜到任后，为体育学院康复专业增加了一门选修课——太极拳。她认为：康复专业的学生是将来的教师，是未来的高级康复服务专家，他们如果能较好地了解东方康复技术，对他们日后的工作、对病人将大有裨益，太极拳就有很好的生理保健作用。而体院应该为学生提供这种可能性。

伊丽娜几次来到孔院请求帮助，希望孔院能为体院开设汉语选修课，为体院康复中心的师生开设太极拳课，开办中华医学知识讲座。孔子学院大力支持了伊丽娜、卢大体院的请求。太极拳课开设后，伊丽娜经常在课堂上出现，和学生们一起练习并帮助老师指导学生。

伊丽娜是一个充满激情的人，她不满足她的健康学生会太极拳，她还希望她的患者、她的有残疾的学生（卢大残疾学生有250多名）也会太极拳，希望太极拳能给残障者的生活带来新的色彩，新的变化。她又请孔院的老师来康复中心教残疾人学太极拳。

在伊丽娜热烈地鼓动下，孔院派出了5位老师和志愿者担任了这个任务。这是一个很艰难的过程，无论是对那些盲人和坐在轮椅上的患者还是对孔院的老师来说。教学中，伊利娜不时耐心细致地做着协调工作，让这些学生更容易理解中国文化的奇妙。

最后，当戴着墨镜的盲人学员和康复中心的学生一起出现在卢大灯光灿烂的舞台上，太极拳把这些人的不可能变成了可能时，那真不知道感动了多少人。那一刻，站在幕侧的伊利娜脸上的笑容也是非常感人的。

她的二儿子维克多，是我们孔院派往浙江师大的首批孔子学院奖学金留学生。留学期间，结识了一位美丽的基辅姑娘，如今，他们的爱情已经结果。维克多也已从基辅东方语言学校的汉语教师成长为基辅市教育局的外事处领导，妻子则在基辅市格林琴科大学任汉语教师。小夫妻已在为新生儿筹划汉语梦了。

伊丽娜说过："我们家很多的幸福事件都是与中国和孔子学院紧密相关联的。"是啊，这个乌克兰普通的家庭已经和中国文化不可分割了，伊丽娜的梦想也因中国文化、因为孔子学院而变得切实生动。

从伊丽娜的话中我们不难听出她的感激之情。我们很欣慰，我们不辱使命，以一种文化的方式使很多普通人受益，使他们有了新梦想，使他们了解并接受了中国。

为实现梦想，伊丽娜还有很多想法，比如希望能派康复中心的老师去中国学习针灸；希望两国能在康复领域进行师生的互换交流；希望与孔院共建大学的中医和保健工艺中心，服务于本地乃至乌克兰的民众。她每天忙碌着，看病、教学、联系工作、撰写大博士论文，微跛的身影不知疲倦。

　　但是，突如其来的战争打断了她实现梦想的进程。看着悲伤的伊利娜，我们只能祈祷，愿和平早日重归这片美丽的土地，愿伊丽娜的梦想与中国梦同行。

苏霍姆林斯基教育思想对我国素质教育推行的启示
——以江苏省江阴市华士实验学校为例

魏李飞

浙江师范大学田家炳教育科学研究院硕士生

在我国，素质教育的推行已走过一段较为漫长的道路。自1999年国家出台《深化教育改革全面推进素质教育的决定》以来，虽然取得了一定成效，但很多时候素质教育仅停留在政府公告及学校、教师的工作报告中，较少在现实中普遍实行。在2006年的一份素质教育调研报告中就揭示了这一问题：在素质教育的推行过程中，部分深层次体制性障碍仍未消除，一些地方表面上喊着素质教育的口号，做的却是应试教育的工作；2010年的《中国教育改革和发展规划纲要（2010—2020年）》中也指出素质教育工作推进困难；在2015年4月发布的《国家教育督导报告——2014年全国义务教育均衡发展督导评估》中仍指出，当前在推进义务教育均衡发展工作中仍然存在一些问题，其中第三点便是素质教育仍未落实。

面对素质教育的推行现状，许多学者纷纷将目光转向世界，希望能够找到新的解决路径。对世界教育产生重要影响的苏联著名教育家苏霍姆林斯基，自17岁开始就未曾脱离过教育实践，他以一所乡村学校——帕夫雷什中学为基，亲自实践并发展着自己的教育信念。他在帕夫雷什中学任教33年，包括26年担任校长工作，可以说，帕夫雷什不仅是苏霍姆林斯基的教育起源地，更是他探索并完善教育理念的智慧园。虽然苏霍姆林斯基并未提出素质教育的观点，但在他的教育思想及实践中却蕴藏着素质教育的因子。从这位"爱的教育家"身上，或许我们能从另一个角度来诠释素质教育，更好地推动我国素质教育的实施。

一 苏霍姆林斯基的和谐教育思想

苏霍姆林斯基有着丰富的教育思想及主张，涉及校长及学校管理、劳动教育、道德教育、家庭—学校教育、和谐教育、自我教育等诸多方面。其中，和谐教育是其教育思想的核心。在他眼中，各教育要素间都相互依存与制约，共同构成教育主体，只有"和谐"地处理好各要素间的关系，才能真正实现全面和谐发展的目标。

（一）和谐教育思想的形成背景

20世纪30年代末至50年代初，苏联政府一味强调劳动者知识化，将普通中学的主要任务定位为向高校输送合格新生，导致当时苏联的普通中学都向升学"一边倒"。到了50年代中叶，中学生数量迅猛增长，高校无法容纳全部学生，而不能进入高校的学生又缺乏相应的社会实践技能，无法顺利就业，从而引发了严重的社会问题。正是基于这样一种时代背景，在升学与就业的普遍矛盾间，苏霍姆林斯基提出了自己的和谐教育思想。他认为教育应以青年学生的全面的、和谐的发展为目的，鼓励学生在德育、智育、体育、美育、劳动教育等方面都得到全面协调发展，从而在很大程度上缓和了当时的社会矛盾。

（二）和谐的教育观

确保人的全面和谐发展是苏霍姆林斯基的教育目标，其核心实质是人道主义。"全面和谐的发展，意味着劳动与人在各类活动中的丰富精神的统一，意味着人在品行上以及同他人相互关系上的道德纯洁，意味着体魄的完美、审美需求和趣味的丰富及社会和个人兴趣的多样。"① 苏霍姆林斯基将"全面"与"和谐"并提，这与我国所提倡的培养全面协调发展人才的素质教育相契合。和谐教育是将人的活动的两种职能，即认识、理解客观世界与人的自我表现及世界观、意志、信念、性格在劳动和创造，以及机体的互相关系中的表现结合起来并使之达到平衡。② 苏霍姆林斯基十分重视对学生自我表现力的培养，他认为在教育活动中出现的诸多弊端，实际上都源于人的两种活动职能的不协调，是由于个人表现的偏颇，由于人们对于分数至上等评价局限。苏霍姆林斯基指出，在人发展的各方面的和谐中，道德发挥着主导性的作用，和谐全面发展的核心是良好的道德。因此，他主张从儿童有意识的生活刚开始就进行道德教育，采取讲解与劝导、说服与激发相结合的方式进行，发掘孩子的优点，从正面积极引导儿童的发展，从而形成坚定的道德信念。

（三）全面发展与个性培养

在传统教育理论与实践中，"全面发展"与"天赋开发"总是不能两全，或是倡导"全面发展"而否定"天赋开发"，或是将"全面发展"视为"平均发展"，两者往往处于矛盾对立的情境。而对两者关系的模糊不清甚至是误解，也导致学校的教育目标常常左右徘徊，最终致使二者都得不到很好的落实。为了改变这样一种现状，苏霍姆林斯基基于马列主义经典作家的观点，并结合自身的经历与感悟，对"全面发展"与"天赋开发"二者的关系进行了重新界定。他视二者是全局与部分的关系，是相互制约、相辅相成的关系，是良性互动的关系。③ 在

---

① ［苏］苏霍姆林斯基：《帕夫雷什中学》，赵玮、王义高、蔡兴文等译，教育科学出版社1983年版，第9页。
② 黄云鹏：《苏霍姆林斯基和谐教育思想及其启示》，《教育与科技》2006年第10期。
③ 王义高：《和谐教育——苏霍姆林斯基的"和谐教育"核心思想解读》，《比较教育研究》2008年第4期。

苏霍姆林斯基眼中,"全面发展"与"天赋开发"两者是共生的,并不存在对立,而且他还大胆地提出要将"天赋开发"作为"全面发展"的突破口。他认为如果能够发掘学生的优点,鼓励其在自身的擅长领域内取得成功,学生便会收获自尊与自信,借助于这样一种积极的情感推动力,他们会逐渐去弥补自身其他方面的不足,从而实现真正的全面发展。

(四) 集体教育与自我教育

苏霍姆林斯基的和谐教育思想主张的是教育活动中各要素间相互的协调与配合。他所倡导的集体教育不仅包括学生集体,还涵盖教师集体、家庭与学校的联合集体等。其中,在学生集体中要相互尊重与学习,发挥榜样的积极引导作用;教师们要时常相互交流沟通,关注学生间的差异,对于那些喜好某类智力或艺术活动的孩子做个别工作;加强家庭与学校间的联系,早在学龄前就向家长普及教育知识,鼓励家长代表参与学校各项工作等。同时,自我教育也是其和谐思想的一大特色,给予学生充分的课后自由支配时间,创设形式多样的兴趣活动小组等,都为学生自我教育的开展创设了良好的环境。苏霍姆林斯基认为,在集体教育与自我教育中,学生能逐渐发现自己的兴趣、确立自身的理想,并为之而不懈努力,从而逐步实现全面和谐发展。

二 帕夫雷什中学所蕴含的素质教育

往往一提到帕夫雷什中学,就会想到苏霍姆林斯基,因为这里是苏霍姆林斯基的重要教育基地,他一生中有近五分之三的时间都是在这里度过的。也正是由于苏霍姆林斯基,帕夫雷什中学从原本的一所偏僻的普通乡村学校,摇身一变成了闻名世界的教育实验中心之一,来访者络绎不绝。可以说,帕夫雷什中学不仅是苏霍姆林斯基的学校教育的实践场所,更是其教育思想及理念发展成熟的花园,而其中也蕴藏着许多素质教育的因子等待我们探寻。

（一）课堂学习与精神生活相协调

在帕夫雷什中学，除常规的课堂教学外，为了更好地促进学生的全面发展，苏霍姆林斯基还为学生们提供了丰富多彩的精神生活。何谓"精神生活"？苏霍姆林斯基从不同角度进行了定义：每个学生都有自己的天赋及特长，学校的精神生活应该激发并维护学生的这些禀赋，因此学校的精神生活也应是丰富多样的；学生在德、智、体、美、劳等方面的发展的需求有所不同，为了适应学生的全面发展，学校的精神生活也应该是多样化的。

于是，为了更好地创造这样一种丰富多彩的精神生活，苏霍姆林斯基开始了诸多新的尝试。他为学生们提供充足的课外活动时间，让学生们在消化课内知识的同时，有更多属于自己的时间来重新认识自我；结合学科及学生爱好，他还创立了种类繁多的课外活动小组，在集体教育及自主探究中最大限度地实现学生个性发展；鼓励课外阅读，引导学生确立最喜爱的学科、课外读物、劳动创造项目等。"我校学生在课外阅读的同时还开展技术小组或青少年自然科学小组的活动，听高年级同学演讲，观察自然现象，做实验和开展其他课外自愿活动。"[1] 这样一种课堂学习与精神生活相结合的方式，让学生所学真正突破课堂局限，结合兴趣并动手实践，在提高学习积极性的同时也促进了全面发展。

（二）非情感性因素与情感因素相协调

打破当时社会教育的传统观念，不仅仅强调智力、思维、认知等非情感因素，苏霍姆林斯基提出还应重视人的情感性因素。他认为，"学校的中心任务之一，就是培养道德的、理性的、审美的高尚情感，教育实际上是从培养真诚的关切之情开始的。"[2] 无论是课堂教学，还是课外活动小组，帕夫雷什中学的教师们都注重学生的情感培养，培养学生

---

[1] ［苏］苏霍姆林斯基：《帕夫雷什中学》，教育科学出版社 1983 年版，第 296 页。
[2] 同上书，第 18 页。

的责任感、自信心、诚实与尊重他人的高尚品质等。为了提高思想的科学性，苏霍姆林斯基还对多种情感进行过深入研究。他发现，学生在学习或其他方面获得成功后，会形成自尊、自信、自豪等内在的积极情感动力，而这对于学生的全面发展意义重大。突破传统模式，将情感因素与非情感因素融合，使学生在掌握知识的同时培养为人的准则，成为能够积极适应社会的新人。

（三）人本关怀与升学就业相协调

在传统教育方针中，普通中学或为升学，或讲求就业，很少提及人本关怀。苏霍姆林斯基和谐教育思想的灵魂是人道主义，各项教学活动都围绕学生主体而展开，以浓厚的人文关怀来培育学生的人道主义精神。"每个一年级学生在他上学后的头一个春天，要为母亲、父亲、奶奶、爷爷各栽一棵苹果树……孩子们把第一个苹果献给母亲、父亲、奶奶、爷爷吃。这是培养人道精神的一个好手段。"[①] 帕夫雷什中学的教师往往采取个性化的教学方式，尊重每一位学生的差异，平等、信任地对待每一位学生。除教师集体外，苏霍姆林斯基还积极引导在学生集体、家庭教育中融入人道主义，从而为学生的发展营造浓厚的人道主义氛围，使得学校不只为学生的升学就业而服务，而是更多地参与到培养全面发展人的队列之中。

（四）多种评价标准相协调

面对当时苏联学校的评价普遍片面化，只注重学生分数的现实，苏霍姆林斯基提出，学校评价不能仅以学业分数为参照标准，评价学生的发展应从多个角度出发。为此，他通过创设形式多样的课外活动小组等方式，赋予个人特性发展正确的方向，让每位学生都发现自身的优势特长，树立信心，相信课业与分数并不是衡量他们的唯一标准。帕夫雷什中学的教师们总是力求做到，使每个学生都能显示出他的天赋，使每个

---

① ［苏］苏霍姆林斯基：《帕夫雷什中学》，教育科学出版社1983年版，第102页。

学生都能找到他喜爱的活动并在这方面变成能手，从而感受到劳动创造的幸福。① 这样一种多维度的评价方式，有利于激发学生的个性潜能，促进全面和谐发展，对于素质教育的推动也有巨大作用。

三 江阴市华士实验学校苏霍姆林斯基式的教育探索

始建于1911年的江阴市华士实验学校地处我国苏南农村，有着悠久的历史传统与深厚的人文底蕴。从一所普通的乡镇中心小学到涵盖幼儿、小学、初中、高中等学段的综合性学校，再到江苏省模范学校、中央教育科学研究所附属学校，自20世纪90年代以来，华士学校实现了跨越式的发展。而在这巨大成功的背后，除了政府部门的支出、社会各界的关注以及学校师生的共同努力之外，也与学校所进行的苏霍姆林斯基式的教育探索密不可分。

（一）将学校还给孩子

华士学校以"让校园成为师生的精神家园"为办学理念，在提倡科学的同时仍高举人文关怀的旗帜。学校在环境布局、课程设置等方面都坚持以学生发展为中心、尊重自然为准则，在学生热爱学校并快乐学习的同时，能够搭建自身发展的精神家园。为了引导学生合理运用自由时间，更加科学有效地建设精神家园，华士学校还推出了颇具特色的"休闲教育"。一方面，学校对学生进行课程化的休闲生活指导，开设休闲生活指导课，建立休闲生活指导部；另一方面，学校还组建了自动化的休闲生活组织，通过开展经验交流会、举办"休闲生活展示日"等形式丰富学生的校园生活。② 游戏是孩子的天性，在华士学校这点被广泛地认同，教师们坚信游戏是属于儿童自己的生长方式。他们与孩子

---

① ［苏］苏霍姆林斯基：《帕夫雷什中学》，教育科学出版社1983年版，第11页。
② 吴辰、夏青峰：《天高任鸟飞——江阴市实验学校的发展与追求》，《江苏教育》2007年第1期。

们玩在一块,将游戏的权利还给儿童,给孩子游戏的时间与空间。① 在形式多样的游戏及活动中,学生更加喜欢自己的学校,更加享受在此学习的时光。华士学校不将考试作为评价学生的唯一标准,取而代之的是形式多样的评价方式,同时在学校的培养活动中也始终坚守着苏霍姆林斯基所提倡的情感原则。

(二) 将课堂还给孩子

聚焦教学活动,除了进行独具一格的校本课程设计外,华士学校还在教学形式等方面积极创新。其中,在课堂教学活动中,学校倡导师生间的平等对话与良性互动。学校的特色"三允许、三鼓励"便是典型之一,即允许学生"答非所问",允许学生"插嘴",允许学生"思想开小差";鼓励学生质疑,鼓励学生有不同的思路,鼓励学生用自己喜欢的方式思考。② 告别压抑的传统独角戏式课堂,华士学校的课堂开始变得积极而活跃,学生们也敢于向教师提问,乐于同伙伴分享自己的感受。将学生视为课堂的主人,在活跃课堂氛围的同时提高学生的学习兴趣,这也是华士学校践行苏霍姆林斯基人本关怀的一种体现。

(三) 将时间还给孩子

与帕夫雷什中学相似,华士学校也拥有形式多样的校园课外活动。学校真正做到了将课外时间还给学生,让他们在丰富多彩的课外活动中重新认识自我、发展自我。结合学生的兴趣特长,学校建立了自然科学、文学、艺术等领域的各类兴趣活动小组。成立青少年科学院、开展全校性的"文化阅读"等活动,在丰富学生课外生活的同时,也促进了个性发展。近年来,由学生提出的"太阳能暖气装置""银行一米

---

① 《办出一所孩子们喜欢的好学校——江苏省江阴市华士实验小学的百年教育追寻》,《中国教育报》2011 年 9 月 16 日第 4 版。
② 杨穆、王玲玲、段安阳:《"中国当代特色学校"人物展示——"百年老校"的新起点——江苏省江阴市华士实验小学校长王冀敏与她的基础教育研究解读》,《教育》2012 年第 8 期。

线""字母式花盘"等生活发明层出不穷，数量多达 1000 多个。① 而这些大多都是学生们在课外兴趣研究小组中所获得的成果。为了给学生创造丰富的精神生活，华士学校也在进行着课堂学习与精神生活相协调的尝试。

作为践行苏霍姆林斯基教育思想的代表，江阴市华士实验学校的苏霍姆林斯基情结与其前任校长密不可分。前校长吴辰始终致力于使全校教师都变为苏霍姆林斯基式的教师，她将苏霍姆林斯基的著作摘录成便于教师随身携带与阅读的册子，力图将苏霍姆林斯基的思想深入每一位教师的内心，并体现于教学活动中。② 在吴辰及华士师生的共同努力下，学校于 2004 年获得乌克兰教科院的授权，成立了苏霍姆林斯基教育思想研究中心。同年 10 月，学校还召开了苏霍姆林斯基国际学术交流会，吸引了来自国内外数百位专家学者及一线教育工作者的参与，进一步扩大了自身的影响。

四 帕夫雷什中学实践经验对我国素质教育推行的启示

苏霍姆林斯基在帕夫雷什中学的教育实践取得了不菲的成绩，吸引了世界各地的来访者。帕夫雷什中学凝聚着苏霍姆林斯基的教育智慧，其中的一些行动，尤其是和谐教育观下的教学活动，对于我国素质教育的发展与实施有着重要的启示意义。虽然我国部分学校已取得了一定的成果，但就整体而言，素质教育的道路依旧任重而道远。

（一）创建丰富的课余生活

学校是学生日常生活的重要场所之一，校园生活几乎占据了他们生活时间的绝大部分。传统学校大多以学业为主，学生社团、兴趣小组等

---

① 吴辰、夏青峰：《天高任鸟飞——江阴市实验学校的发展与追求》，《江苏教育》2007 年第 1 期。

② 朱小蔓、张男星：《一丛能在异国开花的玫瑰——苏霍姆林斯基教育思想在当代中国的传播》，《北京大学教育评论》2006 年第 2 期。

开设较少，而且很多也只是流于形式，很少真正实施。于是，运动会、元旦晚会等就成为学生们展现自我、放松身心的难得时机。整日埋头题海之中，考试失利又对自信产生冲击，部分学生开始产生厌学情绪，如此便形成了恶性循环。因此，学校应给予学生更多的课外时间，根据学生的兴趣爱好，为学生创建形式多样的课后兴趣小组；引导学生发掘自己的特长，促进个性化发展，以优势带不足，从而实现全面和谐发展，提高学生的综合素养。

（二）关注学生的情感培养

作为独立的个体，学生的发展受到多种因素的共同作用，但传统学校的培养往往侧重于对学业、知识等的掌握，对于学生的情绪、感受、兴趣爱好等情感关注较少，这导致很多时候学校像是在培养冷酷的机器，而非拥有自主意识的有情绪变化的人。我国各地的中小学校要通过创造心理情境或实际感知等方式，让学生尽可能多地去体验良好行为的快乐，要让由这些行为所产生的道德满足之情丰富他们的精神生活。另一方面，积极正向的情感还有内在驱动作用，在使学生收获自尊自信的同时，自觉地去弥补能力短板，培养学生成为全面和谐发展的合格社会公民。此外，除了学校，家庭及社会也应更加关注学生的情感培养，将学生视为独立的个体来看待，因为全面情感氛围的营造，更有利于素质教育的推行，更有益于新时代合格公民的培养。

（三）融入人道主义关怀

培养学生的人道主义精神是当代教育的重要命题之一，而学校是培养的重要阵地。在当今的广大中小学校中，教师仍是权威的象征，学生必须无条件地服从，近年来所报道的多起教师体罚学生的事件，更是将此推向了争论的高潮。为了学生的全面和谐发展，教师应该尊重、信任学生，给予其一定的私人空间，平等地看待每一位学生的差异，这不仅有利于学生健康人格的产生，还能使其在校园中愉快地学习及生活。小流汇成大江，教师对于学生的点滴关怀，在促进学生们树立自信的同时，亦能形成良好的风气潮流，促进广大学生的个性全面健康发展，推动素质教育的顺利开展。

（四）评价形式多样化

如今，在许多中小学校中，分数仍是衡量学生的唯一尺度。家长、教师一味地追求高分及名次，学生们也在尚未形成独立意识之前就被卷入这场分数大军之中，为了成为老师及家长眼中的"好学生""好孩子"而终日忙碌。虽然早已提出并行道德、特长等其他的评价方式，但现实中其他的指标往往都流于形式，只有分数是亘古不变的标准。由于这样一种单一的评价标准，"高分低能"的现象日益增多，很多学生只会"啃"书本，步入社会后却难以生存。素质教育倡导的是学生全面和谐的发展，这样的现实显然与素质教育的发展路径相违背。所以，中小学校只有改变传统单一的评价方式，真正从多角度来评价学生，才能引起学生、家长及教师对其他方面的重视，从而重新回归到素质教育的发展轨道之中。

素质教育虽已提出多年，但在我国各地现实的推行过程中仍存在着诸多障碍，至今仍未获得预期效果。帕夫雷什中学是苏霍姆林斯基教育思想的标本，以培养全面和谐发展的学生为目标，这与素质教育的目标相契合。而以江阴市华士实验学校为代表的一些学校已经开始改变，我国其他地区的广大中小学校也应吸收借鉴帕夫雷什中学的成功经验，转变观念，改革培养模式，为我国素质教育的推行开辟全新道路。

戈宝权与莱霞·乌克兰英卡[*]：
文学创作上的递接

奥格涅娃·叶莲娜

莱霞·乌克兰英卡（Леся Украинка，1871—1913）逝世的当年，著名的乌克兰文学专家戈宝权（Гэ Баоцюань，1913—2000）在中国出生。20世纪头25年，一个偶然机遇，戈宝权将乌克兰作家们的一部分文学作品翻译成中文，乌克兰文学因此与中国读者结缘。在第二次世界大战结束后的年代里，这种结识使中国文化发生着变化，起初乌克兰的文学作品是从思想精神层面，随后作为一种客观现象对中国文化产生了影响。

戈宝权，文学家、外交家、社会政治活动家、记者，曾在莫斯科工作，亦在彼得格勒居住过，自20世纪40年代末到90年代初，一直从事翻译工作。1937年，在纪念普希金逝世100周年活动期间，他到访

---

[*] 又译列霞·乌克兰英卡，原名拉丽莎·彼得罗夫娜·科萨奇。其母亲为作家普奇尔卡。乌克兰英卡童年患骨结核，长期居住在基辅市、克里米亚、格鲁吉亚、意大利和埃及。青年时代掌握多种外语。虽出身于贵族，但从青年时代学习革命思想，1902年将《共产党宣言》译成乌克兰文。以文学批评家身份参与出版合法的马克思主义刊物，如《生活》杂志等。由于与俄国马克思主义组织有联系，遭到迫害，受到警察监视。其作品有诗集、组诗、长诗和评论文章，主要以历史和神话为题材，充满革命思想。其作品深受革命民主派思想和谢甫琴科诗歌的影响。在基辅市、苏拉米市、科洛佳日诺姆村都建有乌克兰英卡纪念馆。——译者注

彼得格勒，并一直住到20世纪40年代末。一直到80年代，他仍从事着普希金诗集的翻译，被认为是一位绝对的普希金学者。在当时的中国，普希金作品的新译作不断问世，戈宝权、王守仁主编的《普希金抒情诗全集》，戈宝权翻译的《普希金诗集》。

戈宝权是真正通晓多种语言的人，除了俄语，还掌握英语和法语。他视自己为宽泛意义上的俄罗斯语言文学家和斯拉夫语学者，他还通晓书面的乌克兰语、波兰语、捷克语、保加利亚语和塞尔维亚语（Потічний 1984, 186）。他还翻译了雅古普·果拉斯（Якуб Колас）、扬卡·库巴拉（Янка Купала）（白俄罗斯）、山多尔·别捷菲（Шандор Петефи）（匈牙利）的作品。天分、外交才能、出色的教养让戈教授获得了很高的社会地位。他被选为中国社会科学院学术委员、中国作家协会理事、中国文学艺术界联合会理事、中国外国文学研究会名誉理事等。他还担任中国苏联文学研究会副会长、中国世界语联盟核心委员，以及中国著名作家鲁迅、郭沫若和茅盾著作编委会委员（Потічний 1984, 186）。

戈宝权善于将文学创作与外交事务有机结合在一起。作为中国驻苏联第一任代办，他尽其所能地呈现苏维埃人民（包括乌克兰人民）的丰富文化宝藏，为中国读者介绍了塔拉斯·谢甫琴科（Тарас Шевченко）、伊凡·弗兰科（Иван Франко）、莱霞·乌克兰英卡等人的诗歌作品（Желоховцев 1982, 141, 142, 144）。他曾在四川大学、广东大学和南京大学执教。当乌克兰大使馆举办谢甫琴科诞辰195周年纪念会时（Потічний 1984, 186），南京大学的余一中（Юй Ичжун）教授提出了成立塔拉斯·谢甫琴科诗歌创作遗产及其翻译作品研究中心的建议，而很多作品正是由戈宝权先生早年翻译出来的。戈宝权积极的翻译活动没有被忘记，在乌克兰出版的苏联百科全书中，列有关于他的单独词条，其中介绍说：戈宝权有数本有关苏维埃文学的专著，翻译了М. 莱蒙托夫（М. Лермонтов）、М. 高尔基（М. Горький）和伊凡·弗兰科（И. Франко）以及其他一些作家的作品；在1938年至1945年，他曾任中国共产党机关报《新华日报》的编辑（Гэ Баоцюань

1960，157）。可见，戈宝权对把乌克兰文学引进中国表现出了浓厚兴趣。他不仅翻译了乌克兰作品，还关注乌克兰作者在国内出版新作品的时间及作品类型。

从20世纪初开始，中国读者开始接触乌克兰文学。1912年，谢甫琴科的诗《三条宽阔的大路》（Ой три дороги длинные）被周作人翻译为文言文（Чжу Хун，Хе Жунчан，162—163）。正如戈宝权所认为的，这是乌克兰诗作被翻译成中文的第一部作品和第一个出版物（Гэ Баоцюань 1987，139），中国对乌克兰文学的认识由此得以展开。20世纪20年代初的中国社会以民族自我意识的觉醒为时代特征（Делюсин 1977，185—191）。在此背景之下，中国文化活动家的探索活动推动了这个国家关注西方、欧洲作者的各类作品。正是在这个时候，中国首次出现了著名乌克兰诗人莱霞·乌克兰英卡的名字，而革命前的乌克兰一直被认为是被奴役的国家。1921年，茅盾在改版的《小说月报》杂志（散文月刊）中写道："乌克兰人民是富于勇敢精神与艺术气质的人民……这片土地频繁遭受波兰、土耳其等国的侵略，乌克兰人也频繁予以英勇抗击。如此复杂的社会背景，却也激发了他们的文学天赋的发展……"① （цит. по：Гэ Баоцюань 1987，139）。在这期杂志中，还刊载了鲁迅［笔名唐俟（Тан Сы）］翻译的凯尔沛来斯（Густав Карпелес）②的作品《小俄罗斯文学略说》中的一节（Гэ Баоцюань 1987，140；Потічний 1987，353），以及德国文艺学家和犹太文学的翻译，虽然只是节选，但主要是以中国自己的学术成果向被压迫民族的文学致敬。

也是在这份杂志上，还刊登了选自著名英国记者、翻译家 Е. Э. Б. 罗伯茨（К. Э. Б. Робертс，1884—1949）在1916年出版的作品集中的作品《五幕俄国剧及乌克兰独幕剧》的中译本（Пяти российских

---

① 转引自戈宝权《乌克兰文学在中国》，《中国翻译》1988年第5期。
② 凯尔沛来斯（G. Karpeles，1848—1909），奥地利文学史家，著有《犹太文学史》两卷以及关于海涅的评论集等。——译者注

пьес и одной украинской，英文题目：*Five Russian Plays：With One from the Ukrainian*）。在该集子中，莱霞·乌克兰英卡的《巴比伦的俘虏》（*The Babylonian Captivity*）（*Five Russian Plays 1916*，153—173）是来自乌克兰的剧本，感谢基辅人索菲亚·沃尔斯卡娅将其从乌克兰语翻译成英语。К. Э. Б. 罗伯茨认为，这是一部描写乌克兰被强大的邻邦所奴役的历史剧（*Five Russian Plays* 1916，xvi）。而这部颇受中国知识分子关注和探寻的作品由沈雁冰（即茅盾）从英文翻译成了中文（Потічний 1984，187；Гэ Баоцюань 1987，140；Чжу Хун…，1994，162—163）。

莱霞·乌克兰英卡的作品再次出现在中国，是1948年戈宝权为纪念乌克兰英卡逝世35周年，发表在《苏联文艺》第33期（7月刊，第101—113页）上的五篇诗歌译作。它们分别是：《我的道路》（Мой путь）、《希望》（Надежда）、《到处是哭声》（Повсюду плач）、《黄昏时分》（Вечерний час）、《唱吧，我的歌》（Играй, моя песня）（Огнева 1991а；Огнева 19916）。戈宝权将这些译作亲笔提名后赠予了科洛佳日诺姆的莱霞·乌克兰英卡文学纪念馆，赠言内容：赠莱霞·乌克兰英卡文学纪念馆//戈宝权教授赠//1987年8月14日//签名：戈宝权。如果说乌克兰作家的作品翻译是以英语和德语为首选语言纽带，而乌克兰英卡的作品是以英语为纽带的话，那么，对于戈宝权来说，翻译的首选语言纽带是俄语。

东方包括中国在内的传统文学作品中，都含有不熟悉的、遥远的成分，这些成分有其自身特殊的，并不总是被其他文化所理解和接受的元素。东方国家对西欧作者创作的了解几乎是封闭的。正因如此，翻译家就成了连接两个世界的桥梁，抑或如 А. С. 普希金所说，翻译家是邮递马车般的传播使者。不论翻译者充当怎样的角色，在译文中，都毫无疑问也是必然渗透着他本人的个性（Черкасский 1982，184—203）。翻译者的才能姑且不论，译作是否能成为一种文学现象——是能引起读者共鸣，还是会使读者因在心理、民族情感上与作品不相容而产生失望——这都取决于译者的审美定位、思想信念。正如 В. М. 阿列克谢耶夫院士指出的："语言不仅是字母和词汇所构成的一种体系，还是思想和文化交汇的一种机制。"

作为翻译的一个准则,在甄选译文时,某部作品的审美性、思想性必须是主要标准。以此作为准则,是因为翻译文学作品有时受商业规则,以及与文学很少有联系的其他因素的干扰（Огнева,1993,94—100）。戈宝权很公正地认为,一般而言,翻译者所持的立场是由为谁、为什么而翻译所决定的。主要是不能曲解原文的意思和形式,站在另一种现实和理解角度上,用另一种语言所能接受的方式对其进行文学再创作,因为在艺术和文学中,许多时候是只可意会不可言传的。每行文字与所要描写形象之间的联系不是通过语法,甚至也不是通过逻辑所呈现,而是一种在潜意识层面上进行的联想。司空图①（Сыкун Ту,837—908）认为,中世纪的中国诗人在诗歌中主要呈现的是"象外之象,景外之景"。没有这种意会、联想、第二层和第三层意境,便不可能有经典的中国诗歌。

在将乌克兰女诗人的诗歌翻译成中文的过程中,戈宝权碰到的恰恰是这样的问题（Огнева 1991）。他在自己的翻译作品中力求用中国诗歌传统的表达形式表现原作的情感、内容和形象,这也很自然。不论是选择诗歌,还是对其进行翻译,他都运用了被认为是诗歌表达丰富情感最高层次的手法：隐形联想（скрытой ассоциации）、内部对仗（внутреннего параллелизм）。风景、大自然又总是美好的创作资源。在翻译者阅读原文作者的创作时,他好似被再现一样,与那些翻译对象融为一体,而后便开始反道而行,进入翻译环节。为了用本国诗歌形式将作品再现,使译作的文字更为流畅,翻译者需要加入一些注释。

作品的题目总能起到吸引读者注意力的作用,这是人们对一部作品的共同反应。不论是中世纪,还是当代,任何传统文化代表人物的意识都通过题目得以体现。下面是戈宝权挑选的译作题目："我的路"——"Мой путь""希望"——"Надежда""到处是哭

---

① 司空图,晚唐诗人、诗论家。字表圣,自号知非子,又号耐辱居士。他的成就主要在诗论,《二十四诗品》为不朽之作。《全唐诗》收诗三卷。

声"——"Повсюду плач""黄昏时分"——"Вечерний час""唱吧，我的歌"——"Играй，моя песня"。这些题目已经为理解原作者，即莱霞·乌克兰英卡的观点，以及把握翻译者的立场提供了很多信息。如作品《我的路》——任何一个人，不论他将成为什么样的人，他都在走自己的路；作品《希望》——希望总是照亮生活，命中注定了就只有靠这唯一的希望活着；作品《到处是哭泣》——道路充满了绝望、困难、疼痛、对他人苦难的同情；作品《黄昏时分》——绝望时分还是出现了短暂的小憩，重燃对家乡的怀念；作品《唱吧，我的歌》——诞生了新的、继续生活的力量。这些题目确定了诗人思域的坐标：全世界和人类、家乡、乌克兰——自己的人民，伏林（地名，乌克兰的一个省区，这是中国对"Волынь"的称谓）——祖国和那些接受统一的人们——诗人自己。

　　做出这样的选择后，戈宝权将这五首诗编为一个系列。作者思域的完整性因这临时的连接得到加强：第一首诗歌《我的路》，标注的日期为1890年5月22日，最后一首诗《唱吧，我的歌》所标注的日期是1890年8月17日；当年还有中间的诗作《到处是哭泣》。戈宝权并非偶然得知乌克兰英卡的生平，他挑选了她在这一年数个月中的作品。据原作者的回忆，1890年5月之前的两个月，她经受了在科洛佳日诺姆监狱里的"煎熬"。但根据其母亲奥列娜·普奇尔卡（Олена Пчілка）的说法，不是两个月，而是八周。正是在此之后，乌克兰英卡在给其弟弟的信中写道："亲爱的米沙！我获得了重生！我又要去翻越无止境的创作高山了！这两个月我被镣铐拴在科洛佳日诺姆，但这是徒劳的，绝对毫无用处。"（Леся Українка 1978，59）

　　从3月到5月，一方面，在封闭的空间里，被俘虏的她，身体不能自由活动；另一方面，她拥有着超越宇宙的精神意志。真正的诗人在创作中时是自由的、超越死亡的。戈宝权挑选了《唱吧，我的歌》这首诗歌，因为它记载了作者被囚禁的数月生活。乌克兰英卡在自己的创作中始终是自由的，如同大自然的风和浪；如同中国传统中永生的象征——海鸥（我的歌，像多量的水流清澈起来……我的歌，像自由的海鸥急飞过去……唱吧，我的歌，像在空旷中的风一样），这一形象与20世纪下半叶西方文学传统一致了：理查德·巴赫①（Ричард Бах）的《海鸥乔纳森》（Чайке по имени Джонатан）（Огнева 1993，94—100）。相近的主题、时空上的统一强化了这位女诗人在第一首、最后一首诗的结尾行段所要表达的目标宗旨："但不管路上我会遭遇到什么，我用歌声开始，再用歌声走完了我尘世的路。"（《我的路》）"唱吧，我的歌，像在空旷中的风一样，即使只有一瞬，也能娱乐人的心神"（《唱吧，我的歌》），通过有力的文字，这些段落凝聚了反映人类问题的内容，并重建了人类勇于创作的信念。

从文字上看，戈宝权用"自由"一词贯穿了整个五首诗。《我的路》中——能看见黄金的自由、博爱和平等。《希望》中——生活没有给我幸运，也没有给我自由。《唱吧，我的歌》中——我的歌呀早就不能自由自在地飞翔；我的歌，像自由的海鸥疾飞过去。这五首诗的内部整体性还在于事件的地点上——女诗人的祖国——乌克兰。《希望》中——希望能重新看见我的乌克兰；《到处是哭泣》中——乌克兰雇员的不幸、悲伤、哀愁；虽然在《黄昏时分》的文字中没有直呼国家的名称，但戈宝权将其加入了对诗文的注释中："乌克兰一带的茅舍，粉白色，月夜皎洁发光。"在提及伏林的字里行间，意指"省份"的标志性词语间接地存在着，并充当了意指"省—国家"的功能（Огнева 1993，94—100）。

这样，戈宝权在诗中坚持了自己的选择，通过五首诗篇，得以从本质上反映了女诗人诗歌创作周期的真实性。是戈宝权自己发现了乌克兰英卡这种创作特征，还是他自身就是极为出色的专家？但他确实将这种本质特征转达了出来，这也与 В. 普洛萨罗夫（В. Просалов）的研究不谋而合：在乌克兰英卡的 261 首诗歌中，有 120 首分属 20 个风格（Просалова 1991）。

---

① 理查德·巴赫，美国著名作家，《海鸥乔纳森》（Jonathan Livingston Seagull）为其代表作，还有《幻影》《一》《双翼飞机》《世界上从未有过的地方》等作品。其作品以坚定的力量传播着勇气和梦想，激励人们为梦想全力以赴，被誉为"来自天上的使者"。——译者注

20 世纪 60 年代，与戈宝权同时注意并开始研究乌克兰英卡文学创作遗产的中国翻译家还有麦莘禾（Май Синхуа）和蓝曼（Лан Мань）等人（Чжу Хун...162—163）。他们翻译了如《珍贵的眼泪》（Слезы—перлы）、《梦》（Сон）、《我的话，你为什么不变成……》（Слово мое, почему ты не стало...）（麦莘禾译）和《初春》（Начало весны）、《现在我寄你一片绿叶》（Посылаю листок тебе...издалека...）、《我的道路》（Мой путь）（蓝曼译）等作品，这些都刊登在《世界文学》（1962 年第 7—8 月号）和《译海》（Море переводов）（1962 年第 1 期）期刊上（Чжу Хун...162—163）。20 世纪 70 年代，当中苏两国政治、外交关系破裂后，作为对中国文化革命的反应，文化和文学上的接触也相应冷却下来。随后，又出现了新现象。1972 年，伊万·玖芭（Иван Дзюба）将《国际主义还是强行俄罗斯化？》翻译成了中文（Исаева 2002, 1—19）。中国学者与散居在西方的乌克兰学者，如 Б. 芭邱尔科夫、Б. 列文茨基、П. 波季奇尼（Б. Бацюрков, Б. Левицкий, П. Потичний）等境外乌克兰侨民的代表建立起了联系。这种联系使得学者们能在较少受国内政治因素左右的环境中，形成对乌克兰文学及其创作者研究的新观点。

中乌两国间文学界接触的复苏始于 20 世纪 80 年代中期。当时的中国正集中精力贯彻"改革开放"的方针，所带来的结果是，对乌克兰文学从内容到形式都表示热烈欢迎。期间，出版了《苏联文艺》杂志，它将 1987 年第 2 期整期都用在了乌克兰文学上。该期及其他期都刊登了莱霞·乌克兰英卡作品的新译作（Чжу Хун..., 1994, 162—163）。1987 年，应苏联作家协会的邀请，戈宝权拜访了苏联，期间也到基辅访问了数日。遗憾的是，他没有到访伏林。对该地区的了解仅限于书面和艺术作品中对科洛佳日诺姆，以及风景如画的伏林的描绘。但乌克兰英卡所歌颂的美丽伏林让这位翻译家又重新开始了创作。乌克兰之行激励戈宝权教授投入新的工作中。回国后，他翻译了这位女诗人的《铃兰花》（Ландыш）[①]、诗集《星空》

[①] 列霞·乌克兰英卡的第一首诗作，发表时女诗人仅 12 岁。——译者注

(вёздное небо)、《迎春歌》(Веснянка)、诗集《旋律》(Мелодия)、诗体剧《森林之歌》(Лесная песня) 及其他作品。能让数百万中国人民得以了解苏联各民族，包括乌克兰人民的最高文学成就，戈宝权教授所从事的翻译与社会活动获得了很高的评价。作为学者和文学家，他曾被授予人民友谊勋章，而在1989年，他获得了伊万·弗朗克文学奖，这是乌克兰对国外乌克兰文学翻译家的最高奖励。

戈宝权持续不断地宣传乌克兰英卡的创作遗产。在《中国大百科全书》的《外国文学卷》的词条"乌克兰文学"中，戈宝权对这位女诗人的创作进行了单独论述，并予以很高的评价。另外，在《外国作家翻译家文学家词典》(1988年)、《20世纪外国作家词典》(1991年)等工具参考书中都收入了关于乌克兰英卡的词条（Чжу Хун...1994, 163）。武汉大学的朱虹（Чжу Хун）与何荣昌（Хэ Жунчан）教授翻译了乌克兰英卡的散文小说《友谊》和题为《新的前景与旧的影子》的文章（Чжу Хун, Хэ Жунчан 1994, 163）。无论是乌克兰学者，还是中国学者都对莱霞·乌克兰英卡和中国女诗人、革命家、被清朝政府处死的秋瑾（Цю Цзинь, 1875—1907）的一致立场与创作观点予以关注和研究（Огнева 1993, 94—100; Чжу Хун...1994, 163）。1991年何荣昌参加了国际纪念乌克兰英卡诞辰120周年讨论会，期间到访了伏林和科洛佳日诺姆村。

彼得·波季奇尼（Петр Потичний）在回忆录中描述了1984年在中国与戈宝权会面后对他的印象："他高高的个子，面带微笑，手上拿着一本不大、很厚的书和书包。他体态健硕，略向前倾。乌黑的头发，平整的脸庞，眼睛充满生气，无论怎样都看不出他已走过71年的风雨之路，且其中很多年奉献给了乌克兰文学。"（Потічний 1984, 187）在戈宝权身上看不出"文化大革命"期间被发配当邮递员的艰难岁月痕迹，他始终维护着人格与尊严，并且认为，"人在任何时候都应该充满希望地活着，不堕落、不绝望"。

当世界政治格局中出现了一个新国家——乌克兰时，是戈宝权使中乌文学交流重获新生。20世纪90年代初，正是他的创作活动保证了乌克兰作品的翻译不需要通过其他语言中介而直接译成汉语，并在中国获得了艺术生命力。当时，培养专门研究乌克兰问题的专业人员问题首次被提出，直接译自乌克兰语的翻译作品数量也不断增加。1993年4月，在姜长斌（Цзян Чанбин）的领导下，成立了乌克兰学委员会，隶属于中国外国问题研究会①。姜长斌认为，60年代之前，由于"中国人从一开始就处于苏联尤其是苏联学的影响之下，无论怎样也无法摆脱掉它"（Цзян Чанбін 1993，156—157），结果导致了中国的乌克兰学研究发展缓慢。新成立的委员会计划从客观角度研究乌克兰真实的历史，既要以最新的乌克兰研究，同时也要以西方研究为基础，培养流畅掌握乌克兰语言的中国研究者，推动与乌克兰本国及其他国外研究乌克兰历史、现代经济、文化、艺术的研究者间的关系，为学者参与现代研究提供保障（Цзян Чанбін 1993，159—160）。在这些任务中，文学艺术的翻译并没有占到特殊地位。

武汉大学的俄罗斯乌克兰研究中心在刘再起（Лю Цзайци）教授的带领下，积极推进研究，构建了富有前景的发展蓝图。刘东（Лю Дун）在其研究中分析了1949年至1993年中乌两国科学、文化的关系，并通过对中国出版的乌克兰图书完整目录的逐一研究，不断使乌克兰文学的地位得到凸显，认为它是"独特的、拥有丰富传统和长久文化渊源的文学"（Чжу Хун 1994，162—163）。

1993年，中国出版了包括乌克兰在内的《斯拉夫文明》百科全集，尽管是概述性的，但其中呈现了从8世纪开始的乌克兰文明思想和与众不同、别具一格的文化。中国对乌克兰文学的研究正处于新阶段：就翻译作品来说，除了翻译"与祖国文学有着相似特征"（Ісаєва 2002，1—19）的乌克兰作家的作品之外，还选择了艺术性占主导地位的作品。乌克兰作家的经典创作被呈现给中国读者，包括塔拉斯·谢甫琴科的《科勃札歌手》（Кобзарь）、伊万·弗兰克和莱霞·乌克兰英卡的抒情

---

① 即北京外国问题研究会，成立于1989年。——译者注

诗、М. 柯丘宾斯基的短篇小说，以及 20 世纪作家的作品，其中有奥列西·冈察尔（Олесь Гончар）、格里高利·秋秋尼克（Григор Тютюнник）、巴维尔·扎格列别利内（Павел Загребельный）、尤里·谢尔巴克（Юрий Щербак）、伊万·德拉奇（Иван Драч）、鲍里斯·奥利内克（Борис Олийнык）及其他作家的作品。

感谢戈宝权，感谢他五十年来致力于加强中乌文学联系的工作，无论时代如何变化，他使得历史递接成为可能！

参考文献

1. 戈宝权：《乌克兰苏维埃百科全书》（第 3 册），基辅，1960 年，第 157 页。

2. 戈宝权：《乌克兰文学在中国》，基辅，1987 年第 8 期，第 139—141 页。

3. Делюсин Л. П. Дискуссия о культурах Востока и Запада в Китае 20—х годов // Иностранная литература. —№ 1. —Москва. 1977, 185—191.

4. Желоховцев А. Н. Русская классическая литература в КНР в 1977—1980 гг. // Русская классика в странах Востока. —М., 1982.

5. 伊萨耶夫瓦 Н. С.：《乌克兰文学在中国：接受问题》，博士论文摘要，基辅，2002 年，第 19 页。

6. О. Д. Отнева 1989. "Твори поетеси китайською мовою" // *Радянська Волинь*. 41（11829），Луцьк.

7. О. Д. Отнева：《傍晚在中国年轻的沃伦》，卢茨克，第 31—32 页，1991 年。

8. О. Д. Отнева：《列霞乌克兰的戈宝权译文集》，列霞·乌克兰英卡和世界文化国际研讨会报告，卢茨克，科洛佳日诺姆，1991 年。

9. О. Д. Отнева：《列霞·乌克兰英娜的风莉经典和个人道路》，《东方世界》1993 年第 2 期。

10. Й. 波季奇尼·彼得罗：《1986 年中国之行的印象在中国和谢甫

琴科见面》,《维夺泽瓦》1984 年第 1 期,第 184—190 页。

11. 波季奇尼·彼得罗:《1986 年的中国行程的印象》,《维夺泽瓦》1987 年第 6/7 期,第 343—354 页。

12. 姜长斌:《乌克兰学在中国的前景乌克兰—中国:合作方式》,会议资料(基辅,1993 年 8、9 月),基辅:МПП,"英特尔",1994 年。

13. 朱虹、何荣昌:《列霞·乌克兰英卡在中国》,《全球》1994 年第 3 期。

14.《五幕俄国剧及乌克兰独幕剧》,C. E. Bechhofer 翻译,伦敦:K. Paul, Trench, Trubner; New York: E. P. Dutton, 1916.

海上明月
——写于乌克兰雅尔塔海滩月夜

眭依凡
浙江师范大学田家炳教育科学院院长、教授、长江学者

那轮明月,
从黑海的尽头缓缓升起,
那近,那娇,那洁,
如同你迷人看着我的笑脸……
那阵海风,
柔柔向沙滩吹来,
你褐黄色的发丝温情拂面,
含着你馨香的暖……
那面海浪,
撕碎月光编织的锦缎,
那蔚蓝那橘黄交融的美丽,
辉映大海与月娘的爱……
那片海涛,
轻轻拍打堤岸,
奏一曲让人把时间忘却的音乐,
生命的美好,

在今夜圆满……
那轮明月,
悄悄挂在了碧玉般的蓝,
那静,那圣,那甜,
面对大海,
许天涯共此时的愿……

无 题

叶建军

浙江师范大学副教授

今天,乌克兰朋友终于有了消息。

她终于离开卢甘斯克,告别家人独自去了俄罗斯。

父亲开车送她过边境:"边境线上,无数难民排队等着,汽车在公路上排成好几公里的直线。我们在那儿等了两昼夜,终于过了关。"

陪她在陌生的伏尔加格勒过了几天后,父亲又匆匆赶回她的故乡——斯拉夫扬斯克。那个曾经很宁静很平和的小城,现在已成一片废墟,已一个多月没有水、没有电,很多居民晚上只敢住在地窖里。因为90岁的祖母死活不肯离开故土,"打死我也不走",一家人只能分处三处。"我妈和猫在一起,我爸和奶奶两个人,只有我是一个人,在一个陌生的大城市,很寂寞。但这里安全。"

看着这些文字,我不禁潸然泪下。我想朋友在写着这些文字时,一定是流着眼泪的;他们一家人分别时,一定是流着眼泪死死拥抱着的。

不禁想起法捷耶夫在《青年近卫军》中描写的大撤退场面,也是在顿巴斯地区,也是在夏日。但那是德军入侵造成的啊。现在呢,到底为了什么?

"城里,不时地传来枪炮声",朋友又写道,"小城只有几个地方能用手机,所以父亲每天得去离家几公里的小岗,那儿可以用手机通信,给母亲打电话"。父亲的心，一定分成了几瓣，每瓣都在颤抖。其实，她家的每一个人，心都裂成了几瓣，每瓣都在颤抖。

　　2008年夏天，我在朋友家住过几晚，朋友一家非常亲切地接待我。老祖母给我看年轻时的照片，给我熬杏子酱；爸爸、妈妈陪我转斯拉夫扬斯克，陪我看牧场、看美丽的圣山。当律师的父亲特别喜欢听我和朋友谈论中国；我呢，则特别喜欢看他们一家人的亲热样，喜欢看父亲的书架，喜欢看朋友为奶奶弹那架老钢琴。

　　老祖母在二战期间，被德国人抓进集中营，一直到战后才出来。谁也没想到六十几年后，战争又一次降临。"奶奶老是哭。"风烛残年，炮火连天，老人怎么能不伤心呢？

　　我闭上眼睛，仿佛看见浑浊的泪水不停地漫过那枯萎的眼眶，漫过沟壑交错的脸庞。

淘来的"金沙"
——读卡达耶夫的《梦》

彭 龄、章 谊

梦是什么？

《辞海》上说：梦是睡眠中出现的一种生理现象。一般认为，睡眠时如大脑皮层某些部位有一定的兴奋活动，外界和体内的弱刺激到达中枢与这些部位发生某些联系时，就可以产生梦。

《大不列颠百科全书》上说：梦是入睡后脑中出现的表象活动。不同文化背景的民族，历来对梦的本质的认识与看法各异：爱斯基摩人相信，在睡眠时人的灵魂离开躯体，到一个梦幻世界游历；印第安人则认为，梦与现实一样真实，醒后应尽快去做梦中未了的事情。在古埃及书写在纸莎草纸上的文献《启示录》中，有大量梦中受到神启示与感应的记载。唯有僧侣、族长与巫师才有权诠释神启与梦兆。

梦，也是哲学家们争执不休的议题：亚里士多德认为，梦是从外界客观事物得来的感觉印象在体内的滞留与盘桓，但常因阻碍、冲突而组合得支离破碎。弗洛伊德则把梦视为一种潜意识活动，即所谓"弗洛伊德梦"。

这种争论至今也并未停止……

重读了苏联著名作家，曾有俄罗斯文坛的"天之骄子"之誉的卡达耶夫的小说《梦》之后，出于好奇，查阅了手边的《辞海》与《大不列颠百科全书》中关于梦的条目。但这些似乎对卡达耶夫同样不会有什么帮助。

当年,卡达耶夫为了构思这篇小说,曾查阅厚厚的旧百科辞典。辞典里只说:梦是人的三分之一的生命。可是到现在科学还没有断定梦是什么东西,并说"关于这种情况发生的近因,只有假设才能解释"。卡达耶夫失望了,他说:"我准备把这本厚书合上了,因为关于梦的肯定的答案,再也找不到更多解释了。"然而,就在这时,他偶然在"旁边的一栏里,看到几行关于梦的绝妙的譬喻":

"……艺术家们把梦比作一个肩后长着蝴蝶翅膀,手中拿着小罂粟花的孩子。"

这几行字像电光火石一样,"呼"地把他的灵感点着了。他要找寻的并不是有关梦的科学解释,而是写作的灵感。他说:"寓意把科学搭救了。幼稚的,可是美丽的譬喻,把我的思想打动了。"

就在不久之前,他冒着飞舞的雪花,去莫斯科军委办公大楼,采访著名红军元帅布琼尼,听他讲述十多年前苏维埃政权成立不久的那段艰苦岁月战斗经历,有这样一个细小却真实的情节,让他难以忘怀。"五千五百名战士,仿佛一个人似的,纵横错杂地在草地上睡着,打着鼾。鼾声把荒草都吹得摇摆起来了!"布琼尼元帅的声音,时时在他脑海中响起,让他坐立不安。旧百科辞典中偶然看到的那几行字,电光火石般点着了他的灵感。他忙拿出纸笔,一气呵成地写出短篇小说《梦》,终于了却了他"想叙述一个值得载入史册的有关梦的故事"的心愿……

卡达耶夫1897年1月出生于乌克兰港口城市奥德萨。1915年第一次世界大战期间,他还在学校读书,就参加志愿军到西欧前线作战,曾两次负伤。他开始写作很早,"几乎从七岁就开始了"。他十月革命前已有作品发表,不过,那时的作品受伊凡·布宁的影响,多为写实主义小说。1918年参加红军后,曾从事宣传报道工作。小说《梦》中要诉说的那件"值得载入史册"的故事,正是发生在那个时期——1919年7月。

那时,世界上第一个苏维埃政权成立不久,国内被推翻的地主、资产阶级在西方资本主义势力支持下，进行武装割据，控制矿山、交通线、产粮区，妄图把立足未稳的红色政权扼杀在摇篮里。对红军来说，那是一段极其艰难的岁月，为保卫新生的苏维埃政权，他们用从敌人手中夺来的简陋武器，甚至沙俄时代传下来的土铳、马刀，同西方支持的白匪军拼杀。由于寡不敌众，一支红军部队被迫放弃察里津，向北方转移。统帅部决定将掩护大部队撤退的阻击、垫后的任务，交给那时唯一保存着较强战斗力的布琼尼军团。布琼尼军团有五千五百名战士，但"同敌人的力量比较起来，这数目是貌不足道了"。

布琼尼率领着他的军团，执行着统帅部的命令，为掩护大部队转移，在顿河与伏尔加河之间的窄长地带里，夜以继日地阻击数倍于己的白匪军的进攻。

战斗异常艰苦，短暂的休息时间，"无论吃饭，睡觉，洗脸，解鞍，都不能好好去做"。那时又正当夏季，酷热难耐。战士们"常常整日整夜没有水用"，由于战斗激烈，往往同时要对付几个方向的敌人，连派人"到几俄里外的井边去打水也不可能……当时水比面包贵，时间比水贵……"他们就这样，顽强地阻击敌人，掩护并保障大部队安全撤离，整整坚持了四十五个昼夜……

有一次，在撤退的时候，他们在三天三夜里，打了二十次冲锋。

二十次啊！

在不断的冲锋中，战士们把嗓子都喊破了。他们砍杀着，干透了的嗓子，连一声也喊不出来了。

可怕的场面啊：骑兵冲锋，肉搏，砍杀，举起马刀，歪扭的，淌着脏汗的脸——可是一声也喊不出……

当夏夜微蓝的夜幕，在那钟摆似的在马鞍上摇晃着的五千多名战士们的身影上慢慢降下的时候，刚才还是黄尘黑雾、马嘶人吼、血影刀光、厮杀得不辨黑夜白昼的战场，随着敌人的溃败，渐渐变得安静了。地平线上，除了敌人败退时的那一抹烟尘之外，再看不见敌人的影子。绷紧的神经松弛下来，战场静极了。可这时，在渴、哑、饥、热的折磨之外，很快又加上了一种新的折磨——难以克服的梦魇的折磨。

满身尘土的通信兵带着报告跑来，还未及报告，就从马鞍上掉下来，在马腿跟前睡着了。

战士们勉强骑在马鞍上，再没有一点力气同梦魔抗争了。

梦魔把人的眼睛合上了，睫毛像带了磁性似的，眼睛入睡了。灌满了沉甸甸水银似的心脏，也慢慢停滞了。沉甸甸的手臂垂下来，脑袋摇晃着，军帽都滑到额头上了……

军团的指挥员们都集聚到布琼尼身边待命。然而，出乎大家意料的是，布琼尼却命令："大家都睡觉去。"他特别强调"大家"这个词："我命令大家都休息。""怎么……"指挥员们不解，谁都知道，敌人还会卷土重来，后面还有更惨烈的战斗……"大家都休息"，谁担任警戒呢？终于有人在问："司令员同志，谁担任……"布琼尼知道那人要问什么，没待他说完，便接下去不容分说地大声说："我担任！"他在暮色中看了看手腕上的荧光表，大声命令："全军无例外地统统都睡！休息二百四十分钟！"他说："放心吧，我负责警卫。记住，二百四十分钟，连一秒钟也不能多。起身的信号——是我放手枪。"他说着，拍拍腰间的枪匣。

就这样，布琼尼军团五千多名指挥员和战士，像一个人似的，纷纷躺倒在这山谷里的草地上了。有的人还拼着最后一点力气去解马鞍，并把马腿缚起来，才枕着马鞍睡去。其余的人，未来得及解马鞍，就倒在马腿跟前，手里握着马刀或缰绳就进入梦乡了。那长满野草的山谷，就成了布琼尼军团露宿的营地……

就这样，布琼尼和他统率的军团，书写着世界军事史上的奇迹：军长警卫着全军的酣梦……

布琼尼骑在他那匹名叫"卡毕克"的栗色战马上，在露天营地四周警惕地巡逻着。只有他的通信兵——那个从马鞍上掉下来来不及报告就在马腿前睡着了的柯瓦列夫，跟在他身后。这个只有十七岁的黑脸膛的小伙子，又"勉强骑到马鞍上，打着盹，用力抬起他那重得像铅锤似的头"在后面跟着他。布琼尼借着月光，辨认着以各种睡姿酣然入梦的战士们，"就像父亲俯在熟睡的儿子的摇篮上，温柔地笑着"……

在这条洒满月光的山谷，在战士们胸脯风箱似地起落，"把周围的荒草都吹动了"的有节奏的鼾声里，布琼尼和他的通信兵，在露营地的四周一圈一圈地走着，警惕地守护着五千多名同生共死的战友们的酣梦……

旷野夜空的星辰——大自然天然计时器的看不见的指针，也随着布琼尼腕表上的指针移动着，马上就到该叫醒战士们的时候了。布琼尼的战马"卡毕克"突然停下，竖起耳朵。布琼尼警惕起来，正了正军帽。他看见山梁上几个骑兵，一个跟着一个，身影把月亮都遮住了。

布琼尼凝然不动。

一个骑兵勒住马，对着露营地一堆将熄的篝火前穿靴子的人影大声问：

"喂，什么村子？借个火吧！"他举着手里的纸烟，他想吸烟。

"你是谁？"

"没看见吗？"骑兵把肩膀偏一偏，上校的肩章，在月光里闪了一下。

布琼尼明白，来的是敌人军官的骑兵侦察队，他们把露营的红军战士错当成自己的部队了。

布琼尼举起手枪。随着一声枪响，敌人的上校倒下去了，战士们从睡梦中跳起，很快便把敌人的军官侦察队生擒了……

"上马！"布琼尼一声令下，五千余名战士都精神抖擞地跨上了战马。

在晨曦中，地平线上，白匪骑兵掀起的尘土腾起来了。随着布琼尼的一声号令，部队迅速展开。

新的战斗又开始了……

按说故事到这里就该结束了。可卡达耶夫又加了一个结尾：又回到前边提到的莫斯科军委办公大楼，布琼尼元帅的办公室。布琼尼坐在办公桌前，眯缝着眼，向墙上挂的地图望了一下，笑着说："……是的，五千多名战士，横七竖八地睡在草地上，打着鼾，那鼾声啊，把荒草都吹得摆动起来了！"

卡达耶夫接下来写道："我想象着一幅绝妙的图画。旷野、夜、月、沉睡的营地，布琼尼骑在马上。在他身后紧跟着他的，是艰难地克制着梦魔，披着额发的一个面孔黝黑的孩子。耳边夹着一小束枯萎的罂粟花，满罩着尘土的肩上，落着一只沉睡的蝴蝶。"

这可真是神来之笔！

卡达耶夫在作品中善于运用俄罗斯，特别是乌克兰人惯用的"友善的幽默"，即用抒情的笔调，轻松、明快的语言和刻意营造的诗一般的意境，来表现与深化严肃的主题。这在他后来创作的《团的儿子》《时间呀，前进！》《我是劳动人民的儿子》等中长篇小说中，运用得非常多。即便像《梦》这样的短篇，也处处让读者感到作者的"温存的笑影"。

就拿这结尾来说吧，呈现在作者脑海中的那幅"绝妙的图画"，不仅与文章开头前后呼应，组成了一篇完整的艺术精品的架构，而且，作者还把旧辞典中查到的有关梦的"幼稚，然而美丽的譬喻"中的那个长着翅膀、拿一束罂粟花的小孩，幻化成现实中的布琼尼的那个"艰难地克制着梦魔"，却忠于职守，一直紧跟在布琼尼身后为整个部队担任警戒的小通信兵。让读者除了对这个人物由衷地钦佩之外，对作者这种"善意的幽默"也忍俊不禁。

《梦》创作于 1934 年。父亲曹靖华将它译成中文，是在 1940—1942 年在重庆主持编辑《中苏文化》杂志期间。当时正值抗战时期，他在重庆面见周恩来时，便受命从事苏联十月革命和反法西斯战争文学作品的翻译推介工作，因为"这也是抗战的一部分"。从那时起，他便"浸到尘封的书报杂志中"，把苏联作家或随军记者在火线上，在炮火中，匆匆写下的文章结构、布局以及文字雕琢等方面都不尽完美的"急就章"，翻译、介绍给中国读者，鼓舞他们同日本强盗进行殊死的战斗。1942 年 10 月，他在为苏联短篇小说集《梦》写的《后记》中提到，1938 年他随北平大学等几所院校组成的"西北联大"，由北平辗转迁往汉中城固，课余到汉江边，见到一群群衣不蔽体的工人，将河沙倒到淘金的沙床上，提着一桶桶水，洗着、淘着，辛苦半天，常常一粒金沙也淘不出来。他把他从书报杂志上遴选的值得翻译、推介的文章，譬作工人们淘金，"往往找了一大堆材料，经过好多时日的阅读以后，在内容与技巧上，真正值得介绍的，常常连一篇也没有"。这部小说集《梦》，就是那两年他像那些淘金工匠们一样"沙里淘金"的成果。虽说不一定都是"金"，但其中有些篇，如这篇冠于卷首的卡达耶夫的《梦》，"从各方面看，都不失为艺术的结构，并不是灰色的沙土，而是有分量的，水冲不去的，留在沙床上的金沙"。

……又多少年过去。如今重读，只感到岁月的尘沙并没有遮掩住那"留在沙床上的金沙"的熠熠光辉……

乌克兰文学史上的主要流派
及代表作家简介

许丽莎

上海外国语大学俄语系乌克兰语专业教师、博士

乌克兰文学是乌克兰人民的文学，乌克兰文学有千年历史。乌克兰文学在发展的中世纪阶段（11—13世纪）由古罗斯语写成，而在14—18世纪由古乌克兰语写成。自1798年伊万·科特里亚莱夫斯基的长诗《艾乃伊达》出版，乌克兰人民语言，其中波尔塔瓦方言便成为文学语言。由于乌克兰在很长一段时间内没有作为独立国家存在，乌克兰作家也使用外语进行创作，例如，赫雷郝里·克维特卡—奥斯诺维亚南科、塔拉斯·舍甫琴科、邦代莱伊蒙·古里什、玛尔科·沃夫巧克等使用俄语创作、尤里·费基科维奇、伊万·弗朗科、奥里哈·科贝良斯卡使用德语创作，美国和加拿大的侨民作家使用英语创作等。但是，口头民间文学只用人民语言写成。

基辅罗斯时期的乌克兰文学由古罗斯语或者教堂斯拉夫语写成，最著名的作家是伊拉里昂。这一时期的主要文学作品有《罗斯编年史》，11世纪中期都主教伊拉里昂的《法与神恩说》及13世纪《基辅洞窟修道院神父生平集》，其中最著名的作品为完成于1187年的无名作者的英雄史诗《伊戈尔远征记》。

14—18世纪立陶宛—波兰统治时期及哥萨克时代的古乌克兰文学主要流派有文艺复兴、巴洛克及古典主义。古典主义属于17—18世纪的艺术流派。乌克兰文学中的古典主义以费奥凡·普罗科波维奇（Феофан Прокопович）和伊万·奈克拉舍维奇（Іван Некрашевич）的创作为代表。

最著名的古乌克兰作家和哲学家是赫雷郝里·斯科沃罗达（Григорій Сковорода）（1722—1794），他在当时被称为"乌克兰的苏格拉底""乌克兰的贺拉斯""乌克兰的伊索"。他曾在基辅—莫吉拉科学院学习，精通欧洲文学和哲学。他把自己的诗歌编撰成《宗教歌曲的花园集》，把寓言故事统一纳入《哈尔科夫寓言集》中。斯科沃罗达的创作是古乌克兰文学到近现代乌克兰文学的过渡，对接下来几个世纪的乌克兰文学发展产生了巨大的影响。

18世纪末至20世纪初的近代乌克兰文学经历了感伤主义、浪漫主义、现实主义、自然主义流派的演变发展。

感伤主义——18世纪末至19世纪初的艺术流派，其特点是关注人的内心世界，夸张人的感受，理想化现实。出生于波尔塔瓦的伊万·科特里亚莱夫斯基（Іван Котляревський）（1769—1838）是乌克兰文学史上第一个用人民语言写作的作家。虽然他创作的文学作品不多，但是对于乌克兰文学意义非常。长诗《艾乃伊达》，戏剧《娜塔尔卡·波尔塔夫卡》是他最著名的作品。出版于1798年的《艾乃伊达》是近现代乌克兰文学史上的第一部作品。该诗体裁为幽默讽刺长诗，内容根据罗马文学名著维吉尔的《埃涅阿斯纪》改编而成。《娜塔尔卡·波尔塔夫卡》是乌克兰文学史上最受欢迎的戏剧作品，1819年第一次在舞台上演，至今仍保留在乌克兰各大剧院的歌舞剧及话剧节目单上。该剧体裁为社会日常戏剧，描写了具有伟大力量的真挚爱情。

赫雷郝里·克维特卡—奥斯诺维亚南科（Григорій Квітка—Основ'яненко）（1778—1843）是近现代乌克兰文学史上的第一位小说家，乌克兰感伤主义文学的主要代表。他的小说《玛卢西娅》、《可怜的奥克桑娜》及《真诚的爱情》具有感伤主义特点，小说《士兵的画像》

《死气沉沉的复活节》则具有讽刺—现实主义性质。作家的小说取材于日常人民生活，弘扬了真、善、美的人类普世价值。

浪漫主义——18 世纪末至 19 世纪上半期的艺术流派。乌克兰浪漫主义文学的主要主题为个体、家庭及人民的命运，以及人的理想与现实的对立，主要体裁有寓言、抒情诗、童话、历史小说及历史剧。哈尔科夫大学（1805 年）和基辅大学（1834 年）的成立促进了乌克兰浪漫主义文学的发展。早期的乌克兰浪漫主义文学主要集中在哈尔科夫浪漫主义作家团体的创作活动中，主要代表作家有梅科拉·科斯托玛罗夫（1817—1885）及梅哈伊洛·拜特兰科。著名的民间文学作家梅哈伊洛·马克西莫维奇的民歌创作为基辅浪漫主义作家小组的创作提供了灵感及素材，该小组中最有名的作家是塔拉斯·舍甫琴科和邦代莱伊蒙·古里什。

塔拉斯·舍甫琴科最著名的作品有寓言《疯子》，长诗《卡黛琳娜》（讲述了一个普通乌克兰女孩的悲剧命运，她被俄罗斯士兵凌辱后抛弃），《18 世纪反抗波兰贵族压迫的民族解放斗争参与者们》，《梦》（诗人描写了俄罗斯帝国下乌克兰人民的悲惨处境，批判俄罗斯沙皇彼得一世和叶卡捷琳娜二世对乌克兰的奴役政策，歌颂骄傲的乌克兰盖特曼波鲁博多克，蔑视放弃乌克兰的乌克兰人。诗人还讽刺性地描写了俄罗斯沙皇尼古拉一世，其皇后及大臣），《异教徒》，《大地窖》（主要思想为乌克兰同俄罗斯联合对于乌克兰人民来说是悲剧性的），《女长工》（讲述了一个普通女人的命运，她的儿子被强迫交给没有孩子的雇主家庭。她一辈子都在照顾和教育儿子，只到死之前才告诉儿子自己是他的母亲），《高加索》（长诗谴责俄罗斯的侵略殖民政策并且歌颂被奴役的人民为自由而战），《新拥护者们》（讲述最初基督徒们活动的历史长诗），《玛利亚》（以玛利亚和耶稣基督为情节的哲学长诗）。书信体诗歌《致死去的和活着的人……》是舍甫琴科的主要作品之一。该诗主题——知识分子和普通人民之间的关系，知识分子对乌克兰的责任，乌克兰人的联合，对民族解放的信仰问题。他的戏剧《纳扎尔·斯托道里亚》在舞台上成功上演了近 150 年。他的长诗《遗嘱》（《当我死后，请把我葬在……》）为他获得世界声誉。这部作品被翻译成世界各国语言，其主题为呼吁推翻现有体制，建立新的自由社会。

邦代莱伊蒙·古里什（1819—1897）是乌克兰语语音正字体系的创造者，第一本乌克兰语杂志《基础》的奠基者之一，乌克兰语版圣经翻译者。他一生都致力于把乌克兰语发展成标准文学语言，其代表作为第一部乌克兰语长篇历史小说《黑色议会，1663年纪事》。该小说的中心思想——为把乌克兰领土（以第聂伯河为界的划归俄罗斯的左岸乌克兰和划归波兰的右岸乌克兰）联合成一个统一国家而斗争。

此外，西乌克兰主要浪漫主义文学团体及代表有《罗斯三人组》——伊万·瓦黑莱维奇、雅基夫·郝劳瓦茨基和玛尔基扬·沙什凯维奇，其代表作为1837年出版的诗集《德涅斯特河美人鱼》。

现实主义——发展繁荣于19世纪下半期的艺术流派。它的主要特征——在生活本身的形式下描写生活，刻画典型环境下的典型人物。乌克兰现实主义主要代表作家有伊万·乃楚伊·莱维茨基、巴纳斯·梅尔内、伊万·托比莱维奇、伊万·弗朗科。作家伊万·乃楚伊·莱维茨基（1838—1918）的代表作为第一部关于乌克兰民族知识分子的长篇小说《乌云》《黑海之上》，描写在农奴制末期乌克兰人民追求自由的现实主义历史长篇小说《梅科拉·斋里亚》，社会——日常幽默小说《卡伊达舍夫一家》。

伊万·弗朗科（1856—1916）是19世纪下半期乌克兰最著名的作家、学者、社会政治活动家以及文学活动的组织者，乌克兰国立利沃夫大学便以他命名。弗朗科的主要创作宝库多于50卷，他的诗歌作品包括政治抒情诗集《从顶端和低处》，寓言诗集《春季歌曲》，爱情抒情诗集《枯萎了的叶子》；小说代表作有《鲍雷斯拉夫在笑》《扎哈尔·拜尔古特》《交叉路口》《干草棚下》；戏剧代表作有《被偷走的幸福》。

现代主义——19世纪末至20世纪初乌克兰和欧洲主要的文学流派，其特点是摒弃现实主义固有的特点，寻找艺术表达的新形式、新手段。现代主义的主要流派有新浪漫主义、象征主义、颓废派及印象主义。新浪漫主义是乌克兰文学中的早期现代主义流派，其特点是追求个性解放，努力达到理想和真实生活的和谐。新浪漫主义代表作家有莱霞·乌克兰英卡。

拉雷萨·科萨奇在乌克兰文学中以笔名莱霞·乌克兰英卡（1871—1913）为人熟知。伊万·弗朗科如此评价她的创作："自舍甫琴科以后，乌克兰没有听到如此强有力，热烈和充满诗意的声音"，并把女诗人称为当时全乌克兰"唯一的男人"。莱霞·乌克兰英卡的诗集有《乘着歌声的翅膀》（1893）、《思想和梦想》（1899）以及《回声》（1902）。女作家还以创作诗体哲学戏剧（戏剧长诗）著名，如《疯狂的人》《巴比伦囚徒》《在地下避难所》等。她的戏剧代表作有历史剧《女贵族》（该作品揭示了17世纪下半期乌克兰和俄罗斯复杂的社会—民族关系，在苏联时期被官方书刊检查禁止出版），《林中之歌》。

象征主义——19世纪末至20世纪初乌克兰和欧洲文学中现代主义的体裁流派，其特点为艺术家推行复杂化的形象语言，其中包括象征手法，以努力表达永恒感以及事物中隐藏的神秘本质。乌克兰文学中象征主义代表作家有梅科拉·沃罗内、亚历山大·奥莱斯、赫雷郝里·楚普琳卡，"年轻的缪斯"诗人们，梅科拉·费良斯基，早期的巴甫洛·德奇纳以及象征主义文学小组《白色画室》《一串》《梅杜萨》《逻各斯》。

印象主义的特点是通过主观印象的棱镜最细腻地反映生活。乌克兰印象主义代表作家是梅哈伊洛·科秋宾斯基（1864—1913）。他的印象主义代表作有小说《苹果树的花》，《插曲》及《被遗忘祖先的影子》。小说《被遗忘祖先的影子》（1911）中现实和幻想情节的结合，神话元素，民族元素和胡楚尔方言的有机使用使其成为乌克兰文学中的经典作品。小说中描写的乌克兰喀尔巴阡山的美，当地居民胡楚尔人的生活方式给人留下了深刻的印象。小说中讲述的来自两个胡楚尔敌对种族伊万和玛丽奇卡之间的爱情故事被视为乌克兰版的罗密欧和朱丽叶。该小说后被拍成电影，深受观众欢迎。

20世纪20年代虽然一部分乌克兰作家由于无法接受苏联政权的建

立而移居国外，但是大部分作家还是留在了乌克兰，因此，不得不适应当时的体制对文学提出的新要求。许多作家开始歌颂苏联政权，苏联共产党及其领袖。20世纪20年代乌克兰化政策（即在生活的所有领域使用乌克兰语）的推行极大地推动了乌克兰文学的发展，使得许多文学协会和团体纷纷出现，如无产阶级文学自由科学院，全乌克兰无产阶级作家联合会等。乌克兰化于1930年停止，15人被苏联当局枪决。

20世纪20年代乌克兰最杰出的剧作家梅科拉·古里什（1892—1937）的作品具有鲜明的先锋主义色彩，并且使用了表现主义和荒诞戏剧的思想。作家的创作涉及现实的社会——政治主题，1937年作家被枪决。他的讽刺喜剧《美纳·玛扎伊洛》是乌克兰文学中的经典作品。该作品谴责20世纪20年代末乌克兰社会中的市侩习气，反乌克兰现象及俄罗斯大国沙文主义。该剧情节为哈尔科夫工人美纳·玛扎伊洛决定把自己的乌克兰姓改成更"优越"的俄罗斯姓玛兹叶宁而遭到儿子莫基的极力反对，父子之间关于乌克兰语的起源及其丰富的词汇，俄乌语的对比主题积极争辩。

社会主义现实主义是1930—1980年苏联文学的主流艺术创作方法，其要求作家的文学创作需建立在阶层性、政党性、人民性、无产阶级国际主义的原则之上。作家创作被国家书刊检查制度控制。社会主义现实主义代表作家有安德里·郝劳夫科、奥莱斯·洪查尔、巴甫洛·扎赫莱拜里内等。

20世纪60年代是苏联政权对乌克兰知识分子文化思想压制减弱的时代，因此，出现了一批出色的诗人和小说家，他们被称为"六十年代人"，其中的杰出代表有现代主义诗人伊万·德拉奇、梅科拉·维恩赫拉诺夫斯基、瓦莱里·舍甫楚克以及赫雷赫伊尔·久久内克。

乌克兰现代最杰出的女诗人丽娜·科斯丹科在"赫鲁晓夫解冻时期"参与了"60年生人"运动，因其主张保护被逮捕的乌克兰知识分子的公民立场而被停止文学写作16年。女作家的政论长篇小说《乌克兰疯子的笔记》（2010）引起了社会反响。她创作的诗体历史长篇小说《玛鲁西娅·楚拉伊》是乌克兰文学中的经典。该长篇小说发表于1979年，获得最权威的塔拉斯·舍甫琴科国家奖。

苏联时期乌克兰杰出的爱国主义诗人还有沃洛德梅尔·索修拉(1898—1965)、亚历山大·多甫仁科（1894—1956）以及瓦西里·斯杜斯(1938—1985)。沃洛德梅尔·索修拉最重要的爱国诗歌《请爱乌克兰》呼吁热爱，保护和歌颂祖国，反对将乌克兰俄罗斯化。天才乌克兰电影导演亚历山大·多甫仁科因其鲜明的爱国立场第二次世界大战之后被禁止待在乌克兰，他的著名电影《土地》在1958年布鲁塞尔电影节上获得"12部史上和世界上最优秀的电影作品之一"的称号。瓦西里·斯杜斯（1938—1985）的命运是悲剧性的，诗人47岁死于乌拉尔集中营。在斯杜斯死不久前，德国作家海因里希·伯尔推荐他为诺贝尔文学家候选人。

后苏联时代的乌克兰面临着一系列挑战，包括国家建构、民主化、经济复兴、战胜区域分裂形成统一的民族认同。当代乌克兰文学主要分为西方派和本土派。"西方派"主要按照西方文化中流行的后现代主义范例进行创作，代表作家有尤里·安德鲁郝维奇、梅科拉·里亚布楚克。"本土派"作家如叶甫汉·巴什科夫斯基、瓦西里·黑拉西缪克旨在在创作中表现乌克兰文学的民族独特性以及传承乌克兰农村独特文化精髓。

总之，从基辅罗斯时期到今天，乌克兰文学走过了千年历史。各时代的乌克兰作家用不同的艺术创作手法展现了乌克兰美丽辽阔的地理风貌，乌克兰民族错综复杂的历史，乌克兰人民隐忍不易的现实生活及其细腻丰富的精神世界。

从颜色看民族性格
——乌克兰和中国人喜爱颜色之对比

翁　馨
浙江师范大学外语学院学生

在学习了乌克兰文化之后，我对乌克兰民族喜爱的颜色产生了浓厚的兴趣，因为乌克兰民族的传统色彩与中国的传统色彩有比较大的差异，但是又不乏相似之处。同时，两个民族的传统色彩都蕴含着丰富的文化内涵，这在很大程度上反映了整个民族的内在性格。所以，我将乌克兰和中国喜爱的颜色做了简单的对比，并由此获得一些思考与结论。

一　两个民族各自喜爱的颜色及反映的性格

（一）乌克兰人喜爱的传统颜色

从乌克兰的国旗上可以看到，乌克兰人喜爱的颜色是蓝色和黄色。乌克兰国旗由蓝、黄两部分构成，上半部分的蓝色代表的是天空和海洋，纯洁的蓝色象征着自由和主权，这反映出的民族性格便是追求自由、民主、独立。正是因为乌克兰人民有着不被束缚、不被羁绊的性格，所以他们要求国家民主，要求自己的人生由自己掌握。我觉得，蓝色在乌克兰代表的不仅是人身体上的自由，更是心灵思想上的自由与纯洁，因为那片自然风光旖旎的土地上，人们追求更多的是心灵的放松和享受。

  国旗下半部分的黄色代表的是金黄的麦田，象征着太阳和丰收，给人一种温暖的感觉，代表着乌克兰人民世代辛勤地耕作，体现出乌克兰人不怕困难、辛勤耕耘以追求幸福生活的民族性格。大自然赋予了乌克兰世界上最大的黑土区，因而乌克兰人民在这块耕地面积占70%的宝地上世代耕耘，创造了农业上的一次次辉煌，被称为"欧洲的粮仓"。所以，这黄色也代表着乌克兰人民对自己国家的骄傲，对自己祖国的自豪。

  在日常生活中，乌克兰人也非常喜爱白色和红色。白色，在乌克兰代表着好的事物，是美好、幸福的象征。因此，在乌克兰传统的民族服饰中经常能够看见白色的运用。这反映出乌克兰人民追求生活的一种宁静与安详，是一种知足常乐的性格。红色，代表着美丽、幸福，象征着生活开心，而血液也是红色的，所以红色又代表着活力，这表明乌克兰人的积极向上、热情满满，从乌克兰的名菜——红菜汤的色彩中可以很明显地看出来。同时，乌克兰的复活节彩蛋的颜色大多是红色的，而彩蛋象征生命，所以红色又是生命的标志，这点和中国非常相似。

  在乌克兰，常见的颜色还有绿色和棕色。绿色，是属于大自然的颜色，所以在乌克兰人民眼中代表的是自然的气息，是一种对生活顺利、身体健康的期望；棕色，是土地的象征，因为乌克兰人民十分看重土地，所以棕色在他们的世界中代表土地的力量，这反映出乌克兰人民对自然、对土地的热爱和尊敬，反映出乌克兰人民朴素、踏实和热爱生活、热爱自然的性格。

（二）中国人喜爱的传统色彩

  同样，从中国国旗中可以看出中国传统的色彩是红色和黄色。中华人民共和国国旗是五星红旗，主体颜色为红色，左上方缀有黄色五角星五颗。红色，在中国象征着革命，因为新中国是在革命中诞生的，历尽艰难险阻。红色又代表着热情、勤奋、能量和爱情。自古以来，帝王贵族们就喜欢用红色来显示自己的地位与权势，因为红色象征着自信与不可侵犯。

  而随着社会的发展，红色的使用越来越普遍。在传统婚嫁服饰中，红色一定是主色调，这反映出中华民族追求美好幸福生活的心愿。红色在中国也是一种充满正能量的颜色，它能够唤醒人内心的斗志，反映了中国人积极向上、勇敢、不畏困难的性格。

  五星红旗的五颗星星是黄色的，黄色代表着金灿灿的霞光，与红色相映衬，色调简练而大气，代表着中国文化包容的特性。作为传统的亚洲人，中国人的肤色是黄色的，因而黄色也是中国民族特征之一，中国人看重黄色，也是对传统、对自己血脉的继承与沿袭，这从一个侧面反映出了中国人重历史、重传统的性格特征。在古代中国，黄色是帝王的颜色，五行中黄色属土，代表着高贵和权威。在中国传统建筑上也可以看到红色的普遍运用，在北京故宫，所有建筑的颜色大致为朱红色和黄色。这反映了在古代，中国普通百姓对权威的敬重，是一种谦虚、自我克制的民族性格。

  在现代中国，黄色代表着丰收和喜悦，表明了以农业立国的中国对自己生存之本的重视，是中国人民脚踏实地、勤勤恳恳的性格象征。这一点，与乌克兰人民对黄色的解读是非常相似的。

二　两国人民对色彩的不同看法

（一）对白色的解读

  在乌克兰，白色是非常受欢迎的色彩，人们把白色融入民族服装中来代表自己对好的事物的追求和向往。但是，在传统中国，白色是一种不吉祥的颜色。在任何婚嫁喜事上都不会运用白色。因为中国人认为白色代表着暴力、恐怖、死亡，因而只有在丧事上才会大片使用白色来表达内心的悲哀痛苦。在过年的时候，传统中国人也会尽量避免穿白衣服。但是，随着世界不同思想的碰撞和交流，中国对白色的偏见在日渐减少，传统的国人也在以一种更加开放的心态对待各种色彩，白色在日常生活中的使用也在增加，比如，现代婚礼以西式婚礼为主，大部分的婚纱为白色。

（二）两国人民对不喜爱的颜色的做法

在乌克兰，黑色是代表神秘的生活，但是乌克兰人民仍然将黑色用在了传统民族服饰中，因为他们坚定地认为人的一生是由好的部分和不好的部分组成的，因而要去主动接受不好的部分，要去面对它们，不能逃避。这种率性的观点代表着乌克兰人民开放的观念，他们勇于接受挑战、不畏困难，并以这种观念去对待好运和不幸。从我自己的观点出发，我觉得乌克兰人民把黑色融入服饰的原因还与乌克兰广袤的黑土地有关，因为肥沃的黑土地一直是乌克兰人民的骄傲。

然而，在中国，人们的做法和乌克兰人完全不同。在中国汉民族的传统服饰中，很少能见到白色的身影。因为在中国，白色代表着不吉祥，而中国人讲究规避、避免接触不吉利的事物，那么人们就尽量不去使用白色。在现代，很多老人仍然坚持这一观点，并不允许自己的后代戴白色的帽子，因为白帽子在中国代表着丧事。这种观点反映出中国传统思想的保守性，也是中国传统民族性格的保守性。不过，在其他领域，中国人又很大程度上利用了白色，比如，在山水画中，"留白"就很好地利用了白色给人的纯粹感，可以让人发挥无尽的想象。

三 对待色彩的差异

对于色彩的差异只是两个民族之间差异的微小的一部分，不能完全反映两个民族的差别，但是从这个角度看两国人民的性格也给我带来了很大的启发。因此从民族的角度来看，不管是乌克兰民族还是中华民族，都有自己悠久的历史，其喜欢的颜色也有着长久的历史渊源，两个民族的民族性格也深深根植于两国的文化之中，都有着他们各自的特色。颜色没有优劣之分，有的只是人为的偏爱，喜爱的颜色和所反映的民族性格的差异不能成为对任何民族有偏见的理由。

因此，对于乌克兰民族与中华民族喜爱的色彩的差异，需要以一种包容万物的心态去面对。不管是在乌克兰还是在中国，我们需要做的不是排斥，而是要尊重、理解并保护当地的民族色彩，求同存异，只有这样才能让两国民族文化共存并相互借鉴。

荣耀与沉思
——卢甘斯克游学散记

张力跃
浙江师范大学职业教育研究中心副教授、博士

一 乌克兰游记之一
——初来乍到

到乌克兰访学的念头是两年前就有了的,一来是适应学校评聘教授的刚性需求,二来是校园里越来越多的乌克兰留学生,偶然擦肩而过甩一腔叽哩呱啦,勾起了我高中时的俄语梦——试试,还有几个单词能想起来,出国的念头就像楼后背阴处的狗尾巴草滋长起来,不是园丁先有设计再购种子一路辛苦耕耘始成大观的作品,是见到枫林晚景后的停车坐。接下来的事情按部就班,办护照、发邀请函、签证、买机票,校内的出国申请审批、课程安排、在读研究生的一应叮嘱,行李采办,朋友欢送……

从上海到莫斯科中转,经顿涅茨克再到卢甘斯克,全程近9000公里,30几个小时没怎么睡,启程时还多半是中国人,到转机再出关,满眼都是黄发碧眼的番人,在大厅里驻足,那几个机场警察时不时过来瞄我两眼,说不上善意恶意,只是鲜明地感觉到——自己成了人家眼中的外国人。

坐上孔子学院来迎接的车，沿途一路狂飙——那是名副其实的飙，在差于金义快速通道的双向四车道上一直保持100公里左右时速，1/3时间速度达到140公里，花白头发的老司机决不会让人感到些丝温厚，高耸的鼻梁、桀骜的眼神只会强烈地提醒人们：这是保尔·柯察金的家乡，一个产生钢铁战士的地方。车况很旧，正象征着这个国家从苏联一路颠沛转型而来，车内的皮饰又黑又破，玻璃上蒙着黏滞的尘土，刮开车尾的灰尘可以看到，这是辆原装的奔驰。

沿途映入眼帘的是美妙的秋景——或黄或绿的松林白桦，一簇簇装点在起伏的原野上，转承接洽的地方，河水穿插蜿蜒。间或在大片树丛中闪露几角屋顶，乡间小路上两个少年追逐嬉戏，农田边一个青年肃穆地守着羊群，让人疑心自己正走在俄罗斯著名风景画家伊凡诺维奇·希施金的《黑麦田》里——这个雄壮诗意的国度。

二　乌克兰游记之二
——同与不同

年近四十，早过了乍喜乍悲的年纪，美妙的人物事景随流而过，心起涟漪已属难能。海市蜃楼般，在这异国的土地上，降下了那童年生活的一瞬——祖父、狗、咕嘟的铜茶壶和羞涩的少年，让我心旌摇荡，澎湃难平。星期六，跟随孔子学院志愿者和几个中国留学生一起来到技术学院二年级学生瓦洛达家做客，一天所见所闻让人思绪飞扬。

瓦洛达家在卢甘斯克市郊，我们需要乘坐大约半小时的公交车。图中的白色车（像国内的伊维克）是卢甘斯克市公交车的主要车型，各种颜色都有，车内有六排座位，乘坐18人左右，内饰陈旧，驾驶座和乘车区间有隔断，中间有24寸电视大小方口，乘客在下车前通过方口将钱交给司机，无论路途远近车票价格都是2格里50戈比（相当于人民币1元9角），没有售票员，全凭自觉。市区内平时看不到交警，车速很快。

这是瓦洛达家的小院。乌克兰是真正意义上的地大物博，全国每个公民（不分农民市民）都有一定面积的土地（不同于国内十几平方的土地使用权，是能进行耕作的规模农田），一般市民除了在市区有一套公寓式住宅，还在城外有乡间农宅（没用"别墅"称谓，按国内的语境，是由于这种农宅有"别墅"的功用，未达"别墅"的豪奢）。每逢周末，全家返回乡间劳作，电话基本失联，住宅都有院落，菜田里葡萄、苹果及各色蔬菜俱全。这么详尽地说这件事，是因为刚到这里的国人都非常纳闷：非洲的收入（卢大教师的工资平均只有2000格里，相当于人民币一千七八），上海的物价（以西红柿为例，夏天14元/公斤，冬天50元/公斤，土豆洋葱胡萝卜除外，其他蔬菜都是天价），这里人咋活得这么光鲜哩？自己动手、丰衣足食是秘密，当然这点我们学不来，谁叫我们只有建筑用地没有耕地呢！想劳动只能去公共健身器旁跟老头老太太们较劲。

这是瓦洛达——技术学院汽修专业二年级学生（职高二年级，已在卢大孔子学院学习汉语3年），17岁，这个纯净害羞的乌克兰少年让几个中国女生不自禁地猛秀汉语，表现出了白求恩般的国际热忱。在卢甘斯克有人告诉我，乌克兰长期女多男少，不少男人酗酒懒惰（现在已好很多），客观上形成了妻子比丈夫能干的家庭结构，孩子一般较听母亲的话，母亲在儿子的生活中有权威，当然包办管理也较多。瓦洛达家就很典型，父亲与母亲离异，妈妈奥莉娅独自一人奉养外祖父，操持家务，还要兼一份工作，哥哥19岁，已经在电器修理铺当了3年工人，瓦洛达读书，兄弟俩都很温顺质朴。这样形容是因为生活给了我们真切的参照——国内常见这个年龄段的青少年漂一绺红发，双腮夹耳，眼闭头摇，神游好声音，偶一开目，傲狠逼人，让视者慌不迭退让。

这是主人准备的乌式大餐——中间盘内盛放的是菜花，蘸鸡蛋面粉经油煎过，颇似煎饺。其余的盘、碗里盛着不同材料的各种沙拉，红色为红菜丝，绿色是黄瓜丝，今天因为客人来自中国，特意摆成了龙形。四周小碟里的白色青椒，里边裹着肉馅，是货真价实的蔬菜饺子。先喝汤，接着吃菜和面包片（没人告诉我这只是其中一个环节，让我提前不客气吃饱了，后果是一下午肚子很胀，准确地说是一直胃疼），然后是每人一杯热茶（很美味的红茶），一块分量不小的甜饼。

下午瓦洛达母子三人和阿列克谢陪着我们到森林里烤肉。这里的树林里有松树、栎树、白桦等，各种颜色交错掩映，衬着秋天湛蓝的天空，堪称美景。他们都是野外玩惯了的，随便出去遛几趟就抱回了一大堆枝条，燃着后又把粗木头锯短烤干，明火熄掉后开始烤肉，都是腌过的大块猪肉，中间用洋葱片隔开。主食是热土豆泥（拌了黄油）配沙拉，另是一种味道，喝的是主人用苹果和葡萄自酿的果汁。

这是阿列克谢，33岁，电工，专门架设、修理电线，真是职业特长，转身间，他已从光滑的树身爬上了七八米高的树冠中间。我问他为什么学习汉语，他说是因为前些年和女朋友分手，自己感觉生活没有目标，学汉语可以让生活翻开新的篇章；一会儿又说还有个原因，是中国的电子产品做得比较好，学汉语可以让他更好地了解这些产品；隔了几分钟，他说："张，我还有个原因，我可以通过学习汉语认识很多朋友，这很有意思；吃完饭后他说，学习汉语有很多原因，除了前面说的，还有一个是……"没等他说完，我说"好了，阿列克谢，我领会了，你是在很认真地回答我的问题，不过不用现在完整回答，你可以给我写一封电子邮件。""哈拉绍，张，我知道，我现在补充一下，我……""你吃吧，一会肉凉了"，我赶快把肉塞到他嘴边打住了这个话题。

瓦洛达的母亲奥莉娅辛勤能干，不多说话，我问了她同样的问题，她说，学汉语主要是为了支持儿子瓦洛达，另外一个原因是希望能帮助在卢甘斯克的中国人更好地理解《圣经》知识。这个普通的乌克兰妇女很爱阅读，能为我们详细介绍院中树木的药用价值。我在这里呈现阿列克谢和奥莉娅的想法，是因为我讶异他们的答案：按我们的常理，学外语尤其是英语，学生为考试，工作人员为评职称，生意人为赚钱，社会人员为出国，目标再实用不过，他们有些不同，是个案还是共性，需要继续考察。

这是瓦洛达哥哥开的MOSKVICH，车龄说出来吓了我一跳——36年，是苏联时期生产的，开起来轰鸣作响，倒像是德国战机飞临，卢甘斯克街头行驶着很多这样的文物。瓦洛达哥哥问我估计这车值多少钱，我说："3万？"他发窘地说："5千。"这车能开这么久，真不知该同情车的主人，还是应该换一种心态："小伙子，我很羡慕你，在中国，车开十年就成废铁了，你拥有的是一辆神车！"

三　乌克兰游记之三
——博物之思

"嗨，醒醒，别睡着！"我朝自己喊。

不知不觉来卢甘斯克已经30天了，每天固定上课、买菜、上网，周末三五成群地去市区"扒古扒奇（购物）"或者"爱可思苦了谁呀"（游览），倒像是个积年的驴友，一副处变不惊的范儿。记得刚来那天的傍晚，看着车窗外黄彤彤的灯光下，各色标着变形张致俄文牌匾的屋宇一掠而过，忽而光彩喧闹的巴勒，忽而静默奇丽的教堂，服饰异于中土的西方蛮夷或驻足风中酌饮，或昂首追风赶月，让新来的我一时欢喜，一时惊叹。那时物我两奇，感觉最是敏锐，就像初进大观园的刘姥姥（很多红学家以刘姥姥历次进大观园作时间轴研究贾府兴衰）。可惜如白驹过隙，初到时常嚷嚷水土不服，转瞬间感叹这真是个好地方，应了旅游界人士常说的一句话：到了新地方待一周可以写一本书，待一个月可以写一篇文章，待一年——我都说不清我哪儿人，写什么文章！可见刘姥姥不易作，我朝自己喊，"嗨，醒醒，别睡着！"

卢甘斯克是卢甘斯克州的中心城市，算是省会，但要放在中国，45万的市区人口也只有和拉萨有得一拼。但令人吃惊的是就这些人，竟然有艺术品博物馆、历史文化博物馆、航空博物馆、地方志博物馆等十余个博物馆（我问了很多人，想得到个精确数字，然而，当地人也说不清）。然而我们金华有2235年的建制史，拥有骆宾王、吴晗、艾青、邵飘萍、陈望道、施光南等文化名人和无数名胜古迹，市区人口107万，直到2010年3月18日才拥有了属于自己的第一家市级博物馆！

这是我们在地方志博物馆看到的实物展品。从外景绝看不出这么个普通建筑物里容放着这么多展品，我们逛了一个上午，仅仅看了一半，从地壳板块运动直到1945年第二次世界大战结束（现代部分还没来得及看），分动物、植物、矿物、军事、风俗民情、经济等主题，每个展区都按时间维度精细排列，展品包括很多标本，背景是广角的透视画，三维效果相当逼真。依据可见下面对比：

真看不出，这是一个不到4平方米的空间，那么多的树、草做成标本，与背景画浑然一体，接缝的地方衔接巧妙，国人爱说"细节决定成败"，这是细功夫，真功夫。这种反差也体现在建筑上，这里的居民楼可以说是简朴陈旧，但内饰肯定会让第一次去做客的中国人吃惊，讲究细节，有文化品质。

柳德米拉，地方志博物馆的解说员，一个让人印象深刻的文化大使。刚进第一个展区，看到里面陈列的都是石头，我们都加快了脚步，想直接穿过去到动物区，老太太双手一拦："日基间，日基间（等等），我要向你们学习汉语呢！"然后指着每一个石头，问用中文怎么说，接着详尽地介绍它的构成、演变，我们明白了，她老人家要学汉语是饵，做教授是真，滔滔不绝，肢体语言极丰——眼神、微笑、手势、示范……绝对hold住，我们这群人大多听不大懂（太快了），但为了配合异国的热情，边听边点头："答，答，哈拉少！"这样投入地讲解，直到中午11点半，近两个半小时，到这一层出口了，她说，现在我陪中国客人们拍照，你们想在哪儿拍。把我们感动得——想想国内导游讲解时死气活样、购物时拔刀相逼，真！

游览时遇到好几个孩子，都是父母陪着一起观看，静静地听讲解，不时问几个问题。我的小孩刚上小学，两相对比，我很感慨：我们有很多的培训班、兴趣班，但我们很少有博物馆、歌剧院、教堂能体现深邃民族精神、文化精神的载体，我们的小孩和大人一样，在急着学技术，并且从幼儿园就开始捷足先登，唯恐输在起跑线上，学唐诗、珠算、钢琴、书法、绘画、跆拳道、英语……不过，我们再急，孩子再累，也是重技不重神，是术而非道，大多数孩子在小学毕业前已深深厌学，不堪重负，即使撑到大学毕业，不少数会烧掉所有教材，来一句"走你"！

终身不碰书。在国内,老家来客人了,我们常会陪着去第一百货购物,去所在城市最大的一处公园散步拍照,完了去吃喝一顿;在这里,人们最常说的是,我陪你去博物馆吧,晚上去看歌剧吧。正像一则流传甚广的故事描述的:安东兜里剩5卢布,仅够他明天的早餐,但如果晚上有歌剧,他会毫不犹豫地倾囊购票,观看演出,其他的事明天再说。尽管只是匆匆过客,我还是由不住地心向往之,在这片土地上景行行之,我和柳德米拉说:"再会,教授,下星期我们还来听您讲课。"

四 乌克兰游记之四
——也说近视

下课后我和班里几个中国学生一起做伴去市场买菜,迎面过来一群乌克兰大学生,男的俊朗有型,女的飒爽英姿,过后有一个问题老在脑海里盘旋,由不住问:你们发现没有,这里戴眼镜的人特别少?这一下引起了大家的共鸣,都说这里几乎看不到四眼,看不到眼镜店(商场里有不少眼镜专柜,都只卖户外太阳镜)。要知道卢大在乌克兰是具有四级高等教育办学资格,在师范类中排名第一的高校,要是在国内,能进这样的高校,不戴600度以上的眼镜,同学们认为只有两种可能,要么你爸是李刚,要么你来自西部农村,户外运动太多。

是什么原因让我们成了近视大国?是我们太爱求知看书多导致的吗?澳大利亚国立大学研究者在医学杂志《柳叶刀》(*The Lancet*)的5月版上发表文章,称东亚尤其是中国青少年十之有九的近视,与基因或阅读这样的静态活动无关,最主要原因是缺乏户外活动,太少晒太阳。文章称,晒太阳能刺激化学物质多巴宁在体内生成,它有助阻止眼球伸长,防止扭曲眼球焦点。该文作者,澳大利亚国立大学的伊恩·莫干(Ian Morgan)研究员表示,东亚的近视学生数量最多,如在中国,近视率几乎达到80%—90%,学生平均每天在户外的时间是30分钟。而每天户外活动达3小时的澳大利亚学生近视率只有10%左右,非洲青少年的近视率则只有2%—3%。

金华眼科医院近年来一直在对金华市区及周边的幼儿园和中小学进行视功能普查，发现农村学校教室的室内光线相对较暗，但由于这部分孩子参加户外活动的机会比较多，近视率反而比城市学校的学生要低很多。以竹马幼儿园为例，总共有182个小朋友参加了检查，其中有7个小朋友存在屈光不正的问题。而在金华市区北苑幼儿园，参加检查的191名小朋友中屈光不正者却有29人。

随着近年来电子产品的普及，儿童的活动方式受到了很大的影响，越来越多的家庭购买了液晶电视、ipad和智能手机，儿童的游戏也升级换代，从户外与小伙伴放风筝、捉迷藏等全身运动蜕变为蜗在家里进行屏幕触摸的手指运动。金华晚报曾经报道，一个暑假至少两成的小学生迈入近视行列——每天平均2小时电视（看动漫），1小时平板电脑游戏（美其名曰'切菜'），1小时手机游戏——呜呼，如此焉能不近视?!竟然还有家长（大学教授，博士）为如此行为辩护：现在不让孩子玩游戏，他和同学连共同语言都没有，一般学习好的都在玩儿呢。我真无语了，能把黑的说成白的，I 服了 YOU。我在卢甘斯克见到的市民、大学生，用得最多的，还是诺基亚——那种按键直板机，三四百元，保持着手机最本质的功能——通话，没有娱乐功能，不能玩游戏，乌克兰小孩们对手机没有丝毫兴趣，他们享受不到智能手机游戏的福，只好到田野里放风筝。

更主要的原因，是早期教育的过度提前，使得中国城市孩子的近视率和近视度数都大大提升。家长们在一种狂躁盲目的心态下逼赶着孩子们进行残酷的竞争，打着"不能输在起跑线上"的旗号，以爱的名义，把孩子们好奇爱玩儿的天性扼在心灵深处，让他们"懂事"地学习如山般的条条框框（以知识的面目出现）。我直到现在也不信，一个7、8岁的孩子会由衷地喜欢"亲有过、谏使更、怡吾色、柔吾声、谏不入⋯⋯"（弟子规，每个小学生必背），痴迷博士也解不开的奥数题，表现出皮亚杰式的少年早慧（认知心理学家皮亚杰在10岁时写出了一篇关于鸟类白化的论文，编辑不知作者年龄，竟然发表出来）和郭敬明般的创作才情（我儿子班上一位7周岁的小女生，今年国庆放假7

天，连续写了7篇日记，每篇都超过3页纸，受到老师的表扬，一时传为佳话）。

　　家长像在做蔬菜拼盘，看看自己孩子学了钢琴啦，没学拉丁舞，不行，这得补上，"未来的年轻人不懂拉丁舞连女朋友都找不到的"。隔几天看别人学绘画，又觉得画画好重要，学国画呢还是油画呢……一次碰到一个家长问我："你儿子报英语加强班没有，那个外教教得不错哎"，我说孩子小，还没报，"啊，7岁了还小，你这人真是，你太晚了你，人家那谁谁早都能用英语读圣经原文了，你要对孩子负责……"一个家长说："老师让一年级孩子们每天跳跳绳150下，我们家田田不怎么会跳，才跳130下，你家的呢？"另一个家长说，"我们家跳得也不好，不过我们子悦平时练仰卧起坐，每天平均37、38个呢！""哦，是吗，那我得让我家孩子也赶紧学仰卧起坐，我说他怎么腹直肌和腹外斜肌不硬实，谢谢你，太重要了，太及时了……"凡此总总，不一而足。我每次到群里遛一圈都会眼晕：干嘛呀这是，在菜市场买菜呀，一个个精明古怪的，就你们聪明，愣是把人当蛋糕烤，那是个人，他要在家庭和父母身上去模仿，在社会里习得规则，在自然中寻找自由，在游戏中获得成就感，一切得他主动地汲取，兴趣才是一切的源泉，你让他学了就表明他会了吗？你让他"懂事"他就无条件喜欢学习了？你给他设计的一切是他发自内心地热爱还是你想让他掌握一种技能？如果是后者，那父母就已经为孩子将来的厌学打下了坚实的基础，因为教育是一场马拉松，不是百米冲刺，维持这趟旅程的是跑步者的内心。做父母的在忧心孩子学习是否努力时，不妨反观一下我们自己，是否在闲暇时能保持阅读，是否不在电脑上消磨太多时光，是否热爱劳动，是否亲近大自然……我始终认为：教育孩子重在身教，是以身作则，是长久的熏陶，至于你追我赶的各种设计，不过是中国独生子女国情叠加了应试教育催生的旋涡——学校、老师、家长和孩子都在其中，当事人难能置身局外，呜呼，我也只是在这里发发牢骚吧，这个坚不可摧的局。

五　乌克兰游记之五
——通向田园

　　但凡上了些年纪的中国人，都对苏联或多或少有些亲近之感，这种情怀往往可以追溯到很小的时候，一部小说、一首歌、一张照片、一套木质套娃……上回在市场买羊肉，旁边一位50多岁的女士突然转过来问："你来自哪里？"我说"中国"，她说她父亲曾经到过中国，有很多中国朋友，不过现在已经去世了，说完双目欲泪，看样子很想作长谈，我饥肠辘辘急着回家做饭，赶忙道别，但一路甚觉惆怅，为自己没能回应这种怀念歉疚。我的父亲是农村小学教员，没有机缘踏上这片黑土地，但在仓房的旧搁板上存着他年轻时买的一些书，《反杜林论》《哥达纲领批判》这几本书封面都还平展，估计父亲也没怎么读，但一部《钢铁是怎样炼成的》书角卷得不成了样子，保尔也就伴随着孙悟空、薛刚和岳飞一起进入了我的生活，父亲反复强调的那段名言不甚了了（一个人的生命应当这样度过：当他回首往事……想起来了吧），只记得保尔善于打架以及与佟妮娅的爱情故事。朦胧中觉着，这是一个产生英雄的地方，也是一片回荡忧伤的土地。这次来到这里，早盼着能去真正的乌克兰农村看看，虽然时光流转，集体农庄没有了，康拜因不见了，但毕竟白桦林还在吧，黑土地还在吧！

　　星期六，我们一行人来到了距离卢甘斯克市40公里远的文尼斯焦普莱村（直译过来叫"下温暖村"，不解），沿着一条土路下来，我们可以看到大片的黑土地，路边是极粗壮、极高的白杨树、柳树，树荫下是宅距辽阔的民居，门上绘着传统的俄罗斯民间故事（我们写对联，他们画故事，有得一拼）。看这几张照片由不得羡慕嫉妒恨，我控诉我们四体不勤五谷不分的生活。从经济发展水平来说，乌克兰整体的工业化水平不及我们，但凭着原苏联打下的老底子，也凭着人家地大物博，每户家庭基本上都有乡间住宅、有耕地（人均25俄丈左右，在集体农庄工作过的农民会更多一些）、有汽车（20世纪80年代就实现了，不要1991年折腾那一下子，也许现在更好），大部分上班族周末要么到外面野游，要么在乡间耕作。无论男女，乌克兰人的动手能力都很强，用"勤劳智慧"来形容他们算是名副其实。当然再早几十年的话，我们中国人也蛮勤快的，知识分子要接受贫下中农改造，全国人民践行"自己动手、丰衣足食"的号召，领导不会在栽树时穿塑料鞋套，教授做课题要到田间地头，学生也不会一天8小时待在教室里……脑力劳动和体力劳动有机地出现在每个人的生活中。现如今的我们，体力活动的缺乏直接带来了生理性的危害，那么多中青年知识分子英年早逝，40岁以上的高校教师体检时没有发现高血压、高血脂、高胆固醇要请客的（会被广大同志们请教养身之道），甲状腺疾病、脂肪肝、失眠、秃顶……无不与缺乏活动有关。那么多白发人亡羊补牢地在雾霾中晨练，黑发人瞅着体重计在健身器上发狠，我苦笑一声：终不如老祖宗锄禾日当午来得潇洒——他心中想的是秋天的累累收获，鼻中闻的是田间的花草芳香，后辈人心中想的是不跑够这3000米，床上早躺20年，鼻中闻的是健身房内的复合空气，即使在户外，闻到的也是PM2.5超过1000的那个"霾"，呜呼，这个可怕的现代化！

现在的中国，种植业离不开农药、化肥、除草剂，养殖业离不开抗生素和激素，食品安全的源头出了问题。想吃到放心的蔬菜瓜果、鸡鸭鱼肉，似乎也只有一个办法——自己种。再说，中国传统知识分子推崇耕读世家，脑力劳动与体力劳动相结合，如果可能的话，那真是既种农田，更种心田。人生，怎样才能活得幸福？一边劳动、一边读书，还有比这更令人神往的吗？！

1991年苏联解体后，乌克兰选择了自己的国家制度——走资本主义道路，但在卢甘斯克，我看到了数不清的红军纪念碑，有很多列宁像，在博物馆里有内容丰富的第二次世界大战展品。在下温暖村，我看到了村边的列宁雕像（虽然残破了，但人们没有推倒他），农场工人在自家阳台上悬挂的列宁画像，村里人们为那些在第二次世界大战中保卫村庄流过鲜血的先辈们竖立的纪念碑（下面的岩石上镌刻着这些战士们的名字）。主人指着一个名字说，这是我爷爷，当年他参加过战斗

（神情很自豪）。列宁曾经说，"遗忘意味着背叛"，我想，他的后人们没有遗忘他。一个感恩的民族，值得让人钦佩。

每年春运的时候，总有专家学者为政府站台："我们中国人应该改变过年集中回家的陋习，你看人家国外就没有春节，传统观念是春运紧张的首因，再有能力的政府也无能为力——。"我×，这还是人间吗，国人一年奔波在外，就春节团聚几天都成陈规陋习了！现在是铁路提速了，家远了；手机有了，问候少了（多怀念以前的信啊，纸墨留香）；经济富足了，情感稀薄了。中国的空巢家庭超过50%，多少父母一年难见孩子一面，其间的辛酸笔墨难以形容。下温暖村的很多年轻人也到俄罗斯去工作，但还有不少留在本地区，周末回来和老人团聚。在农村，不少老人和子女们住在一起，让我很惊讶——这在我们的礼仪之邦太鲜少，我们的新生代四处在喊权利太少，自由太少，要有独立空间。买房子时候要参照中国传统——老人出钱呀，必需的！养老却一定要与国际接轨——你看人家美国的老太太70岁还跳伞呢，一个人多自在呀！

在中国媒体的报道中，乌克兰美女的消息占有一定比例，百闻不如一见，在这趟旅程中我也见到了不少乌克兰女性，结合当地中国人的描述，她们更多地给人勤劳能干的印象，独立性强有主见，是儿女们的主心骨，老年乌克兰男人豁达、威严，是精神符号，是朋友。

走马观花，我看到了一些景象，但距离深入了解一个地方，那还差得很远，不过这并不妨碍我神驰万里，与祖国对比，与记忆呼应。不可否认，中国在很多方面已赶超乌克兰，比如在工业生产和工业制造领域。但即使这样，乌克兰仍在很多领域处于领先地位。这在很大程度上要归功于苏联70年打下的坚实基础。中国虽然发展很快，但还是个"赶超型国家"。比如，乌克兰的教育，即使它落后于苏联时期，但仍比中国先进。此外，他们的社会保障制度也更发达，在航天、国防工业领域都领先于中国。乌克兰可以向中国提供很多帮助，与中国进行平等合作。当然我想到更多的，是两国之间的优势互补，孔子学院在增进两国人民和政府之间的了解上发挥了至关重要的启蒙作用和桥梁功能，在卢甘斯克大学里刻苦求学的中国学生和在中国大学里探究东方文化的乌克兰学生，都将在这样一个进程中成为生力军。

六　乌克兰游记之六
——说说学习

在乌克兰访学的这段时间里，感受最深的是他们的"较真"，有时甚至在中国人看来是"笨"，不过这"笨"不太一般。我们都知道在学习高等数学时，需要对方程进行因式分解。我们中国留学生一看，那些方程都可以用十字相乘法来分解，而且几乎是一眼就能看出来的。乌克兰人却不用这种简便方法，而是先用求根公式把议程的根求出来，再用根来进行分解。他们这样做，不但慢还容易出错。十字相乘法的简单快捷，使我每次都能最先做完。开始，我自我感觉很不错。但随着学习的加深，我的这种方法不但没有为我提高好多速度，反而让我出了不少错，没办法只好回过头来一步一步地从求根公式开始慢慢解题。这件事对我感触很大，中国人做事喜欢找捷径、走捷径，不愿意踏踏实实地一步一步地解决问题。捷径可以提高效率，但捷径走多了，在接下来的更为复杂的问题上，就很可能没有捷径可走，于是就可能解决不了问题。

乌克兰大学对学生学习成绩的测评，一是测试，二是考试。一般来说，一个科目一学期学了一半，而下学期还要继续学习，就在学期结束时进行一次测试。所谓测试，就是老师对学生的学习情况进行考评。这种考评一般只看两点，一是你这学期上课情况是好是坏，二是你平时的成绩怎样。如果这两个都完成得好，老师很容易就给你签"过"。如果你平时成绩不好，作业没有认真完成，老师就会叫你做一些作业，然后才会给你签"过"。如果你逃课太多，没有学够规定的学时，老师就不会让你"过"。乌克兰也重视考试，一个科目学完了，就要进行一次考试，但是，乌克兰的考试和中国却大不一样。正式考试两周前，老师就会告诉学生这次考试的方向和内容，并打成一页纸发给学生，叫学生自己去复习。等到考试那天，老师在讲台上放上很多小条子，每张条子上写着一个问题。学生就一个接一个的去讲台抽条子。抽到什么条子，就回答什么问题。老师会给大家一个小时的做题时间。由于每张条子上的问题是不一样的，老师也不监考，但你要舞弊却是相当困难的。做题时间结束后，老师还要把学生一个接一个叫到他那里去，让你解释你是怎么做的题，也就是要叫你说出你的解题过程。即使你在考试中作弊，把条子上的题做出来了，老师这样来问你的解题过程，你还不是答不上吗？如果你做题和向老师解答做题过程都做得好，老师就给你签"过"了。如果不好，自然也就"过"不了。要参加这样的考试，还必须有一个前提条件，就是你这学期的测试必须全部通过。没有通过，就不能参加考试。在考试前，你得让你的成绩本上规定的测试全部签上"过"，然后去找系主任，让他在你在成绩本上签上允许参加考试的字样。这样，学科老师才会让你参加考试。

　　万一考试没过关，也可以补考，而且可以多次补考。你可以跟老师商量，看他什么时候有时间，你可以在他有时间的时候继续去考试。补考与正式考试也是一样的，老师拿出一些条子，让你抽，然后你做题，然后老师再要你解释你是怎么做的……这样的补考可以有第二次、第三次……天哪，你说这是笨还是聪明？！乌克兰人的"笨"，恰恰是我们缺少的。他们的"笨"，在我看来是一种严谨，一种对规则的坚守。

　　狄更斯在《双城记》中曾这样说："这是希望之春，这是失望之冬；人们面前有着各样事物，人们面前一无所有；人们正在直登天堂，人们正在直下地狱。"确如他所言，出国研修可能是凤凰涅槃硕果累累，也可能两手空空徒劳一场，一切皆在学习者的修养和准备。

　　首先，是要做好语言上的准备。俄语词汇极为丰富，据说超过15万个，当地人讲话速度超快，我们在国内练就的哑巴式俄语短时间内很难正常沟通。每个老师一走进教室，就像演说家一样恨不得把他知道的东西全部告诉你，方式绝对诙谐幽默引人入胜。倘若消化不了，绝不要指望老师再告诉你一遍。如果参加考试，基本全靠平时的积累，完全口试，一对一，老师问什么你就得答什么，或从老师手中若干条子中抽出一张回答上面的问题。所以说，没有足够的语言适应能力和较强的心理素质，很难适应这样的看似轻松却颇具压力和竞争力的学习环境，也很难获取"真经"。其次，是要预先进行研究的选题设计。一般来说，在访学之前我们会初步了解外方合作导师的研究领域和学术兴趣，但要真正在我们之间形成对话的可能性，需要前期仔细凝聚自身的科研需求，在认真研读分析导师作品的基础上设计选题，力求到达境外后能尽快入题，开展有成效的合作。避免水中望月、走马观花。最后，是要有坚持到底战胜困难的信心。到国外学习和在国内生活相比总是有很大差别，比如，朋友少，没有圈子，不能吃食堂，需要自己动手烧饭，住集体宿舍共用厨房卫生间，等等，都会让我们一时不适应。但"既然选择了远方，便只顾风雨兼程"，把汪国真的这句名言送给有志出国研修的同仁们，希望大家选择一条正确的、适合自己的出国研修之路，并在这条路上走出属于你的辉煌！

乌克兰的中国现代研究

戈罗德尼雅·娜塔莉娅
历史学博士
基辅国立大学历史系外国现代和当代史教研室副教授、
历史学博士乌克兰研究中心译

乌克兰人民和中国人民有着长期密切的友谊与合作关系，他们在文化、历史和现代发展中拥有共同的利益关系。同时，苏联和中国的国内情况，以及直到20世纪80年代末的中苏关系，都在相当程度上影响了苏维埃时期乌克兰的中国研究。随着两极世界的崩溃，1991年8月乌克兰获得独立。1992年1月，乌克兰与中国正式建立外交关系，乌中两国国家和人民之间的关系进入了新阶段。与此同时，乌克兰的人文学者也有机会更充分、全面和客观地研究中国的古代文明、文化、历史、现代发展的趋势和改革的经验。

中国成功地实施了改革开放政策，而苏联的改革遭到了失败，并导致了这个强大社会主义国家的崩溃，这一尖锐对比成为全世界包括乌克兰在内，在20世纪90年代初开始高度重视中国的主要因素。改革的继续推进，中国在区域和全球影响力的加强，使得各国对中国的研究兴趣迅速增加，既包括对该国现代发展的探究，也包括对在很大程度上决定其现代化进程成功的中华文明的探究。

到2011年，独立的乌克兰已经走过了20个年头，乌克兰学者们将在此之前就已形成的本国汉学研究的传统继续推进。乌克兰著名汉学家吉克乾科（В. Киктенко）的专著《乌克兰汉学史纲要 十八至二十世纪上半叶：研究、资料和文件》就是其中的一项研究，该著作于 2002 年由乌克兰国家科学院汉学研究所出版。书中研究了 18—20 世纪上半期作为东欧汉学学派组成部分的乌克兰汉学的形成和发展，总结了乌克兰汉学的学术遗产以及学者们的研究侧重点，考察了乌克兰汉学研究古今演进的联系，分析了乌克兰汉学研究的特点和发展趋势。

东方学，包括汉学，是乌克兰科学院于 1918 年设立的主要科研方向之一。乌克兰科学院于 1930 年创立了乌克兰东方学研究所。但是 20 世纪 30 年代斯大林的镇压，使许多乌克兰的东方学者遭难，由此造成的严重恶果是：乌克兰东方学研究的基础遭到了毁灭性打击。到苏联的后斯大林时期，虽然对中国的研究仍在继续，但十分有限。那些研究是个别学者在一些学术研究机构，如历史研究所、外国社会和经济问题研究所和基辅国立塔拉斯·舍甫琴科大学、哈尔科夫大学等一些高校进行的。

1954 年，乌克兰当代最著名的汉学家之一列先科（Л. А. Лещенко/L. A. Leschenko），开始深入研究中国历史和汉语。这一年，他从基辅国立舍甫琴科大学国际关系学院毕业后，进入乌克兰苏维埃社会主义共和国科学院历史研究所，攻读"中国当代史"专业研究生。1959 年，他以《中华人民共和国的成立和 1949 年至 1955 年的中美关系》的学位论文顺利通过了副博士学位答辩，同时出版了《美国孤立中国政策的失败》的专著（Лещенко/Leshchenko, 1959）。基于对大量原著的研究，作者在自己的著作中深入分析了新中国形成的主要因素，研究了其外交政策，其中首先是中美关系政策，令人信服地阐释了恢复中国在联合国合法权利的必要性，以及美国对华关系梗阻政策的徒劳。

20 世纪 50 年代后半期的科学活动，标志着乌克兰中国学研究复兴的开始。尽管不久后中苏关系恶化，刚恢复的研究又被中止。直到 20 世纪 80 年代后半期，中苏两国关系发生改变以及乌克兰彻底独立之后，列先科的中国学科研兴趣才得到国家的支持。1993 年，列先科教授被邀请任乌克兰驻华使馆一级公使衔参赞之职位，直到1996年结束外交官任期。之后他供职于乌克兰国家科学院（NAS）世界经济和国际关系学院亚非研究部，他运用自己的知识储备和在北京工作期间获得的独特经验，致力于现代中国的发展及其外交政策、乌中关系和中国不断加强的对区域和全球的影响等方面的研究。列先科教授是许多政治学研究著作的作者，其中一些著作已在中国发表（Л. А. Лещенко/Leshchenko，2007年，2008年，2009年，及其他），同时列先科教授任教于乌克兰外交学院，是许多年轻的乌克兰汉学家的老师和导师。

乌克兰国家科学院以克雷姆斯基（А. Крымский）命名的东方学研究所，创建于1991年10月，并成为乌克兰恢复汉学研究后领先的汉学研究中心。该研究所的发起人和领导者是乌克兰著名的历史学家、阿尔泰学家、美国哈佛大学乌克兰研究所的创建者和前任所长Е. 普里查克（Е. Прицак/E. Pritsak，1919—2006）。自1998年以来，研究所一直由Л. В. 马特维耶夫（Л. В. Матвеева）教授领导。该研究所对近东、中东、远东国家和地区以及乌克兰境内东部部落和人民的语言、文学、历史、哲学、宗教和文化进行研究。对中国问题的研究由远东部的研究人员负责，该部门由乌克兰资深汉学家之一В. А. 吉克乾科（Киктенко Виктор Алексеевич/V. Kiktenko）领导。他著有大量有关中国传统哲学和历史以及分析著名英国汉学家李约瑟（Joseph Terence Montgomery Needham）历史和哲学概念的论著（吉克乾科/Киктенко/Kiktenko，2007年，2008年，2009年，及其他）。

"克雷姆斯基（А. Крымский）东方学报告会"是东方学研究所每年举办一次的国际学术会议，它是乌克兰汉学家进行学术交流的重要平台。研究所还定期出版学术论文汇编《东方学》《东方学研究》和学术刊物《东方世界》，以及一些科研系列成果。2005—2009年出版了三部学术论文汇编《中华文明的历史与现状》（2005年、2007年和2009年），其中的文章涉及了对现代中国政治和社会经济发展、中国文明（历史、哲学和文化）的研究，以及乌克兰资深汉学家对汉语语言学、文学的理论和应用问题的研究。

从2011年开始，论文汇编集扩大了它的版面，并更名为《汉学研究》。现在，它变成一个专门研究中国社会科学和人文科学所有领域的年度汇编文集，每年收入用乌克兰语、俄语、英语和中文撰写的研究论文（2011）。文集由乌克兰汉学家协会和乌克兰国家科学院克雷姆斯基东方学研究所联合出版。

乌克兰汉学家协会成立于2003年，旨在促进乌克兰的中国学科研究发展，研究汉学教育的科目，普及现代中国文明的知识，增进乌克兰和中国之间科学、教育、文化和工商业的接触。该协会汇集了乌克兰众多研究中国历史学、哲学、语言学和政治科学的专家学者，不论他们的学术兴趣范围如何、其工作地点和居住地点在哪里，这个协会都已成为乌克兰汉学研究的主要协调中心。

协会定期举行"中国的传统与现代文明"学术会议。该协会的网站提供了这些会议的材料、学会的学术出版物以及其他的研究和文献资料，其中包括1999—2002年出版的五期社会政治学杂志《乌克兰与中国：信息与分析概览》，主要致力于对现代中国发展问题、中国改革经验和乌中关系发展的研究。

该协会的首任会长是乌克兰著名汉学家、乌克兰第一批现代中国研究学者之一 B. 谢德涅夫（В. Седнев，1947—2007）。在略显短暂的一生中，他能够把自己的中文及中国历史的教学活动与对现代中国的政治科学研究和行政工作结合起来，成功地将自己的知识和才能运用于乌克兰科学院帕杰布尼（А. Потебни）语言学研究所、克雷姆斯基（А. Крымский）东方学研究所、基辅国立舍甫琴科大学、基辅语言大学、基辅语言大学"东方与西方"研究所、东方语言学与法律研究所和"东方世界"大学的许多中国研究项目之中。B. 谢德涅夫与乌克兰国家科学院世界经济和国际关系研究所长期保持联系，在这些机构中他对中国现代社会、经济和政治进程进行了研究，并有效保证了乌克兰和中国研究中心之间的学术联系。

历史学家 C. 尼基申科（С. А. Никишенко/S. A. Nikishenko，1962—2003）是乌克兰汉学家协会的首批乌克兰汉学家和创始人之一。

1997年，他在东方学研究所完成副博士学位答辩的《中国外交政策的可持续发展概念（与日本、韩国和越南的外交关系）》的论文，是乌克兰独立后首批此类研究之一。作为急需的高素质专业人才，他在自己较为短暂的学术生涯中，在帕杰布尼（А. Потебни）语言学研究所、克雷姆斯基（А. Крымский）东方学研究所、基辅国立塔拉斯·舍甫琴科大学、基辅莫基良斯基研究院（Киево—Могилянская академия）、基辅语言大学和战略研究所留下了不少研究成果和教学成果。他的研究兴趣范围包括当代政治和经济发展问题以及中国的外交政策等（Никишенко/Nikishenko，1997年，2001年，2002年及其他）。

乌克兰第一批研究近现代中国的汉学学者之一是历史学家 M. 塔兰（Таран Макар Анатолиевич/M. A. Taran），他在乌克兰基辅国立塔拉斯·舍甫琴科大学历史系领导中国学研究。他的学位论文（2002年）研究的是20世纪90年代美国外交政策中"台湾问题"。在解决中国统一问题背景下中国大陆和中国台湾之间的关系、中美关系以及中国的外交政策始终是他科研兴趣的中心（M. 塔兰，2003年，2006年，2009年，及其他）。M. 塔兰在历史系讲授一系列中国历史和现代发展的课程，包括"美中之间的关系：历史与现状""中国现阶段的对外政策和外交"，同时也在培养更多年轻的汉学研究人员。

现在，乌克兰汉学家协会由 B. 吉克乾科（В. Киктенко/V. Kiktenko）领导，汉学家协会的学术秘书是语言学副博士、翻译家 H. A. 吉尔诺索娃（Кирносова Надежда Анатолиевна）女士，她也是基辅国立塔拉斯·舍甫琴科大学语言研究所和基辅国际大学教授汉语、翻译理论与实践课程的教师。她的学位论文研究的是16—18世纪中国和欧洲文学中朝圣散文的风格和专题范式（2005）。她的许多论著深入全面地涉猎了中国语言和文学的诸多方面（H. A. 吉尔诺索娃，2008年，2009年，2010年，及其他）。

乌克兰汉学家协会会员、语言学副博士 Я. B. 舍克拉（Шекера Ярослава Васильевна）女士也在乌克兰基辅国立塔拉斯·舍甫琴科大学语言学研究所东方学学部讲授课程，所授课程包括"中国文学史""现代诗学（中国文学）问题"和"词源学分析基础（汉语）"。她的学位论文（2007年）专门研究中国唐朝时期（7—10世纪）诗歌艺术形象的起源和功能，之后她致力于研究反映在中国古代和中世纪宗教哲学教理诗歌中，中国古典诗歌翻译与诠释相符性问题（雅罗斯拉娃·瓦西里耶芙娜·谢克拉，2009年，2010年，2011年，及其他）。

史学家和翻译家 В. Б. 乌鲁索夫（Урусов Владимир Борисович）从事中国文学史、中国当代文学新趋势，以及乌中关系等方面的研究（В. 乌鲁索夫，2005年，2007年，2009年）。

2011年，乌克兰汉学家协会已经拥有近六十名研究人员，乌克兰学者对中国的研究范围更加广泛。他们中的一些名字后来出现在2011年克雷姆斯基（А. Крымский）东方学研究所出版的人物词典中，其中包括：乌克兰著名藏学家、藏语和肖像学专家 Е. Д. 奥格涅娃（Елена Дмитриевна Огнева/E. D. Ogneva）；语言学家、汉学家 В. Ф. 列扎年科（Резаненко Володимир Федорович/ V. F. Rezanenko），他是苏联第一批撰写有关中国象形文字语义与图形体系博士论文的作者之一，也是中国宗教哲学教义及其对儒家文明社会影响方面的研究者；翻译家 И. К. 契尔科（И. К. Чирко/I. K. Chirko，1922—2004年），创建了乌克兰第一所以汉语教学为加深学习科目的中学，同时也从事中国文学的研究和普及工作；В. В. 维力契科（В. В. Величко/Velichko）是乌克兰著名汉学家、经济学家和翻译家，长期以来，他一直将自己的研究与在乌克兰驻中国大使馆担任外交官的外交工作结合起来（В. В. 维力契科，2008年，2010年，2011年）。

2009年，在基辅国立莫吉拉学院成立了艾米利亚·普里查克（Емельян Прицак/Pritsak）研究中心，其东方学部由 С. А. 克洛德柯（С. А. Колодко/Колодко Сергій Анатолійович/S. A. Kolodko）领导。他所接受的教育，其中包括在北京语言文化大学的学习，使他成为一名著名的汉学家、语言学家。他参与中国历史与地理的高校教材的编著（巴斯科/Пасько，克洛德柯/Колодко，2002年，2005年），还是乌克兰第一部八万词汇的中乌大字典的主要编撰者。

С. А. 谢尔金教授是研究亚洲—太平洋地区的著名学者，是乌克兰外交部乌克兰外交学院区域系统和欧洲一体化教研室主任（古力尼奇/Кулініч/Kulinich，С. А. 舍尔金/Шергін/S. A. Shergin，2006 年；С. А. 舍尔金/Шергін，2007 年）。"中国对外政策与外交和亚太地区一体化及全球化进程"是其所在的外交学院科研与教学的重要课题。

随着中国进一步的快速崛起及其在区域经济和世界经济、金融及政治中影响作用的不断增强，特别是由于 2008—2009 年的全球金融与经济危机，学者们对中国学的关注和研究急剧增加。乌克兰近年来答辩的学位论文证实了这一点。论文中特别关注到中国的外交政策（基普察尔/Кипцар/Kiptsar，2006 年；克雷姆斯卡娅/Грымская/Grymskaya，2009 年；巴彦科娃/Баенкова/Baenkova，2009 年；В. 塔兰/Таран В，2009 年；伦斯基/Ленский，2010 年），亚太地区安全问题和中美关系（А. В. 舍夫丘克/А. V. Шевчук，2002 年，2009 年）。另外，相当多的论文正在准备答辩。

政治学博士 А. В. 舍夫丘克（2008 年，2010 年）在圣尼古拉斯大学奠定了汉学研究的基础，历史学副博士 А. В. 纳波卡（А. В. Набока/A. V. Naboka）在卢甘斯克国立师范大学从事汉学研究（А. В. 纳波卡/Набока/Naboka，2006 年），Л. И. 格洛瓦切娃（Л. И. Головачева/L. I. Golovacheva，1937—2011）的研究工作是在塞瓦斯托波尔（克里米亚）进行的（格洛瓦切夫/Головачев，2011 年；Л. И. 格洛瓦切娃/Головачева，2011 年）。显然，乌克兰的汉学研究并没有仅局限于基辅市，而是在全国各地都创建了中国学研究中心。

把握中国当今的发展趋势，特别是从与乌克兰利益相关的角度对其进行政治学分析，是直属于乌克兰总统的国家战略研究学院对外政策部（该部门由乌克兰汉学家协会成员 А. З. 龚恰鲁克/А. З. Гончарук/A. Z. Goncharuk 领导）的研究任务（А. З. 龚恰鲁克/А. З. Гончарук/A. Z. Goncharuk，2001 年，2011 年，及其他）。

1992 年创立的乌克兰国家科学院世界经济与国际关系研究所（ИМЭМО），是乌克兰研究全球经济与政治问题的主要分析中心。该所研究员，包括乌克兰国家科学院院士、研究所所长 Ю. Н. 帕霍莫夫（Ю. Н. Пахомов）的研究重点是文明社会因素、价值体系对当代国家与民族发展的影响（Ю. Н. 帕霍莫夫，2002 年，2010 年；帕弗连科/Павленко，2002 年）。

按照 Ю. Н. 帕霍莫夫院士的见解，"决定成功或失败的最终根源不是技术，也不是财政（因为技术或财政最终都是第二位的），而是能给予（或不能给予）创造动力与能量的价值体系和精神状态"（帕霍莫夫，2010 年，第 2 卷，第 401 页）。他认为，中国取得令人瞩目的经济成就的主要原因在于，邓小平执政之后，千百年来传承的儒家传统价值观得到了复兴。在与市场经济的互动过程中可以看出，儒家学说含有悟性人生观的潜力，不仅类似于西方的纯理性主义，而且"比西方更丰富，更富有智慧，更灵活"。按照他的观点，在中国改革的成功因素当中，不仅儒家思想素有的连续性和渐进性原则起到了作用，而且，其他的儒家价值观——对教育和知识的尊崇、对国家的敬畏、仿效其他国家取得成功的欲望，但同时保持对所有外来事物的戒备与怀疑、能够求大同存小异、爱国主义传统等——也发挥了显著作用。正是传统和力图找到"第三条路"的愿望，使得中国能够将似乎无法协调的共产党领导和市场经济这两者成功地结合起来，使之成为成功的基础保证（Ю. Н. 帕霍莫夫，2010 年，第 2 卷，第 427—428 页）。

在研究所亚洲和非洲部主任 В. К. 古拉（В. К. 古拉/В. К. Гура，2006 年，2007 年和 2011 年）和研究所其他研究员的科研中，中国和亚洲其他前卫国家发展中的社会文化因素所起的关键作用也得到了重点关注。

该研究所已编撰了以《现代世界的文明构成》为总题目的基础性研究三卷本，其中分析了传统中国及东亚文明的社会文化基础、形成及其精神起源；中国在 19—20 世纪中期的转型，特别是在 20 世纪下半期的发展（Л. С. 瓦西里耶夫/Л. С. Васильев/L. S. Vasilev，Ю. В. 帕夫连科/Ю. В. Павленко/Yu. V. Pavlenko）；中国领导层思想方针的演变；现代中国取得的成就和存在的问题；中国经济体制的发展；中国共产党在新条件下的作用;"小康社会"的建设;在全球化条件下的中国文明进程;上海合作组织及其在创建世界新秩序中的作用;中国特色的一般与特殊分类(В. В. 谢德涅夫/В. В. Седнев/V. V. Sednev);全球和区域一体化进程中的中国参与(Л. А. 列先科/Л. А. Лещенко/L. A. Leschenko)。单独的一章将亚太地区作为地缘政治和跨文化实体进行了专门研究(А. З. 龚恰鲁克/А. З. ГончарукA. Z. Goncharuk,С. А. 尼基申科/С. А. Никишенко/S. A. Nikishenko,Б. А. 帕拉霍恩斯基/Б. А. Парахонский/B. A. Parahonsky),包括中国与日本和其他邻国以及与美国之间的关系(文明构成,2008年)。

该所研究员特别关注中国社会经济在全球化背景下的发展问题(泽尔内茨卡/Зернецька/Zernetska,2007年;杰列维扬科/Деревьянко/Derevyanko,2008年,2010年,及其他)。亚洲和非洲部研究员、本文作者 Н. Д. 戈罗德尼亚(Н. Д. Городня/N. D. Gorodnya)探讨了这样一些问题:中国在东亚区域一体化进程中的作用;中国发展模式的演进;世界经济与政治新秩序中的中国理念,21世纪初特别是在1997—1998年亚洲金融危机和2008—2009年全球金融和经济危机中,正是该理念的不断推进才使中国在区域和全球范围内的作用迅速增强成为可能。

基辅国立塔拉斯·舍甫琴科大学国际关系研究所区域地理学教研室主任 В. И. 格洛弗琴科教授(В. И. Головченко)是该所中国历史教科书的作者,也是现代中国发展问题的研究者(2007年,及其他)。

乌克兰的汉学研究远不止本论文所提供的信息。但至此本文或可得出一个明确的结论:乌克兰独立20年以来,汉学研究在人文学科各个领域——语言学、文学理论、历史、经济学、政治学等学科中都得以恢复。而且,其动态发展是显而易见的,所进行的研究主要集中于科研院所、大学和研究中心。随着中国经济实力的增强、其预设目标的逐步推进以及中国对区域及全球影响力的增长,人们对中国文明进程和现代政策研究的各种观点的学术兴趣还会大幅提升。对中国文化、历史以及发展特色的研究,有助于我们的国家和我们的人民更好地相互理解,有助于推进共同利益之上的相互信任,有助于在双方互利互惠的基础上进一步深化政治、经贸、学术和文化方面的交流，进一步加强"民间外交"和民主化世界新秩序的建设。

参考文献

1. С. В. 巴恩科娃：《在全球化背景下印度—中国—美国三角关系演变》，政治科学副博士论文，基辅，2009 年。

2. В. В. 维利奇科：《区域经济在时期改变》（以中国为例），基辅，2008 年；《中国的区域经济学和管理学》，基辅，2010 年。《中国古代的区域管理制度：历史模拟的经验》，汉学研究 作品征集，第 1 卷，基辅，2011 年/ 乌克兰汉学家协会，http：//www. sinologist. com. ua/ukr/ukr_ ch_ st_ 2011. html。

3. 《谢德涅夫文选》乌克兰汉学家协会，http：//www. sinologist. com. ua/ukr/Sednev. html。

4. В. Ц. 戈洛瓦乔夫：《孔子，老子和"理解原因不明的世界秩序"》，纪念汉学家 Л. И. 戈洛瓦乔娃（1937—2011）//汉学研究，第 1 卷，基辅，2011 年，第 149—150 页/ 乌克兰汉学协会，http：//www. sinologist. com. ua/ukr/ukr_ ch_ st_ 2011. html。

5. Л. И. 戈洛瓦乔娃：《学习孔子——意味着什么?》，汉学研究，第 1 卷，基辅，2011 年，第 151—155 页。

6. В. І. 戈洛夫琴科：《"Pax Americana"或"Pax Sinica"：北京的全球信息化呼吁和华盛顿答复》，《世界政治的研究》2007 年第 41 期，第 164—181 页。

7. А. З. 贡恰鲁克：《乌克兰和中国面临的二十一世纪的挑战》，2001 年，国家—中国：信息分析的回顾，2001 年，1（4），http：//www. sinologist. com. ua/ukr/ukr_ ch_ 4. html；《中国对现代全球性挑战的反应//汉学研究》第 1 卷，基辅，2011/ 乌克兰汉学协会// http：//www. sinologist. com. ua/ukr/ukr_ ch_ st_ 2011. html。

8. Н. Д. 戈罗德尼亚：《全球化背景下中国和印度经济现代化的特点》，《世界政治研究》，基辅，2005 年第 33 期，第 161—183 页。《中国的外商投资政策：动态和主要趋势》,《当前的国际关系问题》,基辅,2010 年第 94 期,下册,第 218—224 页;《中国新世界秩序概念中的联合国地位》,同上,基辅,2011 年第 96 期,上册,第 168—174 页;《东亚国家在二十一世纪的第一个十年：区域一体化的角度和全球化的优先//世界政治研究》2010 年第 50 期,基辅,第 198—227 页。

9. 戈罗德尼亚·娜塔丽娅：《中国二十一世纪的金融外交政策》汉学研究,第 1 卷,基辅,2011 年,第 44—49 页/乌克兰汉学家协会//http：//www.sinologist.com.ua/ukr/ukr_ ch_ st_ 2011.html。

10. M. I. 格里姆西卡：《实施"四个现代化"战略下中国外交政策的演变》,政治科学副博士论文,基辅,2009 年。

11. B. K. 古拉：《世界—文明系统作为人类发展的后全球化的前途》,《世界政治研究》,2011 年,第 1（54）期,第 3—38 页;《文化因素和社会经济进步：二十世纪下半叶亚洲和非洲国家发展经验的比较分析》2007 年第 38 期,第 3—54 页;《在东南亚国家地区的解释和文明背景下的全球发展过程》,《世界政治研究》2006 年第 34 期,第 138—187 页。

12. I. 捷列维扬科：《后工业化起源时代中的中国经济现象特点》,《科学论文》2008 年第 57 期,第 168—176 页;《社会政治演变背景下中国面临的迫切问题》,《科学论文》2010 年第 64 期,第 161—175 页。

13. O. 泽尔涅茨卡：《现代化和创新途径中的全球化：全球化进程下中国、印度信息和通信技术的发展》,《世界政治研究》2007 年第 38 期,第 267—304 页。

14. 叶琳娜·季米特里耶夫娜·奥格涅娃：《俄罗斯科学院东方文献研究所》,http：//www.orientalstudies.ru/rus/index.php? option = com_personalities&Itemid =74&person =411。

15. B. A. 吉克乾科：《李约瑟的历史与哲学概念：中国科学与文明》（理论观点的哲学分析）莫斯科,2009. B. A. 吉克乾科：《乌克兰的汉学简史,18—20 世纪上半叶》,//俄罗斯学校第 8 期,2008 年 6 月,第 189—195 页;魏白谷, B. A. 吉克乾科：《台湾与乌克兰关系：

两造观点汇总》俄罗斯学校第 8 期,2007 年 12 月,第 87—113 页,B. A. 吉克乾科/乌克兰汉学家协会 —http://www. sinologist. com. ua/rus/rus_ pers_ kiktenko_ v. html H. A. 基尔诺索娃/乌克兰汉学家协会—http://www. sinologist. com. ua/rus/rus_ pers_ kirnosova. html。

16. I. A. 克普察尔:《1992—2002 年期间乌克兰与中国的关系》,副博士论文 07.00.02,基辅,2006 年。

17. H. A. 克尔诺索娃:《十九世纪末到二十世纪初乌克兰和中国文学中游记诗歌的特点》,《东方世界》,2008 年,第 4 期,第 88—92 页;《汉语中的话语形象潜力》(以铁凝中篇小说《棉花垛》为例)//乌克兰语言学,第 39/1 期,2009 年,第 177—183 页;20 世纪的中国文学:来自远方的观点//《文学焦点访谈》年鉴,基辅:特木伯拉,2010 年,第 226—233 页。

18. 科洛德科·谢尔盖、奥梅良:《普利察科东方科研中心》http://pritsak—center. com/kolodko。

19. M. A. 库利尼奇、O. C. 舍尔金:《不对称一体化背景下的太平洋区域主义》《外交学院科学学报》2006 年第 10 期(上册),第 3—19 页。

20. П. C. 连斯基:《后双极时期中国在区域安全上的中亚矢量政策》,政治学副博士论文,基辅,2010 年。

21. Л. 列先科:《乌克兰—中国:合作的视野》,《俄罗斯学杂志》(台北,中国台湾),2008 年 6 月,第 8 期,第 119—133 页。《中国:与外界的联系》,《中国文明:传统和现代》,基辅,2009 年。

22. Л. 列先科:《乌克兰—中国:合作成果和新的视野》,《乌克兰外交事务科学年鉴》,第 2 期,基辅,2007 年,第 346—374 页;Л. A. 列先科:《全球和区域一体化进程中的中国和印度》,《现代世界的文明结构》,全球化背景下的东方文明,第 1 卷,基辅:科学意见,2008 年,第 503—540 页。Л. 列先科:《美国孤立中国政策的失败》,基辅,1959 年。

23. O. B. 纳博卡:《19 世纪 20 年代至 90 年代中国台湾和英国的远

东政策》,副博士论文,卢甘斯克,2006年。

24. С. О. 尼基申科:《1979—1988年中越冲突(1979年的冲突和柬埔寨问题)》,《现代和当代历史的问题》1997年第43期。

25. 有关中国外交政策的问题//乌克兰—中国:信息分析观察,2002年,第1(5)期/乌克兰汉学家协会,http://www.sinologist.com.ua/ukr/ukr_ publ.html;中国的自由经济区//政治和时间,2001年第4期。

26. Ю. В. 巴甫连科:《世界文明史》,《哲学分析》,基辅,2002年。

27. А. В. 帕西科、А. 科洛德科:《中国地理:教学参考》,基辅,2002年。

28. 国情学:中国历史散文(清朝):教学参考,基辅,2005年。

29. Ю. Н. 帕霍莫夫等:《现代化的文明模式》,基辅,2002年。

30. Ю. М. 帕霍莫夫:《三卷文选》,基辅,2010年。

31. В. Ф. 列扎年科 //http://uk.wikipedia.org/wiki/Резаненко_ Володимир_ Федорович。

32. 乌克兰东方学和东罗马帝国的名称,书目字典,基辅,2011年。

33. В. М. 塔兰:《后两极时期印中关系安全测试》,政治科学副博士论文,基辅,2009年。

34. М. А. 塔兰:《"老"问题的新含义(中美关系)》,《政治和时间》2003年第8期,第76—82页;《邓小平时代的中美关系:新的思想理论和法律框架(1979—1990)》,《东方世界》2006年第2期,第95—100页。

35. М. 塔兰:《二十世纪初中国的外交政策和能源安全》,《中国文明:传统与现代》,基辅,2009年/乌克兰汉学家协会,http://www.sinologist.com.ua/ukr/ukr_ ch_ civ_ 2009.html。

36. М. А. 塔兰:《乌克兰汉学家协会》,http://www.sinologist.com.ua/rus/rus_ pers_ taran.html。

37. 乌克兰—中国：情报分析观察/乌克兰汉学家协会 http：//www. sinologist. com. ua/ukr/ukr_ publ. html。

38. В. Б. 乌鲁索夫：《20世纪80年代至90年代中国社会转型与文学进程》，《中国文明：传统与现代》，文学汇编，基辅，2009年。В. Б. 乌鲁索夫/乌克兰汉学家协会，http：//www. sinologist. com. ua/rus/rus_ pers_ urusov. html。

39. О. В. 舍夫丘克：《亚太国际关系中的中国台湾问题：政治科学副博士论文》，米科拉耶夫，2002年；美国对中国和俄罗斯的外交政策：政治科学副博士论文，基辅，2009年。

40. О. В. 舍夫丘克：《中国与美国和俄罗斯：地缘政治关系》，米科拉耶夫，2008年。亚太地区的安全系统：形成的因素和发展趋势，米科拉耶夫，2010年。

41. Я. В. 舍克拉：《分析宋词的方法论原则——以李清照（1084—1151）创作为例》，《基辅塔拉斯·基辅国立大学学报》（东方语言和文学版）2009年第14期，第45—47页；《中国宋朝诗作中道家哲学的反映——以苏轼（1037—1101）创作为例》，2000年，《绣球花束和李子花：乌克兰—中国》，基辅，2010年，第1（83）卷，第719—728页；《梦境在道家哲学和苏轼（1037—1101）诗歌作品中的隐喻》，基辅塔拉斯·基辅国立大学学报（东方语言和文学版），2011年，第17卷，第60—63页。

42. 舍克拉·雅罗斯拉娃·瓦西里耶夫娜/乌克兰汉学家协会，http：//www. sinologist. com. ua/rus/rus_ pers_ shekera. html。

43. О. С. 舍尔金：《亚太经合组织APEC一体化的综合问题：从普桑到河内APEC会议》，《政治和时间》2007年第6期，第24—29页。

44. Н. 格洛金娜：《外国现当代史系》http：//for. history. univ. kiev. ua/index. php/en/professors/34—2011—10—09—21—49—25/60—gorodnia. html。

乌克兰的汉学研究（历史和语文学方面）

伊萨耶娃·娜塔莉娅
基辅国立大学语言学博士
乌克兰研究中心译

1992年1月4日，独立后的乌克兰与中华人民共和国建立了外交关系。20年后的今天，这个日子可以作为总结两国关系全面发展的新节点，也是学术研究的兴趣点。乌克兰历史学家和政治学家，特别是 В. 维利奇科 (В. Величко)、В. 吉克坚科（В. Кіктенко)、Н. 库利尼奇（Н. Кулинич) 和 Л. 列先科（Л. Лещенко) 强调：乌克兰与中国的关系从一开始就被列为我国外交政策的重点。因此，20世纪90年代初，乌克兰便已在国家层面采取了措施，以保障与中国文化、科学合作的发展，以及鼓励乌克兰学者在汉学领域的研究。1992年10月，两国签署了《乌克兰和中国文化合作协定》；1993年7月，签署了《文化领域合作计划》；2002年4月，签署了《乌中文化部文化合作计划》（Н. 库利尼奇，《乌克兰在亚太地区的外交》//乌克兰的外交：科学年鉴，基辅，2004年第4期，第41页）。这些政策文件成为乌克兰同中国发展科学、文化合作的基础。

1991年10月22日，乌克兰国家科学院主席团做出了成立以 А. Е. 克雷姆斯基命名的东方学研究所的决定。世界知名的东方学专家奥美良·普利察克院士（Омелян Прицак, 1919—2006）为该所首任所长。最初，该研究所的主要科研战略是研究乌克兰文化中的东方元素，以及通过对东方世界的认知，传播有关乌克兰的信息。今天，该所围绕东方许多国家或地区的语言、文学、历史、哲学、宗教和文化都展开研究，其中包括中国（А. Е. 克雷姆斯基东方学研究所的官方网站是：oriental—studies. org. ua）。然而，应当指出的是，研究所从成立伊始就一直重视古代与现代中国的研究（主要是历史学、经济学和政治战略），В. 谢德涅夫（В. Седнев）、С. 尼基申科（С. Никишенко）、В. 维利奇科（В. Величко）、Г. 霍洛什罗夫（Г. Хорошилов）、С. 科什沃伊（С. Кошевой）和 Е. 奥格涅娃（Е. Огнева）从事这些方面的研究（В. 吉克坚科，《乌克兰汉学史纲要 十八至二十世纪上半叶：研究、资料和文件》，基辅，2002 年，第 154 页）。

一 乌克兰汉学中关于历史方面的研究

20 世纪 90 年代，乌克兰汉学研究处于形成、发展的新阶段，迫切的问题是要理解中乌关系的实质、历史和前景，因为正是这些方面的问题可以为进一步的研究规划出发展战略。针对这个问题，一些学者在自己的著作中分别有所提及：И. 奇尔科（И. Чирко）的《乌克兰与中国文学的关系》（《乌克兰与中国的合作道路》，基辅，1994 年）；А. 米基坚科的《乌克兰与中国文学在其历史发展中的关系》（《乌克兰与中国的合作道路》，基辅，1994 年）；Л. 列先科的《乌中关系的进展和前景》（《乌克兰外交学院科学学报》2001 年第 5 期，第 149—154 页）；《乌克兰与中国合作的结果和新视野》（《乌克兰的外交：研究年鉴》，基辅，2002 年第 2 期，第 346—363 页）；В. 乌鲁索夫（В. Урусов）的《1944—1959 年乌克兰与中国的科学和技术合作》（《东方世界— 2003 年》，第 2 期，第 114—118 页）；《乌克兰与中国在文化和教育领域的合作（1949—1959 年）》[《乌克兰—中国：信息分析评论》2001 年第 1 期，第 54—56 页] 等。但是，毫无疑问，值得特别关注的是 В. 吉克坚科（В. Киктенко）（现任克雷姆斯基东方学研究所高级研究员，远东部负责人）撰写的基础性论文《乌克兰汉学研究的形成（十八世纪至二十世纪的 1941 年）》Становление украинского китаеведения (XVI-

II—41 г. XX ст.）（论文于 1999 年答辩）。基于广泛的、知之甚少的档案文件，他证明了乌克兰存在汉学现象，并分析了乌克兰汉学从 18 世纪至 20 世纪下半叶之间的演变。除此之外，该论文还详细描述了乌克兰和中国人民自远古时代到 20 世纪的历史联系。2002 年，B. 吉克坚科在补充、完善论文材料的基础上，出版了他的专著《乌克兰汉学史纲要 十八至二十世纪上半叶：研究、资料和文件》，该著作成为年轻汉学研究者案头必备书籍。同时，《乌克兰科学、传统和发展动机特征》也成为乌克兰有关中国研究的最翔实的出版物之一。重要的是，作者客观地评估了国家汉学的形成，并将其划分为 6 个发展阶段：（1）科研开始前的时期（1701—1806 年）；（2）科研和启蒙时期（1806—1913 年）；（3）实用汉学的发展与制度化时期（1913—1918 年）；（4）苏联乌克兰汉学研究的形成时期（1918—1941 年）；（5）战后苏联乌克兰汉学研究的发展时期（1941—1991 年）；（6）乌克兰汉学研究在当代和本国科研传统复兴的时期（1991 年至今）。同时，吉克坚科强调：他所描述的这一进程具有复杂且有时是相互矛盾的发展性质，这是由于乌克兰复杂的历史原因形成的——服从于这个或另一个异国的利益，此时是俄罗斯的利益（《乌克兰汉学史纲要 十八至二十世纪上半期：研究、资料和文件》，基辅，2002 年，第 143 页）。非常重要的是：要理解乌克兰获得独立国家地位后，国内的汉学研究并非"白纸一张"，学者们并不是从头建立新的科研方向，而是在现代条件下，复兴和重建数百年前已建立的传统。吉克坚科的科学研究还被呈现为一系列中乌关系史料学、历史汇编和乌克兰汉学领域内的文章：《乌克兰人带领的北京宗教使团①：了解俄罗斯帝国汉学的起源》（《东方学》1998 年第 2 期，第

---

① 1712 年彼得大帝指令随俄国商队来华的东正教教士向清朝政府提出要求：正式委派东正教宗教使团驻扎北京，得到康熙皇帝的允准。1715 年 5 月，第一届东正教使团入京。东正教神职人员的教阶依次为辅祭、司祭、大司祭、主教、大主教、都主教、牧首。宗教使团受沙俄外交委员会亚洲司、西伯利亚总督、科学院和东正教会的严密控制与领导，是沙俄官僚政治的一个特殊的涉外机构。它在中国兼有传教、外交和文化交流的三重作用。——译者编注，资料来源于李明滨编：《俄罗斯汉学史》，大象出版社 2008 年版，第 8—11 页。

78—91页);《修士大司祭索福隆尼·格里波夫斯基①汉学研究遗产的未知史料》(《东方学》1998年第3—4期,第146—155页);《二十世纪初乌克兰汉学研究:基辅实用东方学学院的成立(1913—1918年)》(《东方学》1999年第6期,第9—25页);《乌克兰国家科学院沃尔纳德斯基科学图书馆手稿研究所藏书中的北京俄罗斯宗教使团史料》(《东方世界》,2001年,北京俄罗斯宗教使团史料,乌克兰国家科学院手稿研究所藏书;"第五届克雷姆斯基东方学报告会"国际科学会议报告提纲,基辅,2005年,第120—122页)。在中国传统科学、文化和哲学等基础范畴研究的方面,是以著名英国汉学家约瑟夫·尼达姆(即李约瑟——译者注)的科学遗产为基础的。《李约瑟对中国科学思想发展的历史与哲学概念》[《前景》2003年第2/3(22/23)期,第91—96页]、《道教中"道"的李约瑟概念分析》(《多元宇宙·哲学丛刊》,基辅,2004年第42卷,第43—60页)、《李约瑟科学传记:从生物化学到汉学之路》(《东方研究》2003年第21/22期,第51—66页)、《李约瑟的道教哲学在中国古代科学知识结构中地位的确立》(《前景》2004年第2/3(26/27)期,第12—20页)、《李约瑟关于早期儒家哲学的思想》(《哈尔科夫国立卡拉金大学学报》,2004年第615期,第54—60页)、《李约瑟关于中国科学和文明发展概念评论的历史述评》(《东方世界》2004年第1期,第5—19页)、《李约瑟关于道教中"道"的概念比较分析和研究》(《东方学》2004年第25/26期,第44—56页)、《李约瑟关于中国传统哲学科学思想发展的研究》(《东方世界》2004年第2期,第45—58页)、《E. A. 托尔奇诺夫(E. A. Торчинов)作品中李约瑟的科学概念》(第一届托尔奇诺夫宗教学和东方学会议论文集,2004年2月20日至21日,圣彼得堡:圣彼得堡大学出版社2004年版,第86—90页)、《李约瑟关于中国古代科学知识结构中的道教哲学研究史学述评》[《东方世界》2004年第4期,第43—48

---

① 东正教宗教使团自1715年起共换届二十次。索福隆尼·格里波夫斯基(Софроний Грибовский)为俄国东正教驻北京宗教使团第八届团长(1794—1807)。

页]、《李约瑟关于中国科学和文明发展概念评论的史学述评》(《东方世界》2004年第1期,第5—19页)、《李约瑟关于中国古代哲学学派科学逻辑形成的研究》(《东方世界》2005年第2期,第142—150页)、《法规和自然规律:李约瑟关于法家哲学的研究》(《中国文明:传统与现代文集》,基辅,2005年,第22—30页)、《李约瑟〈中国科学与文明〉研究项目中道家的社会和政治视角》(《基辅国立塔拉斯·舍甫琴科大学学报》(历史版)2005年第80/81期,第19—22页)、《李约瑟科学传记:哲学、科学和比较》(《哲学思想》2006年第1期,第40—55页)、《道家的因果关系和目的论:李约瑟、黑格尔、怀特赫德和组合论逻辑》[《基辅国立塔拉斯·舍甫琴科大学学报》(哲学版)2006年第76/79期,第190—194页]及其他文章。

2000年,历史学领域还进行了一场论文答辩,是东方学研究所研究员 В. И. 加米亚宁(В. И. Гамянин)(现任乌克兰驻中国大使馆公使衔参赞)的论文《中国现代历史转型过程(1911—1949年)》。在这项研究中发表了一些文章,主要涉及20世纪上半叶与著名中国作家、散文家朱自清的创作遗产有关的中国社会历史进程:《朱自清眼中的20世纪初的中国》(《东方学》1997年第1期,第30—56页)、《20世纪上半叶中国一些个性概念的实用特征》(《东方世界》1997年第1/2期,第27—38页)、《中国散文的新生命(纪念朱自清100周年诞辰暨逝世50周年)》(《东方学》1998年第3/4期,第138—145页)、《20世纪上半叶中国历史分期问题》(《东方学》1999年第7/8期,第45—91页)、《朱自清与20世纪中国历史发展中的语言文学遗产问题》(《东方学》1998年第2期,第67—77页)。

除了历史方面本身之外,这些文章通过透视朱自清的创作,还形成了关于20世纪上半叶中国文学、散文随笔发展特征的清晰认识。研究者的注意力聚焦在散文这一体裁上:它的分类、起源,中外学者对它的研究说明,它在中国新文学形成过程中所起到的作用。В. И. 加米亚宁的研究兴趣也表现在对中国古代哲学和文化的基本概念上:《源自中国王朝的传统祭祀(乌克兰国家科学院图书馆手稿研究所的两个发现)》

(《东方世界》2000年第1期，第142—152页)、《有关"中庸"概念界定的问题（基于论文〈平衡与制衡〉）》（《东方世界》2003年第2期，第13—21页）。

　　对中国历史、哲学和文化不同视角的研究，其中包括每年一次的克雷姆斯基东方学报告会，积极推进了东方学研究所的科学活动，并延续至今。如2000年，А. С. 伊帕托娃的《俄罗斯宗教使团在中国：独一无二的国际关系的历史经验》（2001年）、Д. В. 格利茨基赫的《欧洲传教士在中国（19世纪中叶之前）》、М. 格列齐卡的《"亚欧"—积分符号》、Л. И. 戈洛娃乔娃的《汉学：发展与起源问题的重要性》、Л. В. 切尔卡索娃的《孔子和荀子哲学学说中自然与人相互关系的比较分析（诠释学的视角）》（2003年）、И. Д. 切尔内赫的《传统东方文明的时空参数（问题的提出）》（2004年）、О. С. 佐洛塔连科的《作为中国文化象征的"祖先"、"国家"和"礼仪"概念》、И. А. 基普查尔的《经济改革和全球一体化进程条件下中国居民的社会保障体系：乌克兰借鉴经验的问题》、С. А. 克拉玛连科的《20世纪初亚洲革命的社会文化背景（问题的提出）》、《印度宗教和中国宗教文明的缩影（新方法）》（2005年）、《20世纪下半叶美国历史史料中的辛亥革命与孙逸仙》（2011年）、Я. В. 舍克拉的《道学著作〈老子〉和〈庄子〉中空无思想的功能作用》）及其他。

　　乌克兰科研教学机构成为在哲学领域研究中国的重要中心。这些机构的教学计划中有"汉语语言与文学"专业。这样的机构有：基辅国立塔拉斯·舍甫琴科大学，该校的"汉语语言与文学"专业自1990年开设；基辅国际大学，自1996年开设该专业；基辅大学（东方世界），自1997年开设；第聂伯罗彼得罗夫斯克奥列西·冈察尔国立大学，自1992年开设；哈尔科夫斯卡沃罗德国立师范大学，自1994年开设；卢甘斯克塔拉斯·舍甫琴科国立大学，自2001年开设；克拉马托尔斯克经济人文大学，自1992年开设；喀尔巴阡瓦西里·斯特凡尼克大学，自2003年开设。

二 比较文艺学领域中关于中国文学的学术研究

随着20世纪90年代历史方面的研究，乌克兰文艺学家们对研究中西方（包括乌克兰）的文学交流也更加活跃。很快，比较研究已不仅仅局限在个别文章和刊物简讯，已成为主要的科研工作，其中包括学位论文。

基辅国立塔拉斯·舍甫琴科大学的研究生 Н. С. 伊萨耶娃（现为该校中韩日语文学教研室副教授）在其学位论文《乌克兰文学在中国：接纳问题》（2002年）中研究了通过翻译而接纳的机制，确定了中乌文学中类似现象的类型学本质（在浪漫主义中），分析了这些类似现象出现和发展的内部规律性。研究该问题的理性方法在于承认（中乌）两种文学体制的相互渗透和融合。论文的基本观点在以下文章中有所阐述：《文化交流：疏远与接纳——舍甫琴科诗作的烂漫基调与戈宝权译本的中国风格》[《郑州大学学报》（哲学社会科学版）1998第31卷，第6期（总第34期），90—91页]、《中国文学在乌克兰》[《岱宗学刊（哲社版）》1998第1期（总第5期），48—51页]、《乌克兰和中国浪漫主义的类型学：艺术思维结构》（《东方学》，基辅，1999年第7—8期，第212—221页）、《中国的比较文学学者——鲁迅》[《基辅塔拉斯·舍甫琴科国立大学学报（东方语言和文学版）》，基辅，2000年第3卷，第11—17页]、《舍甫琴科与李白浪漫主义认知的共同特点》[《语言与法律国际学院学报（文艺学版）》，基辅，2000年第2卷，第266—273页]、《舍甫琴科诗作在中国：文学翻译的特点》（"21世纪的东方国家——乌克兰：语言、文化、文明的对话"全乌克兰科学实践会议材料，基辅，2001年，第46—55页）及其他文章。

2005年，论文《16至18世纪中国和欧洲文学朝圣散文的体裁和主题范式》通过了答辩。该论文作者——基辅莫吉拉学院（Києво—Могилянська академія）的研究生 Н. А. 基尔诺索娃（现为基辅国立大学语文学学院中韩日语文学教研室副教授）仔细研究了那个时期中国和欧洲文学在积极运用朝圣动机上的联系，并形成了该时期文学中诗体逻辑体系。在研究过程中，基尔诺索娃比较分析了英国、中国文学中著名的朝圣长篇小说，包括约翰·班扬①的《天路历程》和吴承恩的《西游记》。这些作品中，游记完全或部分地转变为朝圣主题，进而，出现了从"纪实文学"向"虚构文学"的转变。该论文的主要思想体现在一系列文章中：《中国长篇小说起源的问题（以吴承恩的〈西游记〉为例）》（《国际语言与法律学院学报（文艺学版）》，基辅，2001年，第28—33页）、《吴承恩的〈西游记〉与约翰·班扬的〈天路历程〉》（《基辅国际大学学报（文艺学）》，基辅，2002年第4卷，第260—268页）、《探源之旅》（《旅行的文化空间》，2003年4月8日—10日论坛，圣彼得堡，圣彼得堡国立大学出版社，2003年，第273—275页）、《英国文学与中国文学朝圣散文的风格和修辞特征（比较性评述）》[《基辅莫吉拉学院学报（人文科学）》，基辅，2003年，第22卷第1部分，第4—7页]、《重新审视传统背景下的朝圣散文》（《东方世界》2003年第1期，第133—141页）、《中国明朝文学中游记的写作风格》（"乌克兰在欧洲一体化进程中：问题与前景"国际教师学术实践大会资料，基辅，2006年）。

值得关注的还有第聂伯罗彼得罗夫斯克冈察尔国立大学教师H. A. 切尔内什的哲学文艺学学位论文。她的论文是《传统文化对话中的谢达科娃所著"中国游记"》（2011年）。切尔内什从与中国经典文化传统（哲学、抒情诗、景物刻画）相互影响的角度对俄罗斯女诗人谢达科娃的诗集进行了比较分析。在论文中，提出了证明形成东西方文化对话能力的特征。该论文比较分析的特殊之处在于选择了中国早期文化经典《道德经》《诗经》和李白、王维、司空图的诗作作为研究对象，以及选择用分析注释的方法来研究，《易经》也属这类文化经典（《传统

---

① 约翰·班扬（John Bunyan，1628—1688年），英国著名作家、布道家。出生于英格兰。青年时期曾被征入革命的议会军，后在故乡从事传教活动。1660年，斯图亚特王朝复辟，当局借口未经许可而传教，将其逮捕入狱两次，分别监禁12年、6个月。他狱中写就《天路历程》（The Pilgrim's Progress），内容讲述基督徒及其妻子先后寻找天国的经历，语言简洁平易，被誉为"英国文学中最著名的寓言"。——译者编注

文化对话中的谢达科娃所著"中国游记"》——申请语文科学副博士学位论文内容摘要，第聂伯罗彼得罗夫斯克，2011年，第18页）。该论文主要观点在一系列文章中有阐述：《作为传统文化对话的翻译：〈道德经〉主要概念的翻译问题》（《第一届乌克兰亚太地区国家语言学和文学研讨会论文集》，1999年第1卷，基辅，基辅莫吉拉学院，第22—27页）、《以李清照一首作品的翻译为例，传统文化作品的翻译问题》（《第聂伯罗彼得罗夫斯克大学学报》，文艺学，新闻学，第3期，第1卷，第聂伯罗彼得罗夫斯克，1999年，第43—53页）、《谢达科娃所著"中国游记"的结构特征》（《文化中的文学：论文集》，第聂伯罗彼得罗夫斯克，2003年第13期，第214—219页）、《传统文化对话中的谢达科娃所著"中国游记"》（《语言与文化：学术杂志》，基辅，德米特里·布拉果出版社2005年版，第8期，第VI/1册，第208—212页）、谢达科娃的《赏析一首诗的经验》[《哈尔科夫斯卡沃罗德国立师范大学学报（文艺学）》，哈尔科夫，《新词》第3期（59），第131—136页]及其他文章。

不能忽视这样一个事实，即在乌克兰的汉学（包括比较文学语言学领域）发展中，乌克兰高校中的中国研究生（中国公民）也做出了自己的贡献。目前，已有两人进行了副博士学位论文答辩：吴昊（У Хао）的《20世纪头三十年俄罗斯、中国散文中的田园诗学——以契诃夫、布宁、老舍和巴金作品为分析》（辛菲罗波尔，塔夫利维尔那茨基国立大学，2007年）和孙佳文的《普希金的个性与创作遗产在中国：翻译、释诠、思考的特性》（哈尔科夫斯卡沃罗德国立师范大学，2010年）。年轻学者对采用中国资料进行比较研究的兴趣在持续增长。

三　关于中国文学作品的研究

乌克兰读者对中国文学的了解与著名汉学家、翻译家伊万·科尔涅耶维奇·奇尔科（Иван Корнеевича Чирко）（1922—2003）的活动有关。他从事翻译活动最活跃的时期是在苏联时代，他翻译的中国古典文学、当代文学作品及其文学研究的文章，为高校教授中国文学奠定了基础，并以一定的方式刺激了年轻学者的学术兴趣。奇尔科翻译、出版了中国作家的约40部作品，主要是鲁迅的作品、老舍的中短篇小说集、茅盾的长篇小说《虹》和《腐蚀》、巴金的长篇小说《家》、高玉宝的中篇小说《我要读书》、杜鹏程的中篇小说《在和平的日子里》、柳青的长篇小说《创业史》、蒲松龄的《聊斋志异》、宋朝话本小说《碾玉观音》、屈原的《离骚》片段、唐朝短篇小说和中国中世纪的中篇小说《白蛇传》和《闹樊楼多情周胜仙》①。正是奇尔科尝试着将乌克兰文学家们的注意力吸引到中国经典著作上。年轻天才女诗人、文学家 Я.В.舍克拉（现为基辅国立大学语文学学院中韩日语文学教研室副教授）接过了这位巨匠的接力棒，她将中国古代和现代诗歌译成优美且感情丰富的作品。2000年，基辅出版了她的诗集《鹤绣天》。在该诗集中，她收入并翻译了中国著名诗人李白、杜甫、王维、杜牧、张籍②、冯至、费青及其他诗人的诗作。她的新译作《唐朝天空》于2003年出版，呈现了中国唐朝最著名诗人的创作。舍克拉翻译的作品常发表在国内杂志《全球》以及东方文学史文选、诗集和教科书里。

　　《全球》不止一次发表历史学副博士、克拉马托尔斯克经济人文学院东方语言教研室副教授В.乌鲁索夫所翻译的中国作家、诗人的散文和诗作，如《全球》2003年第7/8期第145—149页刊载了В.乌鲁索夫翻译的贺知章、孟浩然、王维、李白、杜甫、柳宗元、杜牧、苏轼等中国著名诗人的部分经典诗歌。历史学副博士В.И.加米扬宁也翻译出版了一些中国古代文学作品，尤其是司马迁的《史记》片段（《史料瑰宝 东方文学读本》，基辅，1998年）、儒学著作《中庸》（《东方世界》，2001年第1—2期）。

　　Я.舍克拉在自己的文章中开始对中国古代诗歌进行文学研究。

---

　　① 为《醒世恒言》第十四章。
　　② 张籍（766—约830），唐代著名诗人，字文昌，吴郡（江苏苏州）人。以乐府诗著称，与王建齐名，世称他们的乐府诗为"张王乐府"。其诗广泛深刻地反映当时的社会矛盾。作品有《野老歌》《估客行》《促促词》《筑城词》《征妇怨》《凉州词》等。

2006 年，她进行了题为《中国唐代（7—10 世纪）诗歌艺术形象的起源与功能》的学位论文答辩。论文全面研究了唐代诗歌艺术形象的起源与演化，并揭示了古代中国当时的审美体系和文学思想中的形象的本质、特征。以中国古人世界观系统为背景，以研究唐代诗歌为基础，作者揭示了中国文学艺术形象的本质和中国诗人形象思维的特征。论文的主要思想体现在下列文章中：《中国古人的道家世界观与唐代诗歌》（《21 世纪的乌克兰——东方国家：语言、文化、文明对话》，2003 年 4 月 18—19 日学术会议资料，基辅，2004 年，第 141—144 页）、《古代中国诗歌的空间思想》（《东方世界》，2003 年第 2 期，第 45—48 页）、《杜甫的诗歌世界和语言》（《全球》，2003 年第 7—8 期，第 156—161 页）、《唐代诗歌艺术手段的独创性》（《语言与文化》，基辅，德米特里·布拉果出版社 2004 年版，第 7 卷，第 7 册，第一部分，第 190—194 页）、《中国古代诗歌中水的形象》[《基辅国立大学学报（东方语言和文学版）》2004 年第 9 期，第 59—62 页]、《中国古代哲学中某些佛教教义及其对唐代（618—907）诗歌的影响》（《语言·文化·事业》2004 年第 2 卷，第 48—51 页）、《唐代诗歌的衬托、通感、起兴等艺术手法》（《文艺学研究》2004 年第 10 期，基辅，第 345—349 页）、《陶渊明和唐代诗歌创作中"鸟"的形象起源的几个视角》[《基辅国立大学学报》（东方语言和文学版）2005 年第 10 期，第 48—51 页]、《古代、中世纪中国诗歌中时间的形象起源和功能》（《东方学》2005 年第 29—30 期，第 141—150 页）、《中国诗歌艺术形象的本质》（《中国文明：传统和现代化》，学术会议资料，基辅，2005 年，第 70—74 页）、《关于道家哲学对唐代诗人李白创作的影响问题——以"长生不老"为例》（第三届托尔奇诺夫宗教学和东方学会议资料，圣彼得堡，2006 年，第 231—236 页）、《李白创作中多重意义形象的象征》[《基辅国立大学学报（东方语言和文学版）》，2006 年，第 11 期，第 53—55 页，与 К. Г. 穆拉舍维奇（Мурашевич К. Г.）合著]、《王维（700—761）情景抒情诗中"动—静"和"虚—实"的禅的二项式》（《远东文学问题：第二届国际学术会议资料集》，圣彼得堡，圣彼得堡国立大学出版社 2006 年版）。现在，舍克拉仍在继续研究古代中国诗歌形象体系（образной системы）特征和在翻译过程中如何通过乌克兰语使其得以体现的问题，研究富有成果。除此之外，她的注意力还放在更晚时期的宋朝诗歌上，从宋朝诗歌中体现道家世界观的角度来研究。围绕该问题，舍克拉发表的文章数目超过了 25 篇，其中值得注意的有：《宋朝时期中国的抒情诗：起源和再创作，现代的观点》（《乌克兰国立柴可夫斯基音乐学院学报》2009 年第 75 卷，第 337—349 页）、《分析宋词的方法论原则——以李清照（1084—1151）创作为例》[《基辅国立大学学报（东方语言和文学版）》2009 年第 14 卷，第 45—47 页]、《宋朝女诗人李清照（1084—1151）创作中道家庄子学说的体现》（《远东文学问题：第四届国际学术会议论文集》，圣彼得堡，圣彼得堡国立大学出版社，第 1 册，第 365—378 页）、《中国宋朝诗作中道家哲学的反映——以苏轼（1037—1101）创作为例》（《编年史—2000 年，绣球花束和李子花（Гроздь калины и цветы сливы）：乌克兰—中国》，基辅，2010 年第 1（83）期，第 719—728 页）、《宋朝李清照创作中大自然形象的象征主义》（地区间"学习、教授东方语言与文学的现实问题"学术研讨会材料（2010 年 4 月 22—23 日），第聂伯罗彼得罗夫斯克，2010 年，第 62—67 页）、《中国宋朝女诗人李清照（1084—1151）创作中道家世界观的体现》（《东方世界》2010 年第 3 期，第 217—221 页）、《中国诗歌体裁中的词：注释的问题》（《诗体逻辑研究，"翻译中的诗"学术讨论会论文集》，基辅，2010 年，第 44—49 页）、《中国诗词中的艺术形象——以李清照创作为例》[理想·价值·准则，第六届东方学科学会议（托尔奇诺夫讲座）资料，圣彼得堡，2010 年，第 276—283 页]、《梦境在道家哲学和苏轼（1037—1101）诗歌作品中的隐喻》[《基辅国立大学学报（东方语言和文学版）》，2011 年第 17 期，第 60—63 页]、《道家论著〈老子〉和〈庄子〉中空无概念的作用》（"第十五届克雷姆斯基东方学讲座"国际科学会议报告提要，基辅，2011 年，第 52—55 页）。此外，舍克拉在基辅塔拉斯·舍甫琴科国立大学教授"中国文学史"课程及"文艺学和翻译学"专题课。她的科学和方法论研究成果转变成了两本中国文学读本。一本是《从远古时代到公元前 3 世纪》（基辅，"基辅大学"出版印刷中心出版）；另一本是《公元 3 世纪到 6 世纪》（也由"基辅大学"出版印刷中心于 2010 年出版）。

乌克兰研究者们对中国 20 世纪的文学也给予了极大关注。2011 年 4 月，在基辅塔拉斯·舍甫琴科国立大学进行了题为《20 世纪初中国文学"五四"诗歌中的艺术审美现象》的学位论文答辩。该论文的作者是 E. K. 穆拉舍维奇（现为中韩日语文学教研室教师），他描述并分析了产生五四诗歌的过程及其发展、特征，诗歌形式的演化，新体裁变形的发展，与国际文学联系的作用。论文证明了中国经典文学对五四诗歌发展的影响，包括对田园抒情诗的影响。在研究刘半农、刘大白、戴望舒、谢冰心、闻一多、瞿秋白、冯至及其他作家作品基础上，作者掌握了主题、内容创作和形式创作上的革新性特征，包括小诗、视觉诗和长诗的形成以及对民歌的模仿等。论文研究了与诗歌形式有关的变化，这便是从文言文到白话文的转变。论文还关注了 20 世纪初在国外文学（十四行诗、自由诗、新格律诗）的影响下发生的诗歌体裁变化，它将五四诗歌的形象内涵与历史上的时代，主要是唐代的内涵做了比较（《20 世纪初中国文学"五四"诗歌中的艺术审美现象》——申请语言学副博士学位论文内容提要，基辅，2011 年，第 17—18 页）。该论文的主要观点发表在下列文章中：《中国新风格诗歌：瞿秋白（1899—1935）》（《东方学》，基辅，2008 年，第 41—42 期，第 97—107 页）、《李白和杜甫作品中"梦"与"影"原型的体现》（《东方学》，基辅，2008 年，第 43 期，第 57—66 页）、《20 世纪初中国文学中"五四"新诗歌的产生与相关问题》（《东方世界》，基辅，2009 年第 4 期，第 126—133 页）、《刘大白早期创作中的爱情诗与田园诗》（《东方学》，基辅，2009 年第 47 期，第 92—106 页）、《思想艺术性探寻的更新：中国"五四"诗歌的新题材与形式》（《东方学》，基辅，2009 年第 48 期，第 136—151 页）、《闻一多诗歌传统与原创的象征意义》（《远东文学问题》，圣彼得堡，圣彼得堡大学出版社 2008 年版，第 1 册，第

268—278页)、《刘半农田园诗与爱情诗中的新形式和传统形象》(《中国、韩国、日本：文化解读的方法论和实践》，基辅—首尔，2009年，第217—221页)、《戴望舒（1899—1946）的象征主义——诗歌风格和内容上的革命》(《远东文学问题》，圣彼得堡，圣彼得堡大学出版社2010年版，第2册，第191—202页)、《中国五四诗歌新体裁"小诗"的产生——以谢冰心创作为例》("第九届克雷姆斯基东方学研究报告会"国际科学会议报告提要，基辅，2010年，第143—145页)。

中国当代文学（特别是从20世纪80年代至今的作品）首先成为翻译家注意的对象，其后才是研究的对象。必须要强调的是，近来《全球》杂志经常出现当代中国作家、诗人的作品，有王安忆的《叔叔的故事》，发表在2009年第7—8期，第5—55页；铁凝的《棉花垛》，发表于2010年特刊《中国文学选集》，第178—228页；史铁生的《病隙碎笔》，发表于2010年第7—8期，第202—207页；周晓枫的《圣诞节的零点》，发表于2011年第3—4期，第182—197页（以上作品由Н. А. 基尔诺索娃译）。石定的《魔术》[①]发表于2002年，第9—10期，第65—70页（Е. 克拉西科娃译）；杨镰（Ян Лян）的《流放之路》；舒婷的《秋天的情绪》发表在1996年第3期，第107—108页（Н. 辛盖夫斯基译）。2010年，《全球》出版了中国文学选集特刊，其中收录了8位当代作家的中短篇小说：古华的中篇小说《芙蓉镇》（И. 奇尔科译）、王蒙的短篇小说《枫叶》（В. 乌鲁索夫译）、王蒙的《星球奇遇记》（Я. 里谢维奇和Ю. 索罗金译）、王安忆的《叔叔的故事》（Н. А. 基尔诺索娃译）、张抗抗的短篇小说《夏》（Я. 里谢维奇和Ю. 索罗金译）、张弦的短篇小说《被爱情遗忘的角落》（Я. 里谢维奇译）、池莉的短篇小说《热也好冷也好活着就好》（Н. 科捷利尼科娃译）、莫言的短篇小说《天才》（Е. 克拉西科娃译）、铁凝的中篇小说《棉花垛》（Н. 基尔诺索娃译），以及里谢维奇

[①] 石邦定，笔名石定，1944年生。贵州苗族作家。1974年开始发表作品。著有小说集《公路从门前过》《天凉好个秋》《石定小说选》《石定中短篇小说选》等。作品获1983年全国优秀短篇小说奖，全国少数民族第二、三、四届文学奖，贵州省政府文学奖。《魔术》为其1993年写作的一篇短篇小说，发表于《人民文学》1993年第2期。

和辛盖夫斯基翻译的当代诗歌。

在乌克兰，对中国当代文学的研究目前还缺少系统性和连续性，但是这个选题具有现实意义。这方面的成果有：H. 基尔诺索娃的文章《当代中国文学小型散文的发展趋势》(《远东文学问题》，圣彼得堡，圣彼得堡大学出版社 2008 年版，第一部分，第 164—175 页)、《19 世纪末至 20 世纪初中国和乌克兰文学游记体裁的诗体逻辑特征》(《东方世界》2008 年第 4 期，第 88—92 页)、《20 世纪的中国文学：来自远方的观点》(《文学之声》，基辅，2010 年，第 226—233 页)；H. 伊萨耶娃的文章《三毛书信体中的语言交流手段》[《语言与文学》，基辅：德米特里·布拉果出版社 2009 年版，第 11 卷，第 1（113）部分，第 242—248 页]、《果戈理与鲁迅的〈狂人日记〉：心理视角的比较》(《文艺学研究》，基辅：基辅国立大学，2009 年，第 25 卷，第 77—85 页)、《三毛书信体散文中"个性自由"思想》(《中国、韩国、日本：文化解读的方法论和实践》，基辅—首尔，2009 年，第 180—186 页，与 B. 沙波瓦洛娃合著)、《20 世纪 90 年代中国女性小说中神秘成分的作用》(《语言与文学》，基辅：德米特里·布拉果出版社 2009 年版，第 12 卷，第 8（133）部分，第 219—225 页)、《三毛书信体散文的文体特征》[《基辅国立大学学报（东方语言和文学版）》，2010 年第 16 期，第 14—16 页]、《虹影的中篇小说〈你一直对温柔妥协〉中插叙的功能特征》(《东方学》2010 年第 45—46 期，第 11—23 页)、《后现代时期乌克兰和中国散文中妇女传统形象的论述》(《文艺学研究》，基辅：基辅国立大学，2010 年第 29 期，第 166—173 页)、《当代中国女性散文中风景的功能与诗体逻辑特征——以迟子建的〈微风入林〉为例》(《东方世界》2010 年第 3 期，第 179—185 页)、《徐小斌的长篇小说〈羽蛇〉中女性的象征主义化身》[《语言和文学》，基辅：德米特里·布拉果出版社 2010 年版，第 13 卷，第 8（144）部分，第 363—371 页]、B. 乌鲁索夫的文章《20 世纪的中国文学和高行健的创作》(中国文明：传统与现代，文选汇编，基辅，2005 年)；И. 西尼钦娜的文章《20 世纪中国短篇小说中佛教世界观的体现》(东方语言和文学的教与学，报告提要，第聂伯罗彼得罗夫斯克：第聂伯罗彼得罗夫斯克国立大学，2006年，第91—92页）以及其他文章。

我们还注意到，20世纪的中国文学成了基辅国立大学中韩日语文学教研室研究生们的研究对象，包括 O. 沃罗别伊研究的《20世纪中国戏剧转化过程中老舍的戏剧作品的特征》；Д. 皮德莫吉丽娜娅研究的《鲁迅的哲学随笔〈野草集〉中"灵魂"和"肉体"概念的本性》。

四 乌克兰汉学研究中关于语言学的研究

在乌克兰，为了保障高校教授汉语而准备了科学的教学法资料，这可被视为研究汉语的第一步。今天，这些资料还不够，将来仍有大量工作要做。根据乌克兰高校教师 H. 基尔诺索娃的统计，乌克兰国内出版了3种资料：（1）成套的教学参考手册，如供教授基础汉语课程使用的任惠莲、H. C. 伊萨耶娃、H. A. 基尔诺索娃编写的《分类汉语》（学士和硕士参加国家汉语考试的学习参考书，基辅：基辅国立大学，2007年）、И. K. 奇尔科编写的《汉语》（基辅：基辅国立大学，1997年）、В. П. 切尔诺拜（В. П. Чернобай）、O. C. 洛谢夫（O. C. Лосев）编写的《汉语：高校教材（初级）》（利沃夫，2008年）；（2）专业的教学论著，这些论著系统地分析了各级汉语水平的资料，如 A. H. 贡恰连科的《现代汉语修辞学：大学四年级教学学习说明》（基辅：基辅国立大学，2005年）、A. H. 贡恰连科、H. B. 科洛米耶茨的《汉字书写发展的主要阶段：中文史教学学习说明》（基辅：基辅国立大学，2006年）、H. A. 基尔诺索娃的《中文实用语法：教学参考书》（基辅：基辅国立大学，2007年）；（3）从某一角度定位于教学法的书籍，它们供练习说、读、写和翻译技巧使用，如 O. И. 阿尔秋尔、K. E. 茹科娃的《汉语练习簿：练习、作业、复习资料》（哈尔科夫：哈尔科夫国立斯卡沃罗德师范大学，2004年）、Л. M. 布宁娜、H. M. 科捷利尼科娃、O. A. 特卡乔娃、H. B. 费季切娃、邱意强的《大学三至五年级学生学习汉语文选读本》（卢甘斯克，2006年）、И. O. 戈鲁波夫斯卡娅、西丽娃·杨的《初学汉语者》（基辅：知识，1999年）、Н. А. 基尔诺索娃《乌克兰和中国的语言联系》（《乌克兰与东方国家的语言和文学联系》，基辅：德米特里·布拉果出版社2010年版，第250—252页）。同时，语言学领域的学术研究也获得了积极发展。1996年，В. Ф. 列扎年科就其题为《现代汉字构成要素的形意联系》的博士论文进行了答辩。该论文做出下列主要结论：现代汉字——它是逻辑和话语的符号，而并非像大多数中西方研究中所认为的那样，具有联想的特征。今天，对汉语的符号概念的再认识拥有许多支持者。

2006年，一篇题为《中国日常社会生活话语的语法词汇和修辞结构特征》的副博士论文通过了答辩。其作者 А. А. 卡尔佩科（А. А. Карпенко）集中研究了意指日常生活、专业术语的汉语词汇的产生途径，明确了中国日常社会生活的语音、语义结构、语法、词汇和修辞特征，并根据学科组对后者（即专业术语——译者注）进行了分类。该论文的主要论述发表在以下文章中：《文学作品对等翻译的原则》[《基辅国立大学学报（东方语言和文学版）》，2000年第4期，第19—21页]、《展现中国现实的历史文化路径》[《基辅国立大学学报（东方语言和文学版）》2003年第7期，第123—127页]、《现代汉语中意指日常社会现实的词汇》（《世界语言和概念的描述》，基辅，2004年第10期，第225—232页）、《具有日常社会生活特征的汉语的存在是社会历史和民族文化的组成部分》（《世界语言和概念的描述》，基辅，2005年第14期，第161—164页）及其他。

2010年，基辅国立大学教师 Е. В. 杰姆丘科（Е. В. Демчук）就其副博士论文《现代汉语单音节同义动词的结构语义特征》进行了答辩。作者系统性地分析了科学中现存的判定同义词的标准，并就确定现代汉语中单音节动词同义关系的不同类型建立了自己的体系。该论文的主要论述发表在下列刊物中：《中国语言学家理论研究中的同义性现象问题》（《世界语言和概念的描述》，基辅，2004年，第12卷，第一部分，第126—131页）、《现代汉语单音节同义动词的语义分析——以单音节动词"摆"和"放"为材料》（《东方学》，2005年第29—30期，第 56—63 页)、《现代汉语中同义性现象问题研究——以国外汉学家的学术研究为材料》(《世界语言和概念的描述》,基辅,2005 年第 18 卷,第一部分,第 110—114 页)、《现代汉语中同义词类型学问题》(《东方世界》,基辅,2006 年,第 2 卷,第 109—116 页)。

基辅国立大学的教师和研究生们,以及克雷姆斯基东方学研究所的研究生们对汉语进行了不同角度的研究。现阶段,这些研究成果呈现在一系列的文章中:А. Н. 贡恰连科的《汉语术语体系的构词和词义特征》[《基辅国立大学学报(东方语言和文学版)》,2001 年第 5 期,第 5—8 页]、《西方文明与日本对现代汉语商业经济术语发展的影响》(东方学,2002 年第 19—20 期,第 106—109 页)、《现代汉语商业经济术语的系统结构组织与专题分类》[《基辅国立大学学报(东方语言和文学版)》,基辅,2003 年第 7 期,第 7—11 页]、《现代汉语商业经济术语形成的途径和方式》[《基辅国立大学学报(东方语言和文学版)》,基辅,2005 年第 8 期,第 4—10 页];斯利普琴科(Слипченко О. В.)的《汉语成语中"得"与"和"的哲学范畴》(《东方学》,基辅,2008 年第 3 期,第 115—121 页)、《汉语文学作品中成语翻译的现实问题——以中国经典长篇小说〈西游记〉为材料》(《乌克兰语言学》2009 年第 39/1 期,第 492—495 页)、《研究儒家学说中成语的现实视角:伦理道德和政治维度》[《基辅国立大学学报(东方语言和文学版)》,基辅,2009 年第 14 期,第 14—15 页]、《汉语最古老成语中数词的民族文化标记》(《世界语言和概念的描述》,2009 年第 29 卷,第 265—272 页);Е. Н. 舍甫琴科的《内部形式——研究商务汉语的辅助性因素》(《东方世界》,基辅,2010 年第 3 期,第 222—227 页);А. П. 科佐利兹(Козориз А. П)的《世界语言景象片段——中文中的肝,肠,胆和气等概念》(《基辅国立大学学报(东方语言和文学版)》,基辅,2007 年第 12 期)及其他文章。

基辅国立大学公共语言学与经典语文学教研室主任、语文学博士 И. А. 戈卢博夫斯卡娅教授利用中文资料对世界语言模型开展了一系列有意思的深入研究。对汉语的研究认知观点贯穿在她的系列研究成果中,如《从比较视角评定中国语言的"植物王国"景象》(《淡江外语论丛》,淡江,2001 年,第 63—80 页)《作为中国心灵感应体现的中国文化概念》(《世界语言和概念的描述》,2004 年,第 15 卷,第 85—90 页)《成语与翻译》(国际科学教学法"翻译问题"会议报告,淡水:淡江大学,1997 年,第 100—108 页,与杨适(音译)合写)及其他文章。

  从认知角度研究汉语是最有前景的方向之一。H. 基尔诺索娃对此也给予了关注。她的博士论文富有成果,研究了汉字符号的认知本质。她的文章对乌克兰国内汉学在语言学的发展方面也是极大的贡献,如《"长久稳定"和"昙花一现"对立的语言变化——〈论语〉思想形成的根基》(儒家学说:哲学、伦理学、政治,卢甘斯克:《Альма—матер》,2008 年,第 74—77 页)、《现代中国广告文本:心理语言学视角》(第八届东方学克雷姆斯基报告会,2009.10.22—23 举办的国际会议报告提纲,第 115—116 页)、《查尔斯·皮尔斯①符号概念及其在中国汉字中的运用》(《语言与文学》,基辅:德米特里·布拉果出版社,2009 年第 12 期,第 181—186 页)、《中国图形文字的标志性本质》(2010.5.13—15 日举办的第九届东方学克雷姆斯基报告会,国际会议报告提纲,第 129—131 页)、《汉字分类的语义结构——与名词联系的体现(以家畜量词为例)》(《世界语言和概念的描述》,2010 年第 28 期,第 340—347 页)、《中国城市的铭文学:概念性分析》[《语言与文学》,基辅:德米特里·布拉果出版社 2010 年版,第 13 卷,第 8(144)部分,第 75—90 页]、《让·皮亚杰(Ж. Пиаже)②数字概念中的汉语量词》[《基辅国立大学学报(东方语言和文学版)》,基辅,2011 年,第 17 卷,第 13—16 页。]

---

  ① 查尔斯·桑德斯·皮尔斯(Charles Sanders Peire,1839—1914),美国著名哲学家、逻辑学家、指号学家,实用主义主要创始人之一。他在认识论、形而上学、逻辑学、指号学等领域都提出许多重要论点,对其后古典实用主义者、新实用文主义者以及分析哲学家有不同程度的影响。——译者编注
  ② 让·皮亚杰(Jean Piaget,1896—1980),瑞士心理学家发生认识论创始人。他从一位生物学家,转变成发生认知论的哲学家也是以儿童心理学研究著名的发展心理学家。

综上所述，可以说，乌克兰的汉学研究正处于活跃发展状态，也有历史语文方面的科研成果，但它们仅仅涵盖了部分迫切性问题。因此，未来乌克兰的汉学家们面临着大量且艰苦的工作，乌克兰的汉学家们已为此做好准备！

上海文庙的历史和现状

卡普拉诺夫·谢尔盖
乌克兰国家科学院 A. 克雷姆斯基东方学研究院远东分部高级研究员
乌克兰研究中心译

孔庙在寺庙学①的一系列问题中占有特殊的地位，其原因是儒学地位本身的模糊性。今天，在科学上普遍认为儒学不是宗教，尽管它具有一些使其接近宗教的特点。在儒学的故乡——中国，也有与其相似的看法。中国宗教研究学者桑吉（Сан Цзи）在自己的研究中阐述了同样的观点，鉴于他的论著发表在中国外交部的出版物上，因此，也被认为能代表官方的观点。例如，他指出，中国存在五种主要宗教：佛教、道教、伊斯兰教、天主教和新教（桑吉，2004年，第6页）。谈到儒家思想方面，他认为，"儒家文化，一直以理性的态度对待社会人生问题，多专注于现实的政治、伦理生活，而不追求彼岸的幸福，或外在的超越。因而，有很多人认为，中国人很少具有西方人称之为宗教情感的东西。"（桑吉，2004年，第8页）然而，一些知名的汉学家，如 И. И. 谢缅年科（И. И. Семененко）、Л. Д. 波兹德涅耶夫（Л. Д. Позднеев）、Л. С. 瓦西里耶夫（Л. С. Васильев）及其他汉学家则将儒学认作为宗教

---

① 寺庙学（源于希腊语的 τέμενος——献给神的土地，神圣的土地）：一门专门致力于寺庙和寺庙艺术研究的学科。由科尔宾提出的术语（科尔宾，1986年，第267页）。有关该术语更详细的信息参见舒库洛夫，2002年，第7—20页。

（详情请参阅卡普拉诺夫/Капранов/Kapranov，2008 年）。在韩国，儒家思想也被国家认为是宗教信仰（韩国，1993 年，第 148 页，153—156 页）。

在这种情况下，孔庙地位本身是不明确的。是按照它的字面意义（"庙"是指举行宗教仪式、崇拜神灵的建筑），还是在这种情况下，"庙"有更多的隐喻意义，是我们所熟悉的"圣殿"，如"艺术圣殿"或"科学殿堂"呢？例如，中国学者罗清思（Лоу Цинси，音译）指出，儒家庙宇是"纪念历史人物的建筑物"，他明确地将其与"崇拜自然力量和祖先的神坛和庙宇"和"祭祀建筑"（后者包括道教、佛教和穆斯林的宗教建筑）区分开来［罗清思（Лоу Цинси），2002 年，第 63—64 页］。但同时，另一个例子是，根据《上海旅游指南》，孔庙被列为"重大宗教活动场所"，而不是"纪念馆"（《上海实用指南》，2003 年，第 79 页）。在我们先前出版的文章中（卡普拉诺夫，2008 年）曾指出，孔庙执行的既有宗教的也有世俗的功能，尽管后者占主导地位，孔庙仍可以被视为神圣的地方，如果我们同意 Г. 芬伽列特（Г. Фингаретт）先生关于"礼在儒学中是有特别意义的神圣仪式"之观点的话（Г. 芬伽列特，1995 年）。此外，孔庙在整个中国境内及国外，在主要建筑物的规划建设和名称中首先使人们想到的是建在孔子家乡——曲阜的孔庙［罗清思（Лоу Цинси），2002 年，第 64 页］。因此，孔庙可以被视为指定原型的空间圣像[①]，拜谒孔庙对儒家学说的信奉者象征性地意味着瞻仰先师孔子的家乡。此外，孔庙具有创建特殊空间的象征意义，使其与日常（庸俗）生活分离开来，因此，是象征宗教神圣的符号。在这篇文章中，我们将上海文庙作为一个例子，注重对其进行历史和建筑象征意义的讨论。本文的写作利用了作者 2005 年参观上海文庙时的记录，以及文庙行政办公室出版的一本文献手册《上海文庙》（无日期）的内容。

[①] 空间圣像——由 A. M. 李铎夫（A. M. Лидов）在拜占庭文化的资料基础之上引进和开发的概念。

通常情况下，"文庙"意为"文学之庙"，尽管我们知道"文"的概念是更广泛的，更准确的翻译可能会是"文化的圣殿"。与众多的佛教和道教庙宇不同，文庙在上海中心城区只有一座①。它所在的街道被称为文庙路，即"文庙的街"。文庙拥有悠长和复杂的历史。我们知道，1267年，在上海已经存在附有学堂的孔庙。1292年，建立上海县后立即开始修建新的庙宇，并于1296年完工［上海文庙（无日期），第10—11页］②。孔庙在其存在的700多年间，曾四次更易位置，太平天国起义期间（1851—1864年）文庙遭破坏后，被移至其目前所处的地址。1853—1855年，上海（更确切地说，老城厢③）由上海小刀会起义军占据，小刀会属于著名的反清秘密社团组织"天地会"，是太平军的盟军。起义军指挥部设在孔庙，文庙被清军炮火所毁。1855年，由士绅兴资在现址重建孔庙。1937年至1945年日本占领期间，孔庙曾是聚集抗日地下工作者的场所。正是由于这些进步活动，文庙现在还被视为纪念中国人民爱国主义斗争的地方［上海文庙（无日期），第3页］。1966—1969年，文庙又遭到"文化大革命"的破坏（值得注意的是，上海正是中国左翼运动的发源地）。1997—2000年，对文庙进行了修葺和重建。因此，其目前的建筑群落不是很古老——最早的也只是19世纪中叶的建筑。然而，它们所代表的传统至少可以追溯到7世纪，当时皇帝下旨在所有城市建造孔庙。文庙是一个相当大的建筑群落（其面积为17亩，约为1.04公顷），除了庙宇本身，作为古代上海的最高学府——儒家学馆，从前也曾经属于文庙。在元（1279—1368）、明（1368—1644）和清朝（1644—1911）三个朝代间从这里走出了279位进士［上海文庙（无日期），第14页］。

整个文庙的建筑风格给人以简约和内敛的印象，显示出谦逊中的伟大，特别是与佛教和道教宫观相比。文庙中的塑像不多，总共有五个，

---

① 另一座在上海郊区嘉定，但它到1958年已成为独立区划。
② 然而，在书中别处指出，文庙建于1294年［上海文庙（无日期）］。
③ 旧城，或中国城——上海最古老的部分，1842—1943年保持在中国的管辖之下，当时城市的大部分由西方国家统治。

而在佛教或道教宫观中如果不是有上百个，也有几十个。这体现出"淡"的品位，这是中国美学最重要的类别之一（朱利安，1993年）。按照中国人的传统，文庙沿南北轴线分布，所有入口的方向都是朝南的。其楼宇建筑的布局形成了两条平行线：西边的祭孔部分用于祭祀目的，即举行纪念孔子的仪式，东边的儒学部分则用于教学目的。祭祀部分与其他孔庙相类似。它由两个四合院相连组成，两侧有东西庑廊，通过棂星门进入院落。文庙中这些大门的名称，以及其他祭祀部分建筑的名称，是所有孔庙的传统部分。石制棂星门有其特定形制：两根支柱上部架设横梁，横梁以上的支柱部分高高耸立并饰有祥云图案，其形制与名称都表明了宇宙的象征意义（"棂"——长木，词源上的意义为"精神之树"，"星"同星星）。在棂星门外部两侧各有一尊狮子雕像——右侧为雄狮，左侧为母狮与幼狮。这在整个东亚都是传统的守护者。棂星门之后的大门是大成门（"大成"①，意为"伟大成就之门"），也照中国的传统建筑样式覆有屋顶。这两座大门象征着超脱凡俗的神圣空间，两门之间为前庭。

内部庭院是专门为举行仪式预留的空间，其两侧为明、清时代的石刻碑碣庑廊。石碑上有书法碑刻，其中有康熙（1662—1722年）、雍正（1723—1735年）和乾隆（1736—1795年）三位皇帝的御笔。这就立即将游人们带至"文"——书面文化的气氛之中，这是文庙的功能。庭院的最北边坐落着大成殿（"伟大成就之宫殿"），这是任何孔庙都有的主要祭祀建筑。庄严宽敞的重檐歇山式屋顶是大成殿的显著特点。大成殿之后建有用于纪念孔子祖先的崇圣祠（在我们参观的时候没向公众开放）。

大成殿屹立于平台之上，须拾阶而至，石阶中央饰有游龙戏珠浮雕。屋脊之上亦有类似的龙形饰像。龙有五爪，象征皇权［马良文（Малявин），2000年，第339页］。这似乎表明，孔子乃天下的无冕之王也，而生活在公元前179—104年的董仲舒就早已经提出了这种观点（参见冯友兰，1998年，第224页）。平台上立有大型孔子铜像，像前

---

① "大成"一词取自孟子（公元前372—289年）对孔子的言论。

有古代青铜三足鼎式样的大香炉，香炉前设有香案烛台。与在所有的中国庙宇里一样，游客通常在香案进香，在烛台上安设蜡烛，以此形式敬拜该庙宇所崇奉的神祇（在文庙敬拜的即为孔子）。值得注意的是香炉的形式：容器鼎原本具有完全不同的目的——它主要是用于煮熟食物的器皿，尤其是祭肉。各类青铜礼器是周礼仪式的必要组成部分，而孔子认为周礼是后人完美的范例。孔子在孩提时期就已经掌握了周礼的基本仪式，在玩耍时会用这类器物进行模演（司马迁，1995年，第180页）。自古以来，周朝礼器被视为艺术珍品。鼎还有一个特殊的意义：它被认为是权力的象征。相传，制造第一只鼎的人是黄帝，他是传说中天下的统治者（袁珂，1987年，第115页）。还有大禹下令铸九鼎的传说（袁珂，1987年，第179—182页）。西周时期（公元前1027—771年），青铜礼器上记录了重要文本，是后人力图释译的重要资料。据传说，中国古代神话的宝贵来源——《山海经》一书，即在青铜器铭文的基础上编制而成（瓦西里耶夫，1988年，第84—86页）。孔子继承了他的祖先正考夫（Чжэн Каофу）铸造的鼎，其上有他对后人的遗训（别列罗莫夫，1993年，第41，43页）。因此，这些祭祀器皿，不仅是"礼"（仪式），也是"文"（书面文化）不可或缺的组成部分。

孔子塑像的左侧悬挂着一口2000年铸造的大钟（高为2米，重达1.5吨），原先的钟可能在"文革"期间被毁。钟与鼎构成一对，"钟鼎"一词总体上是指古代的青铜礼器。此外，在乐器的传统等次中，钟（与磬）占据了较高的等级，它们的声音与雷声相仿（克拉夫佐娃，1999年，第124—125页）。孟子曾在著名的论述中把孔子比作一首旋律，一首以钟声开始并以碧玉磬结束的完美旋律（波波夫，1998年，第176页）。

孔子塑像两侧设有心愿牌，挂着有孔子像及向他请许愿望的纸片，在塑像右侧还有许愿树（"实现希望之树"，"许愿"的字面意义为承诺履行请求），树枝上挂着红丝带。可以看到相同的丝带系在两盆盆景①

---

① 这种艺术形式称为"盆景"（"在托盘中的风景"）。在我国，更为人所知的是日本名称"盆栽"〔汉语，盆栽，"托盘上种植的（植物）"〕。

的树枝上，盆景分别摆在通往平台的石阶两侧。在这些彩带上也写了向孔子请求的心愿。这种风俗虽然违背古典儒学，却证明在民间已经形成了把孔子当作"神"来祭拜的习俗。

在大成殿内部，厅堂首位摆放的也是孔子塑像，不过这是一尊孔子的坐像（平台上的塑像是孔子的立像）。这两尊塑像的安放都是面朝南方——统治者传统的座位朝向。在孔子塑像两侧是他的两位出色的追随者——爱徒颜回和孟子，形成了类似佛教和道教的三合式。塑像之前是祭坛和三个行叩拜礼的拜垫。

我们知道，孔子十分重视音乐，他认为音乐与礼仪和道德有着千丝万缕的联系。于是，我们在大成殿的大厅内看到乐器就并不奇怪了。祭坛和塑像右侧为一套青铜编钟，这些钟是在考古发掘中发现的清代制品。在祭坛的左侧，与编钟相互对应的，是一面很大的鼓。按照传统，钟声象征着天，而鼓则象征着地（马良文，2000年，第438页），由此也就开始了"阴"与"阳"的对应。根据传统，在中国城市的中央部分，建有钟楼和鼓楼，它们象征着世界的中心（克拉夫佐娃，1999年，第134—135页）。在大成殿大厅东西墙壁上还镶嵌着《论语》全文碑刻，使人仍置身于"文"的气氛之中。

棂星门右侧为进入文庙建筑群第二部分即儒学部分的大门。它看起来朴素得多，却被称为学门。通过此门，可以进到江南风格①的小花园，园中种植着五针松和三百年的矮榆［上海文庙（无日期），第16页］。后者的存在不是偶然的：考试在榆树开花的时节进行，而"榆策"一词是指"在考试中回答问题"。在花园的右侧矗立着三层的六角塔——魁星阁。这是文庙中最宏伟和最古老的建筑物，它始建于1730年，并于1855年重建［上海文庙（无日期），第17页］。魁星是大熊星座的第一星神，也是在孔庙中"指定的"唯一的神（因为孔子不被官方视为神）。有趣的是，祭祀魁星是在12—13世纪形成的，上海的文

---

① 江南——中国的地理区域，长江下游南岸与长江三角洲南部区域，包括上海。江南风格的经典例子是苏州园林，被联合国教科文组织列为世界文化遗产。

庙大约也是在同一时期开始建造的。魁星阁通常建在考试院内（李福清，1992年）。魁星阁的对面是一个拥有充满诗意名字的池塘——天光云影池（映衬出天上之光和云中之影的池塘）。池塘的名称中包含阳（天光）和"阴"（云影）和谐的想法。在池塘中间，矗立着一块奇形怪状的石头，被称为"龙吟虎啸"（即龙在吟唱、虎在咆哮）。它还表示两种原则之间的和谐相处：龙象征着东方、春天和生命（阳），虎象征西方、秋天和死亡（阴）。类似的石头（灵璧石，即"神灵的宝石"）是中国古典园林中富有民族特色的装饰品。

池塘的左侧，正对学门的是仪门（即"礼仪之门"），门前同样立有石狮子护卫。这道门通向四合院，院的北侧是明伦堂（即"明亮的道德之厅堂"）。堂前立有一尊硕大的青铜容器——方鼎（即"一个长方形的四足容器"）。其原有的功能是为祭祀之用，就像传统的鼎一样，但在上海文庙它只具有象征性和观赏价值。

院子左侧庑廊内设置书法（"文"）碑林，右侧为听雨轩，此处可以尽览美丽如画的池塘风景。明伦堂的右侧是儒学署，这里现有老茶具的常设展览。通过明伦堂可以去往另一个院子，那里有一个大型的两层建筑——尊经阁。在明伦堂、尊经阁间的庑廊上刻有哪些进士们的名录，他们是以前曾设在这里的儒学馆培养出来的优秀毕业生。在院子的中央，魁星阁入口的正前方还有一块珍贵的灵石，被称作"麒麟赐福"，它描绘了麒麟头长独角身覆鳞片的鹿形神兽。麒麟象征着天才或能力出众的人，以及儒家的最高美德——仁。麒麟的出现被认为标志着明智和人道的政府：编年史《春秋》并不是平白无故地以"获麟"为结束部分，《春秋》被认为是孔子所著，传说，孔子本人出生之前即出现了麒麟（伯哈德，1996年，第96—98页）。因此，这种神兽的形象是孔庙的特点。

正如前文已指出的，在文庙几乎到处都可以看到书法碑刻。这并不奇怪，因为"文"主要是书面的符号和字母，但它也是宇宙所固有的纹式。在儒家典籍《系辞传》和《礼记》中都提及"天文"及与之相符的"地理"。尊经阁、明伦堂及庑廊陈设的奇石和树根显示出与"天文地理"的相似。不知道从前在文庙是否展出过类似的东西，但现在这类的展示还是有的，例如，在南京的夫子庙就有（那里陈列的是带花纹的奇石）。乍一看，这种陈列在道观中会更合适，因为这样的"自然奇观"就是"自然"的一个实例。然而，在儒学语境中，我们可以记起孔子的断论，君子是一个在文化的"文"和自然属性的"质"中达到平衡的人（《对话和讨论》，2001年，第200—201页）。①

在我们看来，文庙的整体结构具有象征意义：如果从一个人的角度看，他面向南方而坐（孔子塑像的坐姿），他的右边与"阳"相关联，而左边与"阴"关联。正是按照这样的理念，"阳"的一面是祭祀部分，"阴"的一面是教学部分：大师的积极主动性为阳，而学生接受学说则为阴。支持这一假设的论据是，在祭祀部分我们看到"阳"的象征符号的汇集，而在教学部分则看到"阴"的象征符号。因此，在祭祀部分立有三足圆鼎（圆形和数字"三"象征阳气的初始），而在教学部分中有四足方鼎（方形和数字"四"是阴气起始的象征）。在教学部分中有水——"阴"开始的最完整体现（池塘和听雨轩），而作为水的对立面——火，则有烛台和香炉，由此构成了"阳"的一面。在祭祀部分，还有一个标志象征着"阳"的开始，那就是龙的图像（埃伯哈德，1996年，第234页）。应当补充说明的是，在文庙可以找到所有的五行：水、土（石）、火、金（祭祀的鼎、钟）和木。因此，文庙可以被视为一个宇宙的模型。这种符号系统的原始目的是创建一个举行仪式和研究儒家经典的空间。对清代孔庙举行的仪式，杰出的俄罗斯汉学家Н. Я. 比丘林，即神父雅金福（О. Иакинф, Н. Я. Бичурин, 1777—1853, 俄国传教士，晚清时来中国游学传教——译者注）曾有这样的描述："祭祀仪式在省会城市由各省最高官员举行，在其他城市则由当地官员执行。先师孔子牌位前设列小牛、羊、猪和26—76尊祭礼。"这种仪式每年举办两次——"仲春和仲秋月中旬上丁日"（牧师雅金福／Монах Иакинф，1995年，第290，294—295页）。此外，学生每天上

---

① 子曰："质胜文则野，文胜质则史。文质彬彬，然后君子。"（《论语·雍也》）

学前和放学时必须敬拜孔子像［辛季何缅诺夫/Сидихменов，1987 年，第 389 页］，根据旧的木版画上刻绘出的仪式看，敬拜是在孔子的像前把香烛点燃（辛季何缅诺夫，1987 年，第 390 页）。现在，这里的儒学署既不教学，也不举行祭祀了。如前所述，朝拜孔庙的游客以蜡烛、香炷和叩拜来拜谒孔子，在纸片或绸带上书写向孔子请求的心愿，但这种崇拜是个人的。每年都举行庄严的新年钟声仪式，也为上海青少年的成年礼和毕业生典礼举办仪式。所有这些仪式都是世俗的活动。2000 年，在上海文庙举行了第一届上海儒学研讨会、2000 年国际儒商研讨会和 2000 年中日诗歌朗诵会［上海文庙（无日期），第 2—3，9 页］。上海文庙经营一个人尽皆知的图书交易市场，有 50 家出版社提供其出版物，并于星期日举办古旧书市场［上海文庙（无日期），第 12—13 页］。此外，文庙作为一个博物馆和上海的重要旅游景点，被列入所有的旅游指南中。这种新角色中的文庙肩负向外国游客一般性地介绍中国传统文化，尤其侧重介绍儒家文化的工作。

参考文献

1. К. В. 瓦西列夫：《中国古代文献的早期历史//东方民间文化中的手稿》，第二册，莫斯科，1988 年，第 81—102 页。

2. Ф. 朱利安：《作为美德的"淡"：从中国传统的美学到政治》，《东方传统文化中的神—人—社会》，《莫斯科》1993 年，第 66—71 页。

3. С. В. 卡普拉诺夫：《东亚传统社会背景下跨文化交往中的孔庙现象》2008 年第 3 期，第 132—140 页。

4. 孔子编年史《春秋》//翻译和注释 Н. И. 莫纳斯特列耶娃，莫斯科，1999 年。

5. 韩国：参考指南，首尔，1993 年。

6. М. Е. 克拉乌佐娃，中国文化史，圣彼得堡，1999 年。

7. 罗清思（音译，Лоу Цинси），中国传统建筑，郑耀华（音译，Чжэн Яохуа）译，北京，2002 年。

8. В. В. 马良文，中国文明，莫斯科，2000 年。

9. 雅金福牧师（Н. Я. 毕楚林），学者论宗教//孔子 我相信古代，莫斯科，1995 年，第 250—299 页。

10. 孟子，В. С. 科洛科洛娃译自中文，圣彼得堡，1999 年。

11. Л. С. 别列罗莫夫，《孔子：生活、教学与命运》，莫斯科，1993 年。

12. П. С. 波波夫，《中国哲学家孟子》，莫斯科，1998 年。

13. Б. Л. 李福清，《魁星//世界民间神话》，第 2 卷，莫斯科，1992 年，第 22—23 页。

14. 桑吉：《中国宗教》，杨蕴华（音译）译，北京，2004 年。

15. В. Я. 辛季何缅诺夫，中国：旧日的篇章，莫斯科，1987 年。

16. 司马迁，孔子世家//孔子 我相信古代，莫斯科，1995 年。

17. Г. 芬伽列特，孔子：神圣的世俗者//孔子 我相信古代，莫斯科，1995 年，第 300—374 页。

18. 冯友兰：《中国哲学简史》，Р. В. 克坚科从英文版转译。圣彼得堡，1998 年。

19. Ш. М. 舒古洛夫：《寺庙形象》。莫斯科，2002 年。

20. 袁珂：《中国古代神话》。译自中文。莫斯科，1987 年。

21. Н. 科尔宾：《寺庙和思考》。伦敦，1986 年。

22. W. 埃伯哈德：《中国符号/人群》。雷娜塔·达尔达。1996 年，克拉科夫。

23. 《孟子》，中英文双语版。济南，1998 年。

24. 《上海实用指南》。上海，2003 年。

25. 《上海文庙》。上海，无日期。

论中国文化中的"空、虚、无"

舍克拉·雅罗斯拉娃

语文学科学副博士

基辅塔拉斯·舍甫琴科国立大学副教授

中国文化中,"空、虚、无"这一概念是万物的基本本质。它源于道学。但众所周知,在早于老子和庄子之前的很长时间里,中国人对周边世界就已有着类似的认识了。到公元1世纪,印度佛教与道教在思想上互相吻合(这就说明了为什么在人类世界观中,两者始终是相互影响和相互缠绕的了)。印度佛教也是以"空、虚、无"为根基——其实,这只是它与老子学说相似观点其一。为了阐释中国人如何看待存在根基的特征,本文将揭开"空、虚、无"的本质,并探析这一概念在道家著作《老子》和《庄子》中的功能作用。

道学中,"空、虚、无"是一个完全抽象的概念,既指"无有"(某种物质的,无有)又指"无无有"[①]。它统一了两种同时存在的状态。"空、虚、无"不受限于某些事物的存在或不存在,它本身并不是实在的,看不见,摸不着,但却潜藏于万物之中,包括在人体内;正因为如此,通过发现才能认识到它。

为了能够更好地揭开中国文化里"空、虚、无"的本质,必须进行

---

① "无无有"(не не—иметь),即"有有"。——译者注

对应汉字的词源（即语言文化）的分析。我们研究词源的依据有：中国第一本汉字词源字典《说文解字》，它是公元 2 世纪初许慎的著作［我们将使用《说文解字注》的电子版本①，字典中主要是许慎所做的解释；此外还有清朝（1644—1911）段玉裁和徐灏的《说文解字注》］；戴遂良②有关汉字词源的主要研究，及汉学研究者公认的、由 И. 奥沙宁教授编辑的权威《大汉俄字典》（1983）。在解释道学领域内语义和图形结构术语中的表意文字时，我们还将运用基辅 B. 列扎年科教授的理论。

《说文解字》中对汉字"空"的解释：窍（竅）也。该字由"穴"和"工"两部分构成。对第一部分的解释是：土室也。段玉裁评注道："引申之凡空窍皆为穴。"汉字"工"在《说文解字》中的解释为："巧饰也。象人有规矩也。与巫同意。"所以，最初，"空"是对人在地里挖掘的房子的一种形象描述。并且，所建的门洞拥有一定神圣的含义——我们可以推断，表意文字"工"，意指天地之间的连接，这一连接是通过人们在洞穴顶上创造的一个往外排烟的孔来实现的。最初带排烟洞孔的洞穴的图形发展成"屋顶"：宀——指房屋的样子，房顶的四面都防雨。"八"这一元素在《说文解字》中的解释为：别也。象分别相背之形。非常明显，将这一元素放到"宀"中，成"穴"，意将洞穴与山（岩石）等实体区分开，或者把出烟的孔与其余空间予以区分。如戴遂良所认为的：空，即人为的划开、挖掘。也就是说，空间并不是自然腾出来的。所以，我们分析的表意文字"空"传达了"空无"的思想；在封闭的"宀"空间里，既不向阴，也不向阳［表意文字"八"已传达出了还未被弄清楚的阴阳之分的思想，它也指走向开悟的八个步骤，佛教的中间道路（即八正道）］③。这消除了走极端的渴求，在道学

---

① 来自 http：//www.gg—art.com/imgbook/index.php。

② 戴遂良（Léon Wieger，1856—1933 年），法国人，著名汉学家。1881 年来华，开始为医师，后致力于汉学研究。他著作涉及各方面，共 30 余册。如《中国现代民俗》（1909）、《现代中国》（十册，1921—1932 年）、《道教：中国的哲学》（1976）等。

③ 八正道，亦称八支正道、八支圣道或八圣道，意谓达到佛教最高理想境地（涅槃）的八种方法和途径："正见解、正思想、正语言、正行为、正职业、正精进、正意念、正禅定。"——译者注

和佛教中，空无是万物起源的象征。这个空无可以被某种人工的物质填满（工——是人类任意活动、人工加工某种物质的象征）。作为测量角落，也就是测量空间——空——的工具，角尺，在表意文字"工"中体现的天与地之间（二）的能量联系（丨），该构词要素存在于"空"字（后来表示"无"）中，所有这些联系都能解释为人类渴望测量（也就是掌握）他们未知的天地间的空间。段玉裁将"空"（洞穴）的内涵与整个宇宙联系起来理解："天地之间亦一孔耳。"（该汉字）内涵的拓展从起初的实物指向，发展到对人类无法填满的天地间空无的认识上。所以，后来在意指"天空"以及像"空虚"这样的哲学概念，就都用了"空"字。需要着重突出人工、手工构成的汉字：尽管天地间的空间，正像哲学思想中的"空虚"一样（潜藏着包罗一切）是天然的，但意识上的空无（那些与忘心、解心、心斋等相关的庄子术语；指的是纯粹的意识，对万物的理解都来自这种意识观点）却要靠人的意志努力才能达到，也就是说，通过人工的、非自然的途径。

下面我们将对汉字"虚"做词源分析。中国1375年（明洪武八年）编著的字典《洪武正韵》对该字做了这样的注释："空虚也。"可是，表意文字"虚"最初的意思是：大丘也。"昆仑丘谓之昆仑虚"（《说文解字》注）。此外，《说文解字》作者许慎认为：人们对古代行政管辖单位（相当于我们的"村"）也称为"虚"（可看得出，村落常常坐落在小丘陵上，"丘——业"，而那里有老虎——"虍"出没）。清朝徐灏对《说文解字》注释做了补充："人所聚谓之丘虚。"因为早先"虚"的意思同"墟"：大山，废墟，居民点，集市。之后，两者在语义上被区分开来。但是，"虚"的意思又是怎样从实物指向（山、村庄等）变成意指抽象（空无）的呢？让我们再看看段玉裁在《说文解字注》中的注释："虚本谓大丘，大则空旷，故引申之谓空虚，又引申之为凡不实之称。""虎"这一元素（虍）从分析表意文字角度看，既属于阴的符号，又属于阳性。要知道，在中国文化里，老虎的形象是模棱两可的：它经常与其他动物发生斗争，体现着战胜邪恶的信念。所以，老虎是勇气的象征，即代表阳；同时，雌性白老虎是西方国家和秋天的象征（秋天曾是对女性的蔑视性称谓），这代表着阴。所以说，从意指实物的"山"转为指向抽象的"空无"符合阴的本源（从隐藏的、看不到的、包含着万物的本源，产生"某物"），也符合能动的、创造性的阳（物质生自"无有"）。"虚"字的阴性实质还显示在：万物本身存在之后，重新变为"无有"，进入两个可看得见的、阳的存在之间的中介状态。早前，汉字"丘"（"虚"字的一个构成部分）表示背靠背站立的两个人（北）。戴遂良认为，"丘"字一开始传达了这样的事实：从高处（山上）可以看得到四面，但因为要画出"四个人"是很困难的，那么，我们只看到表示了"两个人"的字符（Wieger 1965，80—81）。所以，这个字传达了空间的无限容量的思想，这与中国哲学中"空无"概念思想（精神上的绝对，如崇高的典范、理想、全宇宙的和谐等）相吻合。

现代汉语中的"无"字有繁写体：奇字無也。在篡取了汉朝统治权的王莽时期（公元8—25年），"奇字"是汉字的书写方法之一。① 《说文解字》中就有这两个字，这证明它们在文言文中一起发挥作用（奇字体——无，篆体——無，这两者之间的语义差别可用各自的词源来解释）。许慎这样解释"无"字："通于元者。元俗刻作无。虚无道也。"《说文解字》的注释者段玉裁注意到，古代字典《玉篇》（南朝梁期间，543年，顾野王撰）中写道：无，虚无也。这样的虚无，是对通往天国（二）的向往（丿），也就是说，是对所有事物形成时最初的和永恒存在状态的追求。段玉裁对上述许慎的观点做出注释："谓虚无之道上通元气寂寞也。"可见，这是对"无"字的字形描述，强调它与"元"的相似之处，并揭示了连接两个横（"二"代表天和地）的笔画"丿"表示着阳性，它还传达出向"天"伸展的渴望。让我们分析下"元"字的词源。《说文解字》中指出："始也。从一，从兀。"笔画一横（"一"）在"兀"之上（表示人的头颈），意味着"开始、万物的

---

① 汉代王莽时期共有六种字体，分别是：古文、奇字、篆书、左书、缪篆、鸟虫书。——译者编注

本性"（"个体"指阴阳物质的合体），即人类渴望达到的发展水平（老子和孔夫子的观点是：上天）。所以，表意文字"元"也意指人的头颈。对"兀"字的解释是："高而上平也。从一在人上。"由此可见，这个表意文字传达了人类这样的思想：万物，包括"一"本身都产生于"一"。这也就意味着，没有它，什么都不可能实现。根据《说文解字》所讲，"儿"在古代同"人"，由表阳的"丿"和表阴的"乚"笔画组成（按 И. 奥沙宁的观点，公元前3世纪之前，"隐"字是用后一笔画"乚"所代替的，《大汉俄辞典》1983，第四卷，270页，这说明了人类隐藏着的阴的本质）。因此，"元"字包含的观念是：在天与地间（"二"），由"一"产生了人（即"儿"）的阴阳本质。这一汉字体现了起源的最初始和巨人盘古创造世界的神话。关于这一点，最后的讨论出现在专著《淮南九家易经》中："元者，气之始也。"古时书写"元"字都指明了这一点，包括：右边笔画要写得低一些，一开始的写法是杂乱无章、不稳定的（乚—丶）。至于我们已分析过的"无"字，以上述许慎的观点（"通于元者"）为依据，可得出下列结论：创造世界之初，当"气"（ци）处在杂乱无章、无序状态下时，还不存在（即"无"）任何物质。它是随后逐渐聚合形成而出现。但是，"无"字还被用来说明具体的周边环境现实：天屈西北为无（《说文解字》注）。在观察到昼夜自然循环时，类似的概念首先被用来解释一天结束时天在西方"消亡"的现象。段玉裁对许慎的上述话语做了注释："天体不能正圆也。"也就是说，"天空"消亡时，便不能保持正常的圆形——因为它丢失了自身的阳气（"丿"），而出现了阴气（"乚"）。这样，天空衰弱的现象（对他来说，是丧失了理想的圆的形状），通过笔画"乚"（阴是形成事物的地方）的特征表达出来。在孔子的社会思想中，天空衰弱的观点是人们生活混乱时代来临的因素，即无和谐。从这些词源分析，我们看到，"无"字体现着"空无"，也就是说，体现着"无"和"不足"的思想。晚些时候，"无"字被用来表明"没有什么东西（包括那些想达到或获取到的）"。

让我们再来分析"无"的词源。古时，用（囗）来表示该字。《说文解字》这样解释:"丰也。从林;□。或说规模字。从大、□,数之积也;林者,木之多也。□与庶同意。"正如我们看到的,大量(即"卄卄")的人(即"大")腾出土地,而把自己的活动都集中到树林(即"林")里(Wieger 1965,36)。这里突出强调了树林的茂盛(有很多树木)。古代中国人将树林的和谐自然环境视为人类社会模仿的范例,这一思想成为该字内涵之一。假如注意到"丰"字的精神能量的构成思想,通过该汉字解释已经分析过的"无"字,我们得到以下解释:"丨"代表对待阴阳性的事物或现象的态度在精神能量上的延伸;"三"代表着事物或现象发展所获得的层级,即它们最终得到完善后的层级。在此条件下,构成了"丰"字的意义,如富裕、丰盛等。古代著作(如《道德经》)中,汉字"無"(即"无")与"亡"这一元素相结合(当描述一个人在阴的、关闭的空间里,可能是说他已经死去。这个符号便与"亡"同音(Wieger 1965,35)。这证明了树木消失可与人的死亡相比,而这点与万物的传统精神文明相联系。在这里,"亡"这一构成要素表达了"陨落/破坏"之意。正如上面所讲,为了获得耕种的土地,人们消灭了森林。这样看来,实际上"無"字具有与"豪华、富裕(与树林里的树木相比而言)"、"没有、缺少什么东西或人(与人类消灭树林相联系)"相反的含义。因此,这同一符号具有两种完全相反的本质(如森林这一具体例子),支持了有关"物质和空无等同""可显现的存在与不能显现的存在等同"的论点。

如我们看到的,对表意文字"无"的词源分析重点放在了它不能显现的存在的本体上(对"无"的理解与"空""虚"相似),"無"字一开始,意指"无(什么东西或人)"。有意思的是,在最古老的文章里,这四个不同的文字碰到了一起,都为了说明"没有"。在论著《艺苑雄黄》(清朝出版的《四库全书》中的一篇)中讲道:"无亦作亡。古皆用亡无,秦时始以蕃橆之橆为有无之无。"之前,作者援引了一系列写了"无(無)"或"橆"的古代论述,但其中既没有谈到《道德经》,也没有说到《庄子》。因此,我们可以推断:在讲那些与"离开"、上天的"死亡"有关的,但又未显现的存在现象时,作者使用了

"无"或"亡"。晚些时候，到了公元前 3 世纪，缺失什么的概念已被周围环境的物质现实与人类活动的结果联系了起来。同时，像否定词"无"这样重要的语言现象与消除联系，证明了在某些方面超越了大自然，并通过自然认识了人类自己的力量（但是，同时他们也崇拜大自然的伟大，解释为富裕、丰富）。这种变化，也说明了中国人传统的认识（包括道学）都是以物质的（可显现出的）存在——阴和阳为基础的（这点区别于我们所讲的佛教，它讲的是四大皆空，将所有的存在都化为虚幻）：虽然看待世界的理论基础是无，但从某种程度上看，它也是物质性的，要知道是它给了万物生命（有）。

现在，我们探讨对老子和庄子哲学中"空无"思想的认识。首先要指出，这两位的思想是彼此呼应的（不论随着中国哲学的发展进程，"空无"内涵发生了怎样的变化，在其根基里，始终存在道学的观点）。遗憾的是，受文章篇幅所限，不能完全地研究所有哲学家对"空无"本质的看法。所以，我们仅限于几个鲜明的范例。圣人老子视空为万物基础：他把"空"理解为实体和虚体，理解成与"天下母"："周行而不殆，可以为天下母。吾不知其名，字之曰道，强为名之曰大"（摘自《老子》第 25 章）。在这位"天下母"体内——也就是在"空无"中——孕育了万物的生命。众所周知，道本身无法用语言描述：道可道，非常道；名可名，非常名（摘自《老子》第 1 章）。如我们看到的，老子把对"道"本体、"天下母""空无"的都理解为等同的了，赋予它们万物根基和始祖的功能。但是，如果道被指出是"空无"，根据老子的观点，这并不是真正的道，而仅仅是人们对它的理解和说明。这些理解和说明自身，正像万物一样，都由道所产生。我们注意到，公元前 2 世纪的学者许慎在解释"一"时，把道与万物混为了一谈："惟初太始，道立于一，造分天地，化成万物。"这样一来，如果道包含了所有，道就是"空无"，那么在实体中，万物便是无。"空无"（没有）与物质性（万物）被等同了，它们彼此包含。道家类似的认识与佛教对世界本质的界定相吻合，而这也证实了道家与佛教的宗教哲学学说的思想同源。

《道德经》中，老子建立了自己理解道家哲学的独特世界观，并将该学说作为整本书的理论思想基础。在公元前3世纪，庄子阐释了老子的理论构架，包括我们研究的"空无"概念。在后者的论著第33篇《天下》中，我们读到："以濡弱谦下为表，以空虚不毁万物为实。"这样，万物皆来自于空无，这是存在的唯一本体，它是无法被否定的。如果考虑到在这个引用的句子中的"实"字拥有本质含义外，在古汉语中还意指物质的、充实的、实在的（《古代汉语词典》1998，1417—1418），那么该句子的实质是指，万物皆空，甚至物质。因此，周围环境的两种相对立的本体（空间/空无和存在）——就其实质来讲，是相同的，这是多年来确定了的关于对立物斗争、统一的辩论规则之一。

为了比较，让我们看看佛教术语"bhāva"（梵文），该词可以译为广义上的"有"。它有两种显现：第一个是，真正的（未表现出来的）存在（无有、圆寂）；第二个是，并非真正的、表现出来的（非凡的）存在（轮回）。随着佛教在中国的普及（公元1世纪开始），表示佛教概念的梵文开始译为汉字（来表达相同的意思），如真正的存在——用"无"；而非真正的存在——用"有"。因此，虽然"无"——指"没有"什么，但它却是真正的（存在），而"有"——从佛教的概念看来——它是种幻觉。在梵文里，"bhāva"（有）是轮回的存在，也就是说它是轮回中的存在方式。万物生死都在轮回中，没有什么是永恒的。如此，初看起来，我们看到了对立现象的深层统一，如中国文言文中的词汇——实。这个字意指真正的，象征物质上缺乏某些东西（"实"即为"无"），佛教里的主要概念"轮回"和"圆寂"是彼此一致的。公元2世纪，杰出的佛教思想家龙树菩萨（Нагарджуна）[①] 也肯定了这一点。

因此，在中国文化里，"空无"这一概念（或者万物固有的质的空

---

① 龙树（Nagarjuna），古印度佛教哲学家，大乘佛教中观派的奠基者。活动于2—3世纪。

无）体现着绝对精神，如每一个善于思索的中国人渴求达到的崇高的典范、理想、全宇宙的和谐等。这一思想以中国的世界观为基础。"空无"——不仅是形成万物的源泉（万物皆空），还是生死间的中间状态。它通过自身连续和永恒，成为连接事物各个环节间的特殊纽带。可以将道视为中国哲学的关键范畴，道立于一，万物皆空，意识的空无（庄子）。但是，老子认为，所有这些注释都不是对道的真正解释。它们仅仅是传达了我们对"空无"本质的理解。从对它进行的汉字词源分析，界定为空、虚、无，这证实了包含在最古老的道学论述中的思想，包括"空无"是包罗万象和不可分割的、万事万物的真空和充实等同的思想（佛教：轮回和圆寂的等同）及其他。

1. 汉字笔画的阴性、阳性区别可按照下面所列的逻辑进行理解。《说文解字》中，对"人"字的解释是：阴阳之交。据此，阴和阳在笔画上是有区别的。除了这两个字所包含的哲学思想之外，我们还要注意字的写法：一撇，传达了阳性的发展（可看见的，外形上的），一捺——阴（暗含的，本质上的）。И. 奥沙宁主编的词典里记下了（人的）右边笔画在古代用来描述"流"的动作（代替"流"字）（《大汉俄辞典》，1983，第三卷，585）；因为水是无形的，是阴的实体。因此，我们得出结论：右边笔画表阴，那么自然而然地，左边笔画表阳（代表充足的精神能量，这是从道学符号中得出的结论（Резаненко 1998，95）。

2. 《说文解字》中对表意文字"一"的解释如下：（1）惟初太始；（2）道立于一；（3）造分天地；（4）化成万物。因此，图形"一"体现了阴阳事物之间的道这一道学的现实化思想，也就是说，"一"在字形（现实物质）上是向阴阳事物的延伸。

3. 如戴遂良所证明的：符号"入"并没有描绘出"人"的因素，而是"入"（随着中文的发展，两者经常混乱）。该符号表达了进入看不见的空间（即阴间）的思想，换个词，即为"亡"。顺便说一句，汉字"入"的右边笔画高出左边，从语义学上证明了该字属于阴的范围。

参考文献

1. И. М. 奥萨宁主编：《大汉俄词典》，莫斯科，1983 年。
2. В. Ф. 列扎年科：《论道学中语义的循环特征问题》，《全乌东方学研究科学实践研讨会会议文献》，1998 年，第 93—97 页。
3. 埃伯哈德、沃利甫拉姆、达尔达—斯达甫、雷娜塔：《中国符号：词典》，《中国语文图片》，克拉科夫，2001 年。
4. 戴遂良：《中国汉字：字源，词源，历史，分类和含义》，L. Davrout 英译本，纽约，1965 年。
5. 古代汉语词典编写组编：《古代汉语词典》，陈夏华主编，北京，1998 年。